国家社会科学基金青年项目"农民工自组织的组织增权研究"

（项目号：15CSH060）

农民工自组织的
组织增权研究

潘旦　著

中国社会科学出版社

图书在版编目（CIP）数据

农民工自组织的组织增权研究／潘旦著 . —北京：中国社会科学出版社，
2021. 6

ISBN 978 – 7 – 5203 – 8224 – 3

Ⅰ. ①农⋯　Ⅱ. ①潘⋯　Ⅲ. ①民工—组织管理—研究—中国
Ⅳ. ①D422. 6

中国版本图书馆 CIP 数据核字 (2021) 第 062406 号

出 版 人	赵剑英
责任编辑	王莎莎　刘亚楠
责任校对	张爱华
责任印制	张雪娇

出　　　版	中国社会科学出版社
社　　　址	北京鼓楼西大街甲 158 号
邮　　　编	100720
网　　　址	http://www.csspw.cn
发 行 部	010 – 84083685
门 市 部	010 – 84029450
经　　　销	新华书店及其他书店

印　　　刷	北京君升印刷有限公司
装　　　订	廊坊市广阳区广增装订厂
版　　　次	2021 年 6 月第 1 版
印　　　次	2021 年 6 月第 1 次印刷

开　　　本	710 × 1000　1/16
印　　　张	15. 5
插　　　页	2
字　　　数	238 千字
定　　　价	99. 00 元

凡购买中国社会科学出版社图书，如有质量问题请与本社营销中心联系调换
电话:010 – 84083683

目　录

前　　言

　　在全球化、后工业化的历史进程中，社会治理多元化已成为大多数政府的共识。由政府作为单一主体承担所有社会管理事务的全能政府时代一去不返，政府、社会组织、企业和其他社会自治力量共同协商治理的多元治理格局逐渐形成。

　　社会组织参与社会治理是我国社会管理体制改革的核心内容，自2007年党的十七大报告中第一次出现"社会组织"一词以来，中国社会组织在政府政策引导、制度激励下不断扩大服务范围、提升服务能力，有效增强社会自治功能。作为社会组织中的一种类型，农民工自组织为了维护农民工群体的合法权益，满足农民工群体的公共服务需求，在政治、经济、文化、社交等领域采取了一系列增权行动。作为增权行动的组织主体，农民工自组织希望通过社会行动满足农民工群体的服务需求，解决农民工群体的城市化困境，缓和农民工群体在城市融合过程中的矛盾冲突，充分体现社会治理多元化的益处。与此同时，政府在多元治理背景下从全能政府转变为有限政府，角色转变对政府权威性提出了挑战，也使政府对这类变革产生了些许疑虑，正如政府对农民工自组织的态度。一方面，农民工自组织介入农民工群体社会服务领域可以缓解政府公共服务供给压力，缓和社会矛盾；另一方面，农民工自组织自治过程中的越轨风险又增加了政府的社会监管压力，多元治理的复杂性和不确定性带来的政治风险让政府顾虑重重。

　　多元治理是现代社会治理不可逆的趋势，消除多元治理的复杂性和不确定性的唯一路径就是制定合作规则，多元化社会主体参与社会治理应在有序、法定框架内进行，通过充分的民主协商解决社会主体间利益诉求的差异性，在达成共识的前提下开展社会决策和社会行动。因此，政府应当积极引导农民工自组织的发展，制定农民工自组织参与社会治理的合法程序，提升农民工自组织参与社会治理的组织能力，让农民工自组织在有序、合法的框架内表达农民工群体的利益诉求，避免非法路径表达诉求所带来的潜在政治风险。农民工自组织则应当重视治理能力和风险意识的提升，良好的治理能力和敏锐的风险意识才能规避农民工自组织的越轨风险，使农民工自组织的增权行动获得最大的社会效用，真正实现多元治理的大社会格局。

第一章　绪论

第一节　研究背景与研究对象

改革开放前，我国实行与计划经济体制相适应的全能型政府管理模式及单位化社会体制，致使社会组织失去了生存与发展的现实土壤。改革开放后，随着社会主义市场经济体制的确立和改革开放的不断深入发展，社会日益显现出自主化、个体化和多元化的发展趋势。为适应社会主义市场经济与和谐社会建设的需要，我国开始了社会管理的创新改革，以调整政府与社会的关系，发挥社会组织在社会管理中的作用。这一点在党的十八大以来表现得尤为突出，党的十八大报告中明确提出"引导社会组织健康有序发展，充分发挥群众参与社会管理的基础作用"。2013 年 11 月召开的党的十八届三中全会正式提出了"社会治理"概念，并就"如何激发社会组织活力"提出了四方面要求：创新培育扶持机制以支持社会组织的发展，加快实施政社分开以保障社会组织的独立性，提升社会组织服务功能以实现公共服务多元化，加强监督管理以保证社会组织的可持续发展。①2017 年 10 月召开的党的十九大也明确提出"打造共建共治共享的社会治理格局"，社会治理重心将转移至基层机构，充分激发社会组织的社会服务功能，构建政府治理、社会组织调节、公民自治的互动格局。在政府社会治理理念的转变过程中，社会组织势必成长为社会管理的重要主体，在我国社会转型过程中的社会群体利益表达、公共政策制定等方面发挥越来越大的作用。本书主要聚焦农民工群体进行自我管理和自我服务的社会组

---

① 潘旦：《民间公益组织面向企业的社会行动研究——基于 W 市民间公益组织的实证研究》，《华东经济管理》2016 年第 10 期。

织——农民工自组织，在实证调研基础上，分析农民工自组织的实然模式及增权机制。通过"社会组织化理论"视角分析"农民工自组织"发展的合理性、合法性及功能性，拓宽农民工组织化研究的学术理论框架。

在社会转型过程中，我国产生了一些新的社会群体，其中农民工群体对社会经济生活产生了巨大影响。农村人口向城镇转移是现代化进程中必然相伴的人口迁徙特征，从农村迁徙到城市，为我国工业化提供劳动力的农民有了特定称谓——农民工。迁徙农民工的数量逐年增多，根据国家统计局2020年2月发布的《2019年国民经济和社会发展统计公报》数据显示，2019年农民工总量达到29077万人，比上年增加241万人，增长0.8%。其中，本地农民工11652万人，比上年增加82万人，增长0.7%；外出农民工17425万人，比上年增加159万人，增长0.9%。在外出农民工中，年末在城镇居住的进城农民工13500万人，与上年基本持平，我国农民工的数量逐年增多，详见表1-1。

表1-1　　　　　　2010—2019年农民工增量情况　　　　　单位：万

年份	全国农民工总量	外出农民工	本地农民工
2010	24223	15335	8888
2011	25278	15863	9415
2012	26261	16336	9925
2013	26894	16610	10284
2014	27395	16821	10574
2015	27747	16884	10863
2016	28171	16934	11237
2017	28652	17185	11467
2018	28836	17266	11570
2019	29077	17425	11652

数据来源：2010—2019年《国民经济和社会发展统计公报》。

随着迁徙农民工数量的增多，如何有效管理和服务农民工群体逐渐成为政府工作的重点和难点。近些年来，为了推动地方政府加强对农民工群体权益的维护和保障工作，国家出台了一系列关于农民工群体管理服务的方针政策，在一定程度上解决了农民工群体城镇化过程中遇到的困境。但是，农民工群体的各类问题依旧突出，农民工群体在劳动就业、政治参与、社会交往、文化融合等方面仍存在诸多困难。值得注意的是，除了政府通过各种管理制度和服务载体来改善农民工群体的生存境况之外，我国部分地区自发产生了一些旨在对农民工群体进行自我管理和自我服务的社会组织，农民工群体自我服务的组织化行动为农民工城镇化提供了创新型路径。个体农民工最初通过亲朋好友、同乡等社会关系流动到城市，个体农民工在城市化过程会遭遇种种问题，如就业困境、社保缺失、城市融合、权益侵害等等。个体农民工既无法抗衡市场的利益博弈，也无法获取政府的制度庇护，在"政府失灵"与"市场失灵"的背景下，个体农民工自然产生了组织化需求，意图通过组织化维护个体的合法权益。随着国民教育水平的逐年提升，农民工群体的文化素养、主体意识也不断提升，部分农民工群体中的精英分子萌生了组建互助性的农民工社会组织的想法，以组织化力量维护群体利益，此为农民工组织化的内部动因。同时，政府部门及社会各界对农民工群体问题的重视，为农民工群体的组织化提供了良好的外部环境，此为农民工自组织发展的外部动因。因此，农民工群体的组织化是内外因联合作用的结果。

目前，农民工自组织具有一定自我管理和自我服务的能力，农民工自组织广泛开展教育培训、就业推荐、生活服务、法律援助、权益维护等方面的社会行动，满足了农民工群体城镇化的诸多需求，提升了农民工群体的城市适应能力，拓展了农民工群体的城市发展空间。农民工自组织的行动实践证明：农民工群体不仅仅是一个需要被救助和同情的弱势群体，在一定制度环境下，他们是有能力解决问题的正常群体。如果能够得到有效支持和正向引导，农民工自组织的自我管理和服务行为不仅可以促进农民工群体的城镇化进程，也可以节省政府的行政成本，进而推动政府职能的转变。因此，对农民工自组织开展研究具有十分重要的现实意义。

第二节　研究目的与研究意义

一　研究目的

农民工组织化是指农民工为获取社会支持而加入各类社会组织的状

况，根据农民工的组织化路径，农民工组织可以分为"被组织"和"自组织"两种状态。所谓"被组织"是指农民工被群体外的机构力量组织起来，组织动力源于政府部门、企业或公益机构。所谓"自组织"是指农民工出于各种需求自发组建机构，维护农民工日常权益。就目前而言，我国已形成了一定数量的"被组织"状态的农民工组织，但"自组织"状态的合法农民工社会组织极少。相比较而言，处于"被组织"状态的农民工组织的集体团结意识较弱，农民工参与的主动性不高；而"自组织"状态的农民工组织能够激发农民工的参与积极性，在日常权益表达、集体协商等增权工作中发挥较大作用，但其合法性及行动能力受到极大质疑。[①] 为了深入了解我国农民工自组织的发展状态及组织增权机制，本书确立选题——农民工自组织的组织增权研究。

二 研究意义

本书通过"社会学组织化理论"视角分析"农民工自组织"发展的合理性、合法性及功能性，拓宽了农民工组织化研究的学术理论框架。

第一，丰富了农民工自组织的理论研究。本书运用"组织化理论"的分析框架，对农民工自组织进行较为全面的研究。首先深入分析农民工自我管理的理论基础，为农民工自组织的产生及发展提供合法性理论依据。另外，归纳总结农民工自组织的主要类型、管理模式，分析农民工自组织的服务功能，有效拓宽农民工组织化的功能理论。

第二，为政府提供农民工群体的管理思路。农民工群体的管理和服务工作是我国社会治理创新的一项重要内容。人口的大规模迁徙给城镇的社会治理工作带来极大挑战，传统的农民工管理工作往往忽视人文关怀而偏重治安管控，忽视接纳包容而偏重隔离防范，忽视主体能动性而偏重被动性。本书关注农民工群体的主体能动性，通过对现实案例的资料调查及问卷调查的数据分析，论证农民工自组织自我管理和服务的可行性和实效性，并为政府正确引导、培育及管理农民工自组织提供部分思路。

第三，为农民工自组织提供智力支持。农民工自组织的发展有利于农民

---

① 潘旦：《农民工自组织的增权功能及影响因素研究》，《华东理工大学学报》（社会科学版）2017年第4期。

工群体市民化的顺利完成，也有利于提升社会基层治理的实质效果，促进城乡居民融合，但由于大部分农民工自组织的组织化程度不高且管理经验不足，因此发展中也遭遇了诸多困境。本书从鲜活案例中提炼农民工自组织的发展路径，深入剖析自组织发展中的各类问题，并针对性地提出相应建议，对改善农民工自组织的发展环境、提升组织的增权效能具有一定意义。

第三节　研究思路与研究方法

一　研究思路

本书的总体框架包括以下几部分：第一，农民工自组织产生的理论基础及现实依据。第二，农民工自组织的类型及结构，包括组织类型、组织结构、组织成员研究。第三，农民工自组织的增权功能。（1）经济功能：主要解决农民工就业问题，如职业培训、劳动权益保障等；（2）政治功能：主要解决农民工的政治权益及参与问题，如增加政治参与程度、拓宽政治参与路径等；（3）文化功能：主要解决农民工的文化教育问题，如开设文化培训机构，为农民工或农民工子弟提供免费的文化教育；（4）社会功能：主要是加强农民工群体与社会其他群体的沟通与联系，从而实现农民工群体与现代城市社会的有机融合。第四，农民工自组织的组织增权困境。（1）组织身份合法性问题：受双重管理体制所限，现实中农民工自组织难以获得合法身份，进而决定其不能以合适的身份参与社会公共事务；（2）组织资源稀缺性问题：由于社会网络不足及合法性缺乏，农民工自组织难以获取各类组织资源，影响组织功能；（3）社会认知偏差性问题：受历史经验影响，部分学者或政府官员会将"农民工自组织"等同于具有政治色彩的"农会"，认知偏差遏制了农民工自组织的发展；（4）组织行动越轨性问题：部分农民工自组织因缺乏有效引导而出现了越轨性行为，如示威、罢工等，影响社会秩序和社会稳定。第五，规范农民工自组织增权功能的路径研究。从政府、农民工自组织及其他组织角度出发，探讨农民工自组织增权功能的规范路径。（1）政府：引导、培育农民工自组织，创造合适的外部条件引导农民工自组织的合法化，监管农民工自组织的资金往来及项目活动；（2）农民工自组织：完善组织结构，提升人员素质，规范组织行为，拓展组织服务，进而提升农民工自组织的增权能力；（3）其他社会组织：其他社会组织应与农民工自组织建立互动渠道、建设合作协商平台，这有利于农民工群体目标、群体利益的整合与明晰。

二　研究方法

本书采取定量研究与定性研究相结合的办法，定量研究与定性研究代表了方法论的两大对立传统，其背后的哲学基础各不相同。实证主义是定量研究的哲学基础，实证主义认为社会现象是一种客观存在，不受主观意识的影响，可以通过工具性的操作来认识客体，因此研究者应当采取价值中立的立场。而人文主义是定性研究的哲学基础，人文主义认为主体和客体是相互关联的两个实体，只有通过主客体间的互动关系才能获取对客体的理解，绝对的价值中立是不可能实现的。定量研究就是对研究对象进行量的分析和探究，侧重于用数字来描述、揭示其所存在的各种现象、问题及关系。定量研究的本质就是运用量化分析结果来测试自变量和因变量之间的相关性，从而验证研究假设，定量研究经常采用实验法、问卷调查法、测验法和统计法等研究方法。而定性研究是对研究对象进行质的分析和探究，侧重于用语言和文字描述现象、阐述问题，进而达到揭示研究对象的基本和本质属性的研究方法。定性研究经常采用访谈法、参与观察法、行动研究法及历史研究法。定量研究与定性研究均有优缺点，如果在研究设计中，仅仅采用定量研究，大概只能把握研究对象的局部特征；仅仅采用定性研究，也难以发现研究对象的科学性规律。因此，本书联合采用定性和定量研究方法，两者的缺点可以被对方的优点所弥补，如定量研究所获得的数据可以作为定性研究的佐证，而定性研究所获得的质性材料也可以增强定量研究理论假设的可信度。

本书的定量研究主要采取问卷调查的方法，对北京、上海、杭州、深圳、苏州、广州、长沙、郑州、温州、台州等城市的农民工群体进行随机调查，通过定量研究了解农民工群体的组织化现状、组织化意愿及组织增权内容偏好。定性研究采用个案访谈研究的方法，个案研究是针对单独的个人、群体或社会所进行的案例式考察。[1] 个案研究在详细描述研究对象行为基础上做出合理解释，进而分析研究对象的行为动机及行为效用。本

---

① ［美］艾尔·巴比：《社会研究方法的基础》，邱泽奇译，华夏出版社2004年版，第241页。

书分别选取北京、杭州、温州等一线、二线、三线城市的农民工自组织为个案研究对象，以组织化理论为研究视角，描述并解释农民工自组织的发展过程及增权功能，分析农民工自组织增权行动的运行方式、作用机理，归纳农民工自组织发展的一般规律及障碍因素，进而从政府、农民工自组织及社会组织三个层面探讨农民工自组织发展的规范路径。

定量研究	定性研究
● 北京、上海、杭州、深圳、苏州、广州、长沙、郑州、温州、台州 ● 样本量：1000 个 ● 抽样方法：非概率抽样（配额） ● 对象：农民工	● 北京、杭州、温州 ● 样本量：5 个 ● 抽样方式：目的性抽样 ● 对象：农民工自组织

图 1－1 研究方法的基本框架

资料来源：由笔者自制。

第四节 资料收集与资料分析

一 资料收集方法

1. 文献研究。本书查阅国内外文献资料构建分析框架，主要收集文献有如下几方面：一是理论方面的文献资料收集整理。包括组织化理论、增权理论、农民工研究、社会组织研究等方面的国内外学术文献资料，了解农民工研究的历史脉络及最新进展，进而明确本书的基本框架。二是实践方面的文献资料整理，充分收集与农民工相关的各个层次的法律条文、行政文件，各类统计数据及个案研究对象的组织资料档案，个案研究对象的组织资料主要指年度工作计划、年度总结、活动情况、组织章程、互联网信息等，通过上述资料能够掌握农民工相关的实践资料。文献研究是研究前期的主要工作，在充分收集并阅读文献的基础上，对获取的文献资料进行有效分析，归纳总结相关研究方向和研究主题，获取正确的理论视角，才能奠定成功研究的基础。

2. 问卷法。问卷调查可以为理论分析提供数据支撑。本书在前期文献资料收集的基础上设计调查问卷，调研问卷的内容涉及如下几个方面：个体基本情况（年龄、性别、收入水平、教育水平、就业情况）、自组织参与情况（参与意愿、参与路径、参与类型、参与目的）、自组织增权需求（增权类型、增权效果），通过问卷数据全面了解农民工参与自组织的基本情况及需求。

二 资料分析方法

1. 比较分析。本书的比较分析主要涉及两个方面，首先对国内外农民工组织化的研究文献进行比较分析，构建本书的分析框架。另外，对国内农民工自组织的各种类型进行比较研究，分析不同类型农民工自组织的发展路径、基本功能、发展问题的异同。

2. 功能分析。对不同类型农民工自组织进行功能分析，涉及政治、经济、文化、社交等方面，描述农民工自组织各类增权功能的具体操作方式、基本流程及实质效果，提炼增权功能的基本运作机理。

3. 因果分析。对农民工自组织发展的制度、经济、资金等方面的必要条件及障碍性因素进行因果分析，提出培育及引导农民工自组织发展的对策建议。

第五节 样本选取与样本来源

为了全面、深入分析农民工自组织的增权功能，本书在个案研究方面选择了几家具有不同增权功能的农民工自组织作为研究对象，在问卷研究方面选择了我国不同区域核心城市的农民工群体进行随机问卷调查。

一 个案研究样本选取原则

为了满足研究目标的需求，在样本选取方面采用了目标式抽样，选取不同类型的农民工自组织作为个案研究的样本，样本选择基于以下标准。

1. 样本与农民工自组织基本属性的符合度。所谓农民工组织是指农民工在主体意识觉醒且无外部行政力量的强制之下，基于互惠互利与信任合作的原则，为农民工提供公共服务而自发形成的社会共同体。因此，案例所选择的农民工自组织应具有独立性、公益性、服务性等基本属性特征。依据上述基本属性，本书选择了我国不同区域、不同服务类型的农民工自组织作为研究样本，样本的基本注册信息详见表1-2。

表1-2 案例组织注册登记情况

案例组织	城市	类型	注册登记情况	注册时间
XXN 互助热线	北京	活动领域：劳工	工商注册	1999 年
杭州 CG 之家	杭州	活动领域：劳工	工商注册	2008 年
温州 WX 之家	温州	活动领域：文娱	—	—
TXXW 家园	北京	活动领域：社区	工商注册	2005 年
北京 GY 之家	北京	活动领域：劳工	工商注册	2002 年

资料来源：组织网站。

2. 样本是否具有典型代表性。随着农民工数量的增多，农民工自组织的数量和规模都在不断增长，其功能也不断增多。时至今日，农民工自组织在发展中存在资金不足、管理能力不够、无法注册等问题，导致组织发展受限。因此，关注不同类型农民工自组织的增权功能，分析农民工自组织发挥功能的制约因素，有助于推动、引导农民工自组织的健康发展。本书选择具有不同特点、聚焦于不同增权领域的农民工自组织作为研究对象，具有典型性和代表性。以增权功能作为划分标准，本书将农民工自组织分为权益维护、生活服务、教育培训、兴趣联谊、综合服务等类型。权益维护型是指以维护权益为增权侧重点而形成的农民工自组织，典型个案代表为 XXN 互助热线；生活服务型是指该类组织主要为农民工群体在日常生活、社会交往、心理健康等方面需求提供服务，典型个案代表为TXXW 家园；教育培训型是指为农民工群体培训就业及农民工子女教育而服务的农民工自组织，典型个案代表为北京 GY 之家；兴趣联谊型是指这类农民工自组织通过各类文体活动满足农民工群体的文化生活需求，典型个案代表为温州 WX 之家和杭州 CG 之家。不同增权功能的样本能够代表我国农民工自组织发展的不同类型和水平，从而使个案具有典型代表性，也使研究结论具有普遍适用性。

二 个案研究资料收集过程

为了深入了解案例组织的组织结构及组织功能，本书围绕研究目标及研究框架对个案组织进行多方面资料的收集。个案资料涉及如下几个方面，第一是农民工自组织的基本情况，如组织基本结构、组织的服务功能、组织的社会支持网络等；第二是农民工自组织的组织发展策略，如组织与政府的互动策略、组织与公众的互动策略、组织与服务对象的互动策略；第三是农民工自组织出现的问题，如组织管理困境、组织的合法性不足及组织资源匮乏等。丰富的个案资料为本书分析农民工自组织的增权功能积累了充足的实证材料。

三 问卷调查抽样方法与策略

问卷设计采用封闭式问题，问卷调查工作分为选取样本、培训调查人员、发放问卷、回收问卷、统计分析五个步骤，通过对统计结果的分析——验证理论假设。考虑农民工群体的动态流动性以及相关个人信息登记方面的缺失，难以确定该类群体在各个城市中的总分布，因而总体抽样框的估算难以进行，这对于采用概率性抽样造成了困难。因此，本次问卷调查采用非概率性抽样，所运用的是定额抽样，采用一定的配额比例对各个城市的农民工现状进行探索性研究。本书选择 10 个调研城市开展实证调查，每个城市配额发放 100 份问卷，总计共发放问卷 1000 份，回收有效问卷 715 份，回收率为 71.5%。问卷回收率不高的原因是问卷问题数量较多，农民工在问卷作答中遗漏问题较多，产生一定数量的无效问卷，有效问卷的样本统计情况详见表 1-3。

表 1-3 　　　　　　　　　　**样本的描述性统计** 　　　　　　　　单位:%

性别:		婚姻状况:	
男:	57.8%		
女:	42.2%		
年龄:		已婚	63.2%
16—20 岁	7.0%	未婚	29.6%
21—30 岁	28.0%	离异	7.2%
31—40 岁	41.5%		
41—60 岁	18.9%		
60 岁以上	4.6%		

数据来源：根据问卷调查整理而得。

第六节　概念界定与研究综述

一　概念界定

厘清概念是科学研究的首要问题，由于所处地域、时代的差异性，导致研究者对同一概念存在不同认知和解读。为了保证研究的学术规范性及写作的严谨性，本书对农民工、自组织概念、组织增权这三个核心概念进行严格界定。

1. 农民工概念

"农民工"一词的内涵随着历史语境的变迁而不断变化，改革开放带来的自由流动导致了"农民工"一词的产生，这一词汇内涵的偏重点也随着改革进程不断变化。农民工概念在改革开放初期具有多种内涵，"农民工"一词代表着户籍归属、职业属性及社会地位。从户籍角度而言，"农民工"中的"农民"一词直接表明了这一群体的户籍身份是农民；从社会地位而言，由于二元体制导致的城乡发展落差形成了城贵乡贱社会阶级地位的分野，"农民工"的称谓也附带了农村人口较低的社会地位烙印，其中社会地位是这一名词在此时期的偏重点。

随着改革开放的深入，城镇产业对劳动力的需求进一步扩大，农民从事非农产业的人数不断增多，并且出现了落户城镇的现象。农民工群体中出现了三种类型：有的农民在居住地的乡镇企业从事非农产业；有的离开原住地，到异地从事非农产业，但户籍仍旧在原居住地；在上述两种类型之外，还出现了一种新的类型，即有的农民不仅从事非农产业，并且在城镇购买房产，意图落户城镇。对于这种现象，政府通过户籍制度改革给予了官方认可。1984年10月，国务院印发《国务院关于农民进入集镇落户问题的通知》，该通知首次给予农民群体城镇落户的资格，农民工群体自理口粮即可以在城镇落户，但不能与城镇居民享有同等的非农户口权益。国务院在1998年7月发布《国务院批转公安部关于解决当前户口管理工作中几个突出问题的意见通知》中进一步放开了中小城市的落户制度，意见明确在城市具有固定职业、稳定收益、合法固定住所，已经达到一定居住年限，符合当地政府相关落户标准的流动人口，当地政府应予以落户。为了进一步释放人口红利，公安部于2001年3月发布《关于推进小城镇户籍管理制度改革的意见》，除了极个别大城市外，全面放开中小城市的落户限制。这意味着农民工只要拥有合法工作、合理工作收益及固定日常住所，即可在城镇自由落户，享受城镇居民同等的教育、社保等权益。从此，"农民工"这一名词所具有的户籍内涵进一步弱化，农民工内涵开始偏重于职业而非户籍，农民工成为产业工人的代名词。2008 年 12 月，国务院办公厅《关于切实做好当前农民工工作的通知》指出，"农民工是中国改革开放和工业化、城镇化进程中涌现的一支新型劳动大军，已成为中国产业工人的重要组成部分"，明确规定农民工就是产业工人。同时，农民工群体内部也出现了代际分化，许多农民工子女本在城市出生，拥有良好教育背景、具备较高素质和一定经济条件，与第一代农民工呈现出不同的群体特征。因此农民工这一称呼逐渐被"新生代农民工""新工人""新市民"等称谓所取代，忽略了户籍背景，突出了职业身份。

综上所述，农民工的内涵随着社会变迁而不断演变，从初期偏重农村户籍逐步过渡到偏重工人的职业身份，其中最主要的诱导性因素是户籍制度改革。就现阶段而言，可以将农民工界定为：在城镇从事非农产业的农村户籍雇佣劳动力，其主要特征是从事非农产业的职业身份。[①]还需说明的是，"农民工"这一称谓从诞生之初就被认为带有一定的地域歧视性，但本书仍采用这一称呼是基于以下两点原因：首先，政府文件中仍旧使用"农民工"这一称谓。另外，在学术研究领域，大多数学者选择使用"农民工"这一概念。基于这一称谓使用的广泛性，本书决定沿用这一称谓。

2. 自组织概念

和社会科学领域的其他概念一样，自组织的含义并没有一个统一的界定。许多学者根据自己研究的需要，从不同的角度对自组织概念进行了界定。"自组织"这一词汇具有名词和动词两种词性，第一种是作为动词的用法，自组织一般是形容事物在无外界力量影响下自我生长，形成组织的动态过程。如杨贵华等学者认为："社会的自组织不等于是自发性的，它意味着一种自主且自身就可以自我整合、自我协调、自我维系、自我发展

---

① 卢秉利、匡立波：《农民：亦工亦农的新阶层》，《社会主义研究》2007 年第 1 期。

的机制或能力，是一个比自主性内涵更为丰富的概念。"[①] 第二种用法是遵循汉语将组织作为名词使用的习惯，认为自组织是组织中的一种自发类型。作为名词，自组织一般指事物在无外界力量影响下形成组织的自我运动的产物。A. D. Lindsay 对自组织的思想做过表述："社会的共同生活是由个人通过诸如教会、行会、各种组织等各种社会关系维系的，社会的宗教、科学、经济生活也是借助于此而得以发展的。每一种生活均有其各自的发展，其中存在一种自动、自主和自由的领域。该领域不能被国家通过强制机制而占据。"[②] 从区别于政府的强制性、行政性的组织角度出发，张龙平认为自组织是指建立于自发性、自由性和自愿性基础之上的私人社团组织形式。[③] 从社区角度出发，徐永祥将社区自组织界定为社区居民自己组建的参与社区整合的组织类型;[④] 从组织进化方式角度出发，赵固勇和赵娜认为组织是指系统内的有序结构或这种有序结构的形成过程。从组织的进化行式来看，可以把它分为他组织和自组织两类。如果一个系统靠外部指令而形成组织，就是他组织;如果不存在外部指令，系统按照相互默契的某种规则，各尽其责而又协调地自动形成有序结构，就是自组织。[⑤]

本书从名词概念角度界定农民工自组织，将农民工自组织视为社会组织的一种类型。本书中的农民工自组织是指基于互惠互利、互信合作、自主自愿的基础，在没有外部行政指令的强制之下，农民工因主体意识觉醒而自发组建、自我治理和服务群体内部公共事务的社会共同体。

3. 组织增权概念

增权最初是社会工作领域的一个概念，《社会工作词典》为增权（Empowerment）作如下界定：所谓增权是帮助个体、家庭、社会组织、社区等不同层次的社会单位提高社交、经济、政治、文化等能力，增强各类社会单位自我赋权能力，构建良好社会资源网络，改善社会生存状况的行

---

① 杨贵华等：《自组织：社区能力建设的新视域——城市社区自组织能力研究》，社会科学文献出版社 2010 年版，第 9 页。

② A. D. Lindsay：《现代民主国家》，牛津大学出版社 1943 年版，第 245 页。

③ 张龙平：《农民自组织：社会参与的有效选择》，《理论与改革》1998 年第 2 期。

④ 徐永祥：《社区发展论》，华东理工大学 2000 年版，第 75 页。

⑤ 赵固勇、赵娜：《新农村建设背景下农民工自组织研究》，《天水行政学院学报》2006 年第 4 期。

动过程。就社会而言，由于社会利益分化及制度的不平等性，导致权力并非平均分配给每个群体，社会底层存在一些权力缺失的弱权群体。他们在职业发展、人际交往和社会参与层面均处于不利的地位，他们没有能力表达自己的利益需求，也没有能力去争取本群体应有的社会权益。弱权群体持续性的权力缺失会进一步加剧社会制度的不平等性，社会制度的不平等性反过来再作用于弱权群体，使其个体、家庭、社会功能进一步加剧弱化，形成阶层固化的恶性循环。因此，改变这类恶性循环就必须对权力进行重新分配，通过社会行动使弱权群体获取权力、增加权力，这个行动过程即为增权。

需要说明的是，增权概念的假设前提是个人或组织通过努力可以改变无权或弱权状态，个人或组织拥有的权力是处于变化和发展状态的。个人或组织通过积极决策、有效行动，可以改变个体或群体的弱权或无权处境，使社会权力结构逐渐趋于公正。增权概念所具有的公正、发展、公平等理念，使其成为社会学领域内社会政策、社会管理、社会服务等研究方向的重要学术概念。随着增权概念的普及，管理学、政治学、历史学等社会科学领域也开始借用这一概念，逐渐成为人文学科领域内普遍使用的概念名词。

本书借用增权理论视角分析农民工自组织对农民工群体的权力提升作用。相关研究表明，实现个人增权依赖于下列这些要素：1. 促进积极社会参与的个人态度或自我观念；2. 对定义环境的社会和政治系统进行批判性分析的知识和能力；3. 发展行动策略和为实现自己的目标筹措资源的能力；4. 利用有效方式与他人一道定义和实现集体目标的行动能力。[①] 依据上述要素，个体参与集体行动能力能够更为有效地实现增权，集体行动能力的增强一般需要借助组织载体。那么组织增权是如何得以实现的呢？这就需要分析组织行动对信任、互惠、参与、效率等增权要素的作用。

第一，组织能通过个体间的交往建立信任关系。福山将信任定义为在正式、诚实和合作行为的共同体内，基于共享规范的期望。社会中的个体都是属于不同的社会单位，这些社会单位可以呈现家庭、单位、社区、政党组织、行业协会等多种表现形式，社会单位间彼此重叠，个体置身于重

---

① 陈树强：《增权：社会工作的理论与实践的新视角》，《社会学研究》2003 年第 5 期。

叠的单位之中。个体如果置身于社会单位之外，将无法与其他个体间建立基于共享规范的信任关系，也无法在社会中长久生存。因此，组织的建立能够增加人们相互交往的时间，促进成员间的了解，进而形成信任关系。第二，组织能促进互惠规范的形成。规范不是天然形成的，而是后天经过教育和惩戒形成的，而组织可以承担教育与惩戒的职能，引导社会个体了解、遵守互惠性规范。规范的互惠性能增强组织成员的信任度，杜绝组织成员投机动机，减少组织交易成本，避免集体行动的困境。第三，组织能激发个体社会参与的意愿。快节奏、高流动、强压力的社会生活使个体呈现原子化状态，组织活动能够激发个体对社会网络的参与热情，摆脱原有杂乱分散的原子化状态，形成制约社会权力的组织力量，增强个体对社会发展的把控能力，弱化政府的强制力量，保障个体的自由权限，改善个体的生活品质。第四，组织能提高个体行动效率。受限于社会资源及行动能力的不足，社会成员个体的行动效率及行动效能往往较为低下。反之，由于社会组织的参与性和民主性，其成员能够在协调和协商的基础上进行自我管理和自我服务，保证了一定的行动效率和行动效能。

所谓组织增权，是指基于成员间的信任关系及互惠规范，组织通过一定的集体行动，增强了组织成员的社会参与，形成影响社会权力的组织合力，改善组织成员的弱权或无权处境，使得社会权力结构趋于公正。本书开展农民工自组织的组织增权研究，组织增权的对象为农民工群体，农民工群体从农村迁徙到城镇，从事非农工作，生活重心在城市。但由于地域歧视和地方保护，他们遭遇了城市居民的情感排斥和城市生活的制度排斥，引发了诸多问题：如政治权益的缺失、社会保障的缺失、社会交往障碍、子女的教育问题、社会排斥问题、就业问题、教育培训问题等等。农民工群体处于弱权状态，他们拥有一部分权力，但无法凭借这些权力获取生存所需的各类资源。而个体农民工的增权行动呈现高成本低效率的特征，无力解决他们在经济、政治、社交、就业、文化教育等领域的各种权利问题，改善他们的弱权状态。因此，个体农民工在现实问题的压力之下走向组织化路径。通过参与组织的方式，个体农民工在互信、互惠的基础上加强社会参与的组织化，借助组织力量拓展个体的社会资本网络，运用组织社会资本力量参与社会政策的博弈过程，主动维护农民工群体权益，实现农民工群体的集体增权。[①]

二 研究综述

在开展本书研究之前,有必要对国内外有关农民工自组织的研究成果进行梳理、归纳及分析,这既是避免"劳而无功"重复研究的必要工作,也是借鉴前人研究成果、写好本书的必要前提。

1. 国外研究

国外对我国农民工自组织研究主要集中在农民工自组织的组织合法性、组织功能性、组织策略性及组织障碍性等领域。

(1) 农民工自组织的合法性研究

关于我国农民工自组织的合法性问题,Howell & Jude (2015) 从政府与农民工自组织的关系角度分析了我国农民工自组织的合法性问题。他们认为我国政府与农民工自组织在 2012 年前关系较为紧张,农民工自组织无法从政府获得政治认可和行政许可,缺乏组织活动所需的政治合法性和行政合法性。政府在 2012 年之后企图重新绘制国家与社会组织之间的社会契约,政府采取了放宽社会组织登记条件、向社会组织购买服务这两项措施。在此政策背景下,政府与农民工自组织关系缓和,双方合作开展各类为农民工提供服务的社会行动,以维持社会秩序和稳定生产关系,农民工自组织由此也获得了组织生存和发展的合法性。[②] Spires A. (2011) 从农民工自组织的活动类型角度分析了我国农民工自组织的合法性获取问题。该研究认为组织活动类型是农民工自组织获得合法性的关键,如果一些组织开展的活动与地方政府的执政理念相违背,则组织无法获得合法性;反之,如果组织开展的活动类型与地方政府的执政需求一致,则可能得到个别官员的非正式支持,取得一定限度的组织合法性,进而组织就能够在基层社会生存下来。[③] Kuruvilla & Sarosh (2018) 从历史角度回顾了我国农民工自组织的合法性

[①] 邵华:《组织增权:农民工维权途径探索》,《云南大学学报》(法学版) 2009 年第 7 期。

[②] Howell & Jude, "Shall we dance? Welfarist Incorporation and the Politics of State-labour NGO Relations", *China Quarterly*, Sept. 2015, pp. 702 - 723.

[③] Spires A., "Contingent Symbiosis and Civil Societyin an Authoritarian State: Understanding the Survivalof China's Grassroots NGOs", *American Journal of Sociology*, Vol. 117, No. 1, Jan. 2011, pp. 1 - 45.

问题，该研究将 2006 年至 2015 年中国劳资关系演变历程划分为五个阶段，认为国家政策的变化直接影响了农民工自组织的合法化进程。[1] Elfstrom & Manfred（2019）以长江三角洲和珠江三角洲为例，通过访谈和政府年鉴资料分析农民工自组织在不同政治治理模式下的发展模式差异，农民工自组织发展模式的差异性导致合法化进程的巨大差异。[2]

（2）农民工自组织的功能性研究

关于我国农民工自组织的功能性问题，国外大量研究都聚焦于农民工自组织的劳工维权功能。Chan & Yang（2017）认为我国农民工自组织是致力于促进工人集体利益的组织，其方式与其他国家的工会非常类似。农民工群体具有强烈的权利意识，他们对集体谈判的需求不断增加，而他们又缺乏必要的工会代表，因此他们通过自建组织的方式在工作场所谋取群体利益。该研究认为，农民工自组织扮演工会角色和促进集体谈判的现实，也恰恰反映了有组织的维权活动在我国工作场所基本被禁止的事实。[3] Chan at al.（2017）以我国广东农民工劳工组织为例分析了农民工自组织的维权功能，在工会组织难以协调劳工危机时，工人会通过农民工劳工组织维护自身的权益。[4] Chan & Jenny（2019）认为我国自 20 世纪 70 年代末以来重新融入全球经济体系的变革，极大改变了生产领域的劳动关系，劳资纠纷的形式逐渐多样化，务工人员开始寻求法律和法律外的手段来维护自身权益，其中维权型农民工自组织的组织维权也是法律体系外的重要手段。作为回应，我国政府从 21 世纪初开始进行劳动市场的政策变革，通过提高最低工资、扩大社会保险覆盖范围和扩大申诉渠道等方式维护劳动力市场的稳定性。[5] Hui & Elaine Sio-ieng（2020）通过深入访谈、参与性

---

[1]　Kuruvilla & Sarosh，"From Cautious Optimism to Renewed Pessimism: Labor Voice and Labor Scholarship in China"，*Ilr Review*，Vol. 71，No. 5，Oct. 2018，pp. 1013 – 1028.

[2]　Elfstrom & Manfred，"A tale of two deltas: Labour politics in Jiangsu and Guangdong"，*British Journal of Industrial Relations*，Vol. 57，No. 2，March 2019，pp. 247 – 274.

[3]　Chen F. and Yang X. H.，"Movement Oriented Labour NGOs in South China: Exit with Voice and Displaced Unionism"，*China Information*，No. 2，March 2017，pp. 155 – 175.

[4]　Chan，Jenny，Selden and Mark，"The Labour Politics of China's Rural Migrant Workers"，*Globalizations*，Vol. 14，No. 2，Feb. 2017，pp. 259 – 271.

[5]　Chan and Jenny，"State and Labor in China，1978 – 2018"，*Journal of Labor and Society*，Vol. 22，No. 2，June 2019，pp. 461 – 475.

观察和文献研究，以维权型农民工自组织为研究对象，探讨组织社会行动者在农民工权益维护中的角色问题。该研究认为，维权型农民工自组织不仅促使农民工群体树立良好的思想观念，增强阶级意识和政治意识；也能增强农民工群体集体意识，激励群体协同行动，积极参与制度变革。[1]

也有研究关注农民工自组织的社区服务功能。Froissart C. （2009）认为我国农民工自组织的主要功能不一定就是维权，更多时候它应当是一种社区服务型组织，解决农民工日常生活的各种困难，积极履行社会维稳功能，与政府官方议程具有一定一致性。[2] Chan & Chris （2013）以我国华南珠江三角洲地区农民工自组织为例，描述了农民工自组织为私营企业的农民工提供的各类社区服务，认为社区服务能为弱势农民工创造相对自主的公民社会空间。[3] 此外，也有研究关注农民工自组织在政治参与方面的功能。Franceschini & Ivan （2014）认为农民工自组织可以使农民工参与公共事务，发展和阐明个人利益，并共同形成一个主体性鲜明和参与性更强的公民群体，以群体力量参与制度变革，推动政治变革。[4]

（3）农民工自组织的策略性研究

Spires A. （2011）根据在我国的实地调查分析了农民工自组织的生存策略——草根组织和国家可以共存于一种"共生关系"中，这种共生关系产生的前提是草根组织能够帮助国家机构完成一些社会福利义务，减少特定国家机构的工作任务，提升社会公众满意度，那么国家机构就会在一定程度上允许草根组织的公开运作。[5] Gransow, Bettina Zhu & Jiangang （2016）基于长期参与式观察和专访35家农民工NGO领导人和23人次员工，详细描述了珠三角地区农民工自组织的发展情况。该研究分析了农民

[1] Hui and Elaine Sio-ieng, "Labor-related Civil Society Actors in China: a Gramscian Analysis", *Theory and Society*, Vol. 49, No. 1, Jan. 2020, pp. 49-74.

[2] Froissart C., "The Rise of Migrant Workers' Collective Actions: Toward a New Social Contract in China", *In Social Movements in China and Hong Kong: The Expansion of Protest Space*, Kuah-Pearce, H. E. and Guiheux, G, Amsterdam: Amsterdam University Press, 2009, pp. 55-178.

[3] Chan and Chris King-chi, "Community-based Organizations for Migrant Workers' Rights: The Emergence of Labour NGOs in China", *Community Development Journal*, Vol. 48, No. 1, Jan. 2013, pp. 6-22.

[4] Franceschini and Ivan, "Labour NGOs in China: A Real Force for Political Change?", *China Quarterly*, Vol. 218, June 2014, pp. 474-492.

[5] Spires A., "Contingent symbiosis and civil society in an authoritarian state: understanding the survival of China's grassroots NGOs", *American Journal of Sociology*, Vol. 117, No. 1, 2011, pp. 1-45.

工自组织是如何在日常工作中创造组织空间的，并研究了其活动以及其采取的各种策略。研究表明农民工自组织的组织活动包括权利保护、法律咨询、分发信息材料、安全培训、文化教育、社区服务、开展社会调查、媒体互动等。为了更好地开展组织活动，农民工自组织会采取如下策略：第一，非常重视社会支持网络的构建，社会支持网络的质量直接影响农民工自组织在空间上扩大的潜力；第二，注意规避政治风险，农民工自组织意识到劳工权利维护方面的政治风险，减少对个别工伤或劳工权利案件的支持，更多地为农民工群体提供集体谈判和法律方面的培训，同时越来越主张工会部门参与他们的活动；第三，注重发挥组织利益相关者（领导者、发起人、工作人员、志愿者以及农民工）的角色功能。[①] Fu & Diana (2016) 以维权型农民工组织的田野调查为基础，提出了一种维权策略创新——变相的集体行动。即农民工自组织不进行激进的、危险的集体抗议行动，采取相对温和的个体指导方式，指导农民工通过司法、官方路径维权。变相的集体行动可以为参与者争取合法权益，也满足政府社会维稳的政治目标，从而为组织争取生存的政治空间。[②] Akimow & Malgorzata (2017) 以 2011 年至 2016 年农民工组织的田野调查为基础，运用批判的公民身份理论，阐述了农民工自组织如何运用互动策略来重塑公民身份及争取群体话语权。农民工自组织必须参与国家和市场的互动过程，才能确保自己的生存。但是他们的行动并不是去直接抵制或适应国家和市场的各种规则，而是通过更广泛的互动过程，旨在实现规则转换的战略目的。[③] Franceschini et al. (2019) 基于对我国南部维权型农民工自组织的案例研究，描述组织维权工作重心的转移。20 世纪 90 年代农民工自组织专注于建立工人中心、开展劳工权利宣传活动、开展社会调查和政策宣传，21 世纪以来，农民工自组织开始采取集体谈判以争取群体权益，同时研究分析

① Gransow, Bettina, Zhu and Jiangang, "Labour Rights and Beyond How Migrant Worker NGOs Negotiate Urban Spaces in the Pearl River Delta", *Population Space and Place*, Vol. 22, No. 2, 2016, pp. 185 – 198.

② Fu and Diana, "Disguised Collective Action in China", *Comparative Political Studies*, Vol. 50, No. 4, Feb. 2016, pp. 499 – 527.

③ Jakimow and Malgorzata, "Resistance through Accommodation: A Citizenship Approach to Migrant Worker NGOs in China", *Journal of Contemporary China*, Vol. 26, No. 108, July 2017, pp. 915 – 930.

了组织维权工作重心转移过程中面临的主要挑战及采取的策略，探讨现有政治环境下组织策略的可持续性和可行性。[1] Froissart et al.（2018）以维权型农民工自组织集体谈判的实践为例，分析了组织的谈判策略，强调了农民工自组织组织行动者的能力。该研究认为农民工自组织可以改变工人、雇主、工会之间的权力平衡，并改变他们对劳资冲突的反应。[2]

（4）农民工自组织的治理性研究

Spires A. et al.（2011）对中国的草根组织进行了实证研究，包括教育类、环保类及维权型农民工自组织等，认为我国草根组织在过去20年间经历了快速发展，社会资源竞争较为激烈，导致绝大部分草根组织难以获取人力、资金及政策等组织资源，组织发展严重受限。[3] Lee C. K. et al.（2011）聚焦于农民工自组织的融资能力，研究结论是农民工自组织没有一个安全的、持续的资金来源。为了获得组织发展所需的资金，个别组织有可能接受一些商业性质的项目，进而滑向商业化。[4] Franceschini I.（2012）以广东省工会下属的"广东省工人社会服务组织联合会"为例，分析了枢纽型社会组织与农民工自组织的合作机制。研究认为枢纽型社会组织属于伞形组织，枢纽型组织可以为工会和农民工自组织之间的合作提供平台。[5] Gransow et al.（2016）聚焦于农民工自组织的人力资源。农民工自组织的工作人员数量较少，通常只有4—7名工作人员（全职和兼职），主要负责组织日常行政管理和项目任务。工作人员流动性非常高，因为农民工自组织难以为工作人员提供较高的工资收益和精神激励。农民

---

① Franceschini, Ivan, Lin and Kevin, "Labour NGOs in China from Legal Mobilisation to Collective Struggle (and Back?)", *China Perspectives*, Vol. 26, No. 1, March 2019, pp. 75 – 84.

② Froissart and Chloe, "Negotiating authoritarianism and its limits: Worker-led collective bargaining in Guangdong Province", *China Information*, Vol. 32, No. 11, November 2017, pp. 23 – 45.

③ Spires A., Tao L. and Chan K. M., "Societal Support for China's Grassroots NGOs: Evidence from Yunnan, Guangdong and Beijing", *The China Journal*, Vol. 71, No. 71, January 2014, pp. 65 – 90.

④ Lee C. K. and Shen Y., "The Anti-solidarity Machine? Labor Nongovernmental Organizations in China", In From Iron Rice Bowl to Informalization, *Markets*, *Workers*, *and the State in a Changing China*, Kuruvilla S., Lee C. K., Gallagher M., eds., ILR Press, 2011, pp. 173 – 187.

⑤ Franceschini I., "Another Guangdong Model: Labor NGOs and new state corporatism", *The China Story*, Australian Centre of China in the World, Vol. 8 (Summer 2012), http://www.thechinastory.org/2012/08/post-labour-ngos/.

工自组织的重要人力资源是他们的志愿者团队，主要的志愿者来源是高校学生和农民工。学生志愿者主要负责收集信息材料、撰写新闻通稿、组织公益活动；农民工志愿者主要负责去工作场所分发材料、探望求助对象，由于都是外来务工人员，农民工志愿者容易获得求助者的信任。[①]

2. 国内研究

随着农民工数量不断增多，农民工自组织、农民工组织、农民工非政府组织、流动人口自组织、农民工维权组织等名词频繁出现在公众视野中，农民工自组织现象也引起了学者的关注，不同学科从各自学科背景、理论视角对农民工自组织开展了多角度研究，形成了一定数量的研究成果。本书收集了各个学科领域关于农民工自组织的研究成果，并依据论述的侧重点将其分为以下几个类别。

（1）农民工自组织的合理性研究

关于农民工自组织的合理性问题，学者们从多个理论视角进行了分析。赵国勇（2007）从公共治理理论角度阐述了农民工自组织产生和发展的合理性。进入城市的农民工面对的是市场失灵的局面，即面对一个非完全竞争和非对称信息的劳动力市场。按照新古典经济学理论，市场失灵的时候需要凭借组织的协调和监管作用，以保障和提高市场运行的效率。而在实际运作中，作为"市场中间者"的政府和作为"市场参与者"的自组织在农民工劳动力市场中存在缺位现象，进而无法满足农民工群体对组织的需要。于是，农民工群体开始组建同乡会、打工者协会、农民工工会等农民工自组织，构建农民工群体的利益代表机制和利益表达渠道。[②] 欧阳兵（2008）运用冲突理论论证农民工成立自组织的合理性。农民工在城镇里会遭遇身份冲突、习俗冲突、社会排斥和社会网络冲突，有效应对冲突是农民工选择自建组织的重要原因。他认为农民工与社会没有根本利益方面的冲突，因而农民工自组织的存在不会对社会

[①] Gransow, Bettina and ZhuJiangang, "Labour Rights and Beyond How Migrant Worker NGOs Negotiate Urban Spaces in the Pearl River Delt", *Population Space and Place*, Vol. 22, No. 2, March 2016, pp. 185 – 198.

[②] 赵国勇：《参与与发展：公共治理中的农民工自组织研究》，硕士学位论文，华中师范大学，2007 年。

安定造成不良影响，政府应引导农民工自组织的合理发展。[1] 范晶娴（2010）从组织化理论角度阐述了农民工自组织产生的合理性。因为没有自己的组织后盾，分散的个体农民工无法通过组织化方式维权，所以个人权益容易遭到侵害。个体农民工无法与企业形成平等的劳动关系，只有依靠组织才能与雇主进行平等谈判，形成相对合理的劳动关系，从而实现和保障自身权利。伴随全球社团革命的兴起，农民工群体的主体意识开始觉醒，自由、自主、自治、志愿服务的意识逐渐培养起来，农民工群体的社会参与热情逐渐提高，农民工中的精英分子开始建立自己的团体，农民工自组织应运而生。[2] 陈菊红（2014）以"国家—社会"关系为理论框架，探讨了农民工自组织开展自我管理的必要性。纵观国家对农民工人口长期的管理模式，国家力图通过公安机关将农民工纳入其直接的控制体系内，防止游离于基层组织之外的个体对"国家—社会"同构关系的破坏。随着农民工主体意识的增强，从国家中独立出来的社会力量不断成长，原来的强制主义管理方式已不再适用。于是，各种农民工自组织不断涌现，农民工自组织采取各种策略性行动来维护组织的运行，拓展其与社会力量和国家的合作空间。[3]

（2）农民工自组织的必要性研究

王春光（2004）认为，农民工对成立自组织有着强烈需求，只有组织起来才能维护自身利益，通过组织传达自己的意愿。[4] 徐旭初、吕冬洁（2007）认为，个体维权成本过高、工会维权职能弱化、政府公共服务供给失衡、公共服务效率低下等原因导致农民工权益难以得到组织化保障，由此激发了农民工自建组织的需求，通过农民工自组织为群体维权拓宽路径。[5] 陈丰（2008）强调，农民工自组织的自我管理、自我服务和自我教育能够弥补政府社会管理的不足之处，因此政府应鼓励以"农民工自组

① 欧阳兵：《论农民工非政府组织的缘起与应对》，《江西行政学院学报》2008 年第 4 期。

② 范晶娴：《我国农民工组织发展中的问题与对策研究》，硕士学位论文，天津师范大学，2010 年。

③ 陈菊红：《国家—社会视野下的流动人口自我管理研究》，博士学位论文，中共中央党校，2014 年。

④ 王春光：《农民工在流动中面临的社会体制问题》，《中国党政干部论坛》2004 年第 4 期。

⑤ 徐旭初、吕冬洁：《农民工维权组织及组织化问题研究——以浙江省为例》，《杭州电子科学大学学报》（社会科学版）2007 年第 4 期。

织"为载体，充分发挥自我管理的功能来维护农民工群体的合法权益，在此基础上他还提出"农民工参与式管理"的概念。① 徐建丽（2011）指出农民工维权组织的存在体现了农民工对"组织性力量"的迫切需求，也是农民工群体通过组织化力量有效解决冲突的一种形式，但同时她明确指出，要防止自组织的畸形发展。某些维权方式有可能激发潜在的不稳定因素，政府应正面积极引导农民工自组织的发展。②

（3）农民工自组织的类型化研究

关于农民工自组织的类型，学者们依据不同标准进行了划分。"农村劳动力流动的组织化特征"课题组依据组织形态的特点认为，农民工群体内部存在生产经营型、生活友谊型和秘密社会型三种自组织形态，并详细分析了每种自组织形态的内部结构、组织功能、人员特征及组织行为。③ 蔡昉（1997）按组织的不同功能，将农民工自组织分为利益保护型、信息服务型、生活服务型、谋求私利型和综合服务型五种类型。④ 王义等（2003）则依据自组织内部人际关系，将农民工自组织分成亲缘群体自组织、地缘群体自组织、业缘群体自组织和情缘群体自组织四种类型。⑤

（4）农民工自组织的功能性研究

关于农民工自组织功能，学者们开展了大量研究，并呈现了大量研究成果。首先，部分学者综合考察了农民工自组织的组织功能。如傅宝第等（2005）对农民工自组织的经济、法律、文化、政治和社会功能做了比较全面的概括，农民工自组织的目标应是培育良好的农民工劳动力市场，积极承担从政府中分离出来的关于农民工服务、管理方面的事务。⑥ 岳经纶、屈恒（2007）通过实证研究表明，农民工组织的主要功能是帮助农民工处理劳动报酬、工伤索赔等劳资纠纷，维护农民工权益。⑦ 邓保国（2009）

---

① 陈丰：《城市化进程中的流动人口管理模式研究》，《求实》2008 年第 12 期。
② 徐建丽：《农民工自力维权组织与工会引导》，《中国劳动关系学院学报》2011 年第 5 期。
③ "农村劳动力流动的组织化特征"课题组：《农村劳动力流动的组织化特征》，《社会学研究》1997 年第 5 期。
④ 蔡昉：《劳动力流动、择业与自组织过程中的经济理性》，《中国社会科学》1997 年第 4 期。
⑤ 王义等：《流动人口自组织问题及政府管理对策探究》，《甘肃社会科学》2003 年第 6 期。
⑥ 傅宝第、马骏、李军岩：《寻找农民工自组织的维权途径》，《理论界》2005 年第 6 期。
⑦ 岳经纶、屈恒：《非政府组织与农民工权益的维护——以番禺打工族文书处理服务部为个案》，《中山大学学报》（社会科学版）2007 年第 3 期。

认为农民工自组织具有维护农民工合法权益、反映农民工群体诉求、提供部分公共服务、促进政府职能转变等基本功能。在经济社会发展中，农民工自组织既有上述的积极作用，也存在部分消极作用。如果政府能够引导得当，农民工自组织就会在经济社会发展中发挥积极作用；反之，农民工自组织也可能会扰乱正常经济秩序。[①] 吴好、潘磊、于佳（2009）认为，农民工群体的阶段性需求决定了农民工自组织的主要职能。因此，改善社会保障、提供就业信息、维权保护、教育培训是当前农民工自组织的主要职能。但是随着农民工群体收入水平及年龄层次的变化，休闲娱乐、咨询服务等服务需求也会在日后不断产生。[②] 余章宝等（2011）以对珠三角地区农民工自组织为对象，进行了农民工自组织维权功能的实证研究，研究结果显示以工商登记注册为主的农民工自组织，主要为农民工群体提供维权咨询、就业培训、工伤探访、法律政策宣传等服务。[③] 谭建光等（2016）以珠江三角洲地区农民工志愿组织为例，归纳其在农民工的生活融入服务、职业发展服务、学习休闲服务、权益保护服务、子女成长服务、社会参与服务等方面的功能，认为国家应该关注和重视农民工自组织的社会功能，为其发展构建社会支持体系。[④]

另外，也有学者从具体方面重点考察农民工自组织的作用。朱健刚（2008）分析了农民工自组织在增强农民工群体社会资本方面的功能，他从社会空间的视角分析农民工群体生产自组织空间所需的社会成本，分析自组织空间在积累成员信任、构建社会交往、积累社会资本方面的基础性作用。[⑤] 伍慧玲、陆福兴（2009）分析了农民工自组织在农民工政治参与方面发挥的桥梁作用，国家正式组织还远不能满足农民工政治参与的需求，农民工自组织可以充当农民工政治参与的组织平台，成为当前增强农

---

① 邓保国：《农民工民间组织的基本功能研究》，《农业经济》2009 年第 2 期。

② 吴好、潘磊、于佳：《我国农民工非政府组织的职能定位与发展路径研究》，《经济体制改革》2009 年第 1 期。

③ 余章宝、杨淑娣：《我国农民工维权 NGO 现状及困境——以珠三角地区为例》，《东南学术》2011 年第 1 期。

④ 谭建光、李晓欣、赵首峰：《中国农民工志愿组织及其服务创新》，《中国青年研究》2016 年第 2 期。

⑤ 朱健刚：《打工者社会空间的生产——番禺打工族文书处理服务部的个案研究》，载张曙光《中国制度变迁的案例研究》（第六集），中国财政经济出版社 2008 年版，第 209—235 页。

民工政治参与有序性的重要途径。[①] 林凌辉（2011）从加强农民工社会保障的角度，分析了农民工自组织在慈善公益和压力维权方面的作用和制约因素，进而提出了相关对策和建议。[②] 刘冰等（2011）重点考察了农民工组织与农民工就业间的互动效应和改进路径。研究结果表明农民工自组织在促进农民工就业的同时，也提高了自身的社会认可度、降低了运行成本，促进了自身与政府、企业之间的互动。然而，这种互动双赢的局面仍然存在一些来自政策和自身的约束，需要通过就业信息共享、政策宣传引导、权益保障互助、就业培训互惠等措施以增进互动。[③] 唐晓容（2011）分析了农民工自组织在农民工福利供应方面的作用。政府资源及行政能力的有限性决定了社会福利的不全面、低水平性，农民工自组织可以通过自身灵活的制度安排、广泛的社会资源、针对性的福利项目弥补政府的福利缺失，成为农民工群体不可或缺的福利供给者。[④] 周云冉（2019）认为农民工自组织能促进农民工的组织参与和组织交往，增强新生代农民工的组织信任和组织归属，增加农民工群体的社会资本存量。[⑤] 王秀燕等（2020）认为自组织对提高农民工就业稳定性和降低农民工劳动强度具有积极作用，政府应当正视农民工自组织对提升农民工群体就业质量的正向功能，加强政府与自组织的沟通交流并给予适当支持，引导自组织向正规化、合法化的方向发展，共同促进农民工就业质量的提升。[⑥]

（5）农民工自组织的障碍性研究

关于农民工自组织的发展障碍，学者们也给予了大量关注。程蹊（2005）基于对海南外来工之家和北京打工妹之家的比较研究，归纳出农民工自组织创建、发展所需基本条件及发展困难，呼吁政府和社会应给予

---

① 伍慧玲、陆福兴：《社团组织：农民工政治参与的桥梁》，《长沙民政职业技术学院学报》2009 年第 3 期。

② 林凌辉：《农民工公益组织浅析及建议》，《学会》2011 年第 1 期。

③ 刘冰、谭界、符铁成：《NGO 与农民工就业：互动效应及其改进路径》，《湖南农业大学学报》（社会科学版）2011 年第 5 期。

④ 唐晓容：《社会组织：农民工福利供给的新主体》，《山西农业大学学报》（社会科学版）2011 年第 7 期。

⑤ 周云冉：《新生代农民工组织型社会资本的构建研究》，硕士学位论文，吉林大学，2019 年。

⑥ 王秀燕、付金存、董长：《何种组织提升农民工就业质量：工会还是自组织?》，《财经论丛》2020 年第 2 期。

指导和帮助。[①] 李鹤（2007）从行政法律角度分析了农民工自组织因行政主体地位不足而导致的发展困境。发展困境主要表现在如下三方面：首先，由于农民工主体资格无法得到政府的有效确认，因此绝大部分农民工自组织都存在组织合法性不足的现实问题；其次，因为较为严苛的行政管理政策，所以农民工自组织难以获得充分的社会资源，发展受限；最后，农民工自组织对行政过程的参与严重不足，无法充分体现组织功能。[②] 和经纬等（2009）以珠三角农民工自组织为例，详细呈现自组织面临的资源匮乏、制度严苛的现实问题，详细分析自组织如何通过策略性行动来补充合法性资源，从而以实际行动效果获得政府的默认、社会的支持以及知识精英的支持，进而维持组织发展以维护农民工权益。[③] 袁海平（2009）指出农民工自组织的建立面临制度困境，在发展过程中又缺乏有效监督，促进农民工自组织的发展应从两方面入手，即强化政府公共服务职能、加强自组织建设。[④] 李尚旗（2010）从农民工利益表达的角度分析了农民工组织在政府支持、合法性和组织资源方面面临的生存困境，并进一步对政府和组织自身提出了改进工作的具体路径。[⑤] 秦秋（2015）从资本理论视角出发，认为农民工自组织的发展仍面临着经济资本不足、人力资本匮乏、社会资本短缺和文化资本贫乏的困境，相应从经济、人力、社会、文化四个方面探索促进农民工自组织发展的出路。[⑥]

学界已有研究成果能为后续研究提供丰富的养分，是拓展农民工自组织研究的重要基础。但纵观现有研究，尚存在一些不足之处：第一，研究数量不足。关于农民工自组织自我管理的研究不多，在"中国知网"上输入关键词"农民工自组织"，直接相关的文献资料较少，可以参考的资料

---

① 程蹊：《从典型个案看农民工 NGO 的建立——基于海南外来工之家、北京打工妹之家的实证对比分析》，《武汉科技大学学报》（社会科学版）2005 年第 2 期。

② 李鹤：《农民工非政府组织行政法律问题研究》，硕士学位论文，中国政法大学，2007 年。

③ 和经纬、黄培茹、黄慧：《在资源与制度之间：农民工 CG NGO 的生存策略——以珠三角农民工维权 NGO 为例》，《社会》2009 年第 6 期。

④ 袁海平：《农民工自我管理的现状、障碍和对策》，《农业经济》2009 年第 12 期。

⑤ 李尚旗：《农民工非政府组织的生存困境及其建设路径——以利益表达为研究视角》，《北京工业大学学报》（社会科学版）2010 年第 4 期。

⑥ 秦秋：《基于资本理论视角的中国农民工自组织发展困境及出路探索》，《世界农业》2015 年第 6 期。

散见于相关的文献中。第二，研究内容不全面。已有研究重视农民工自组织的基本情况、自组织的自我管理和自我服务的内容、农民工自组织的发展困境和对策等方面，忽视了农民工自组织自我管理的过程研究，缺少对农民工自组织管理方法、服务方式及运作机制的研究，也忽视了农民工自组织发展过程中农民工主体性的研究。第三，研究深度不足。现有农民工自组织研究仅限于对农民工自组织基本功能、性质、发展问题等方面的理论性论述，缺少对农民工自组织功能的基本定位、实质效果的深入探讨，农民工自组织发展困境和对策研究也有待加强。总体上看，理论与实践密切结合的深度研究较为欠缺。第四，研究方法侧重于个案质性研究。当前研究方法主要偏重于个案研究，具有典型性，但结论缺乏普遍性。

基于以上分析，本书拟对农民工自组织进行全面、系统、深入的研究。研究将围绕农民工自组织产生的理论基础、现实依据、组织类型、组织结构、组织增权功能、组织增权困境及提升路径等内容，探讨农民工组建自组织的现实必要性和理论可能性，通过案例分析、数据梳理分析农民工自组织产生的现实动力及农民工自组织的增权功能，并针对农民工自组织发展的制约因素，提出具体可操作的对策建议。本书的研究成果既为农民工自组织的进一步发展提供行动策略，也为政府制定农民工自组织的相关管理政策提供合理建议。

第二章 农民工自组织的理论
基础及现实依据

农民工自组织的产生有一定的理论基础和现实依据。就理论角度而言，涉及多中心治理理论、自组织理论及增权理论；就现实角度而言，农民工自组织是随着我国经济体制改革和社会管理体制变革所产生的客观现象。

第一节 农民工自组织的理论基础

一 多中心治理理论

"多中心性"认识最早来自经济学研究领域，经济学家通过比较集中指挥的计划经济和自由竞争的市场经济，演绎出经济领域的多中心任务，进而提出在政治、社会、文化领域也存在着多中心性。英国学者迈克尔·博兰尼在《自由的逻辑》一书中首次提出"多中心"一词，他通过分析人类科技发展的历史和市场经济的优越性，归纳出两种相对自由安排的方式——"自发秩序"和"集中指导"。迈克尔·博兰尼认为"自发秩序"才是真正意义上的自由，随后，他在对"自发秩序"的研究过程中察觉了"多中心性"的存在。所谓"自发秩序"是指人们在遵守法律的前提下凭借主观能动性互动，这种互动保证了公共立场上的自由正当性，个人主动性的互动导致自发秩序的建立。通过自发秩序活动解决社会问题时，由于缺乏共同性的团体来协调任务，因而工作任务分解为多中心任务，多中心任务只能通过自发秩序中的个体经过相互自觉调整后才能逐渐趋向一致性结果，相互自觉调整过程包括协商、竞争和劝说三种相互作用模式。个体自觉调整后的一致性并非通过强制力获得的，而是在自发秩序完成多中心任务的调整配合过程中生成的。博兰尼是"多中心"理论的开创者，不过他仅是从理论层面论证了多中心理论的逻辑合理性，真正将多中心理论用于人类社会公共管理的却是美国印第安纳大学的学者文森特·奥斯特罗姆和埃莉诺·奥斯特罗姆夫妇，他们通过实证研究证明了"多中心理论"在社会治理方面的可行性。

在多中心政治体制理论产生之前，理论界一般认为解决地方问题的最好方式是单中心政治体制，多样化的政治单位被认为必然会导致"职能重叠"和"高额成本"，进而导致地区公共物品和公共服务供给不足等问题，而文森特·奥斯特罗姆在相关论文中否定了上述观点。他们在《大城市地区的政府组织》一文中肯定了"多中心治理模式"的有效性，并认为"多中心治理模式"意味着多个相互独立的决策中心，它们具有相互独立的形式，彼此间通过竞争关系形成契约性和合作性事务，多中心体制下的各中心单位通过"协作竞争"促进对竞争问题寻求低成本的解决路径。随后，文森特·奥斯特罗姆在《多中心》一文中通过比较"多中心秩序"和"单中心秩序"，阐述了多中心政治体制的优越性。文森特·奥斯特罗姆认为"多中心秩序"的重要特质是广泛且分散的决策权，广泛且分散的决策权可以有效约束政府官员的行为，激发民主社会的活力。而与"多中心秩序"对立的"单中心秩序"容易出现信息失真现象，当"单中心秩序"政治体制中的现实绩效与原有期望出现落差时，为了取悦上级单位，下级单位会有意扭曲信息，讲而因信息失真引发各类社会问题，最终导致决策失误。多中心政治体制具有多元结构治理优势，各个治理主体间的相互监督能够杜绝信息失真现象。因此，社会治理领域应运用多中心的政治体制解决单中心决策带来的社会问题。多中心政治体制是指在遵守法律的基础上通过社会组织、经济部门及利益集团的竞争性协商获得最终决策结果。多中心政治体制的产生源自人类生产活动和需求的多样化，其成功运行的关键是明确法律规则和多中心间的协商机制，如市场、司法、公共服务等领域中存在多个治理主体，没有一个治理主体能够控制所有决策行为，最终避免决策失误行为的发生。

在文森特·奥斯特罗姆论证多中心治理的优越性后，其他学者也从不同角度发展了多中心治理理论。如英国学者格里·斯托克阐述了多中心治理的五个基本特征；另一位治理理论的代表人物罗伯特·罗茨对"多中心治理"概念从六个角度进行了解读，两位学者均强调多中心治理的网络化、政府与民间组织的合作化等多中心治理特征。我国学者也指出多中心治理的主要特征是治理中心的多样化，政府不是唯一的社会权力中心，凡是能得到公众认可的各种公共或私人机构均可成为社会权力中心。多中心治理的目的是通过各利益方在制度关系中的协商、竞争等各类活动，最大程度地实现公共利益最大化；多中心治理能激发公民的社会事务参与热情，构建政府与公民间的信任、依赖、协商、合作关系。

尽管多中心治理理论发展时间不长，但在理论阐述和社会实践中已经形成基本框架，具有一定独特性。第一，多中心治理的治理主体是多样化复合主体。社会群体的多样性导致社会利益和需求的多样性，而满足多样化需求的社会资源又流向了政府、营利组织、非营利组织等各类组织。不同组织构建了社会治理的复合主体，不同组织间需要结合彼此的利益点，做出有利于本组织群体的最优决策。第二，多中心治理的治理结构是网络型结构。现代社会中的每个公民都生活在社会网络之中，互联网基本上实现了信息的水平化交流，打破了传统的信息封闭性，简化了人与人、人与组织、组织与组织的互动流程，提高了沟通效率，真正为所有人和组织搭建了网络型沟通结构。网络型结构中没有固定唯一的中心，网络中的任意节点都是一个中心，每个中心体与其他中心体之间可以产生超越层级的交流，直接表达组织的利益。第三，多中心治理的治理目标是满足公民多样化需求及实现公民利益最大化。多中心的权力结构设计、多样化的民主参与制度可以改变单中心治理下的公共权力滥用及行政效率低下现象，也可以使单个公民、非营利组织、营利组织的多样化需求得以充分表达。第四，多中心治理的治理方式是"竞争式合作"。多中心治理中的各个中心是独立的自治体，它的运行是为了满足本群体需求、实现本群体利益最大化，因此各个中心间围绕着社会公共物品会展开激烈的竞争博弈。但由于各个中心组织力量各不相同，所能提供的公共服务和公共产品的数量及成本各有大小，为了实现成本最小化、收益最大化的目标，各个中心必须围绕公共物品的生产、使用、维持开展合作，各个中心之间必须通过谈判、协商等形式进行竞争性合作，以获取对本群体最优的治理结果。

多中心理论可以从实践角度阐释农民工自组织出现的现实需求，也可以从理论角度解析农民工自组织的基本治理功能。农民工群体是我国社会人口的主要组成部分，庞大的人口基数决定了这一群体对社会公共服务有着较大需求，作为治理主体的政府虽然也在不断改进公共物品及公共服务的提供数量和质量，但受限于政府的行政效率及其他利益群体的需求，农民工群体的公共服务需求仍未得到有效满足。在此背景下，农民工群体成立自组织进行群体的自我治理和自我服务，意图使农民工自组织成为多中心治理网络中的一个治理中心，与其他社会治理中心开展竞争式合作，参与社会治理中的决策博弈，最终实现本群体利益最大化和社会治理最优化。

二　自组织理论

20 世纪 60 年代末，自然科学领域诞生了自组织理论，自组织理论主要围绕生命、社会等复杂的自组织系统开展研究，研究内容涉及自组织的产生动机及条件、自组织的发展演变路径等方面。自组织理论的主要观点是组织自身具有一定的内部逻辑，能在没有外部指令的刺激下从低级不断演化为高级、从无序不断整合成有序。自组织形成和自我革新的基本外部条件是系统与外部环境存在基本交换行为，内部条件是自组织各要素之间发生非线性、交叉式的影响，彼此作用。虽然自然科学领域的不同学者对自组织的界定有所不同，但对于自组织系统的基本特点达成了如下几点共识：第一是自组织具有共同目标。自组织系统中的行为主体是围绕着一个共同目标，为了实现共同目标而相互发生关系。第二是自组织具有统一的行为规则。行为主体通过系统内部简单行为规则发生作用。第三是自组织的行为主体具有自主权。自组织不存在中央集权式控制，系统中的每个要素都会能对系统的发展变化产生较大影响。上述自组织的基本特点使自组织产生了良好的自创性和适应性，自创性是指自组织能够自我解决问题，促使组织不断演化，走向完善和成熟，产生全新的结构、模式、形态；适应性是指自组织能够快速回应内部或外部环境的变化，从不稳定到稳定，重新达到平衡。

自组织理论最初源自自然科学，后来社会科学逐渐借用了自组织这一概念，意指相对于强制性、行政性组织，一种在自愿基础上自发、自由成立的社会团体组织。在没有外部力量介入的情况下，自组织的利益相关者通过平等协商、达成共识，采取联合行动。A. D. 林德赛曾经对自组织理论做过如下阐述:"个人通过诸如教会、协会等各种组织的各种社会关系维系社会的共同生活,社会的宗教、科学、经济生活也是借助于此而得以发展的。每一种生活均有其各自的发展,其中存在一种自动、自主和自由的组织领域,国家通过强制机制无法占据该领域。"① 自组织理论随后发展为主张按职业选举政府的社团国家理论,社团主义要求将国家立法权力交给由产业、农业和职业团体所派遣的代表,强调自由组建的社团组织在政府决策上所产生的影响。自组织理论不认同没有个体自由的国家权威主义,也不认同毫无规范的无政府主义和散漫的个人主义,自组织理论希望构建相对理性、较为民主的组织层面的政治治理模式,以保障社会群体利益博弈过程的公正性和科学性。

运用自组织理论可以提升农民工自组织的自组织和自适应能力,激发农民工自组织开展内部结构变革的动力,促使农民工自组织开放系统以加强外部资源的输入,通过竞争和合作推动农民工自组织产生新的模式和功能,实现变革以应对发展中的问题。自组织理论强调组织的目标性、规则性及自主性,以自组织理论审视农民工自组织,可以发现当前农民工自组织发展中的一些问题。第一,农民工自组织缺乏一致的行动目标和行动规则,组织内部缺乏统一认同的规则,难以形成协调有序的组织结构,农民工自组织呈现能力不足的问题,进而导致与外界难以形成充分的资源、信息交换行为,影响组织的发展。第二,农民工自组织缺乏充分的行动自主权,欠缺组织创新的自主动力,难以通过自我调节建设实现自我的可持续性发展。

三 增权理论

增权理论产生于20世纪70年代,意指赋予或增强个人或群体的权力。1976年,Solomon在美国出版了《黑人增权:受压迫社区中的社会工作》一书,书中首次阐释了增权理论的基本概念,从此增权理论走进了社会科学研究的视野,也成为西方社会工作领域重要的理论依据和实践模式。"增权"理论包含权力、无权、去权、权能等概念,其中最重要的核心概念是权能。关于权能的科学定义,不同研究者从不同角度给出了不同解

---

① [美] A. D. 林德赛:《现代民主国家》,牛津大学出版社1943年版,第245页。

读。有学者认为权能意指个体能够掌握自身生活空间诸多因素的能力；反之，个体无法掌控自身生活空间的诸多因素就是缺乏权能。有学者论述权能不仅是客观存在，也是个体的主观感受。个体因缺乏能力而形成无权感，进而自我贬低，陷入无权的恶性循环。也有学者从意识角度阐述了权能，认为"权能"是个体自我觉醒的意识，因个体意识到自身的无权状态，才能激发个体的增权意识，进而通过行动促进个人或环境的转变。①增权理论就是希望社会工作者帮助个体通过增进权能减少无权感，更加深刻的认识社会权利、经济权利、政治权利及文化权益，促进弱势群体主体意识的提升，进而积极参加影响他们生活的社会制度决策，争取群体的合法权益。

依据时间维度，增权理论的发展可以分为三个时间段。第一个时间段是 1893 年至 1917 年，美国社会在这一时间段正处于快速的工业化过程中。城镇工厂需要大量移民劳动力，在城镇工厂务工的移民劳动力受到资本家的严格管制，劳动时间过长，劳动收入却极其低下。社会贫富差距日益加剧，阶级分层、性别差异、种族歧视等议题逐渐成为社会主流话题，社会群体差异化的加剧为增权理论的诞生奠定了现实基础。此阶段的增权理论主要涉及如下几方面：其一，社会工作者为增权对象提供具体的社会性支持；其二，社会工作者向案主的亲属、社区人员传授增权所需技巧；其三，社会工作者重视案主的社会增权参与。第二个时间段是 1917 至 1945 年，美国经济受到两次世界大战的影响而遭受重创。罗斯福总统通过系列新政措施复兴美国经济，美国社会处于积极变革的气氛中，求变的社会思维赋予增权理论广阔的发展空间，社会工作者在增权实践方面也有诸多创新之举：其一，建立社会安全制度。通过全面性福利制度的建设，帮助社会弱势群体获得最低保障；其二，注重母亲和儿童的增权工作，改变女性及儿童的弱权地位；其三，重视黑人的增权工作，扩大黑人的资源与机会，重视黑人"增权"的教育效果。第三个时间段是 1945 年至 1994 年，劳资冲突、移民冲突、种族冲突、通货膨胀等一系列社会问题在第二次世界大战结束后的美国社会集中爆发。为了解决社会问题，美国政府通过"大社会"计划，大幅增加福利经费以改善社会弱势群体的生活境况，

---

① 唐咏：《中国增权理论研究述评》，《社会科学家》2009 年第 1 期。

以彰显政府对公民的保障责任，增权理论也在这一时期进行了理论重构。其一，增权工作的介入必须以回应案主的需求为依据，增权工作必须尊重案主的需求，鼓励案主积极表达增权需求；其二，鼓励案主参与建立互助团体。鼓励案主与相同处境的个体建立互助团体，通过集体意识的觉醒，降低案主的孤立与无权感，积极争取群体的应有权益；其三，强调增权的重点应是案主的转变。社会工作者应提升案主的领导才能，增进案主的政治参与，改善案主的经济状况，使其最终成为掌握自身机会的有权力者。[1]

关于增权的基本模式和主要层次，国内学者范斌（2004）在这一方面做出了一定的理论贡献。依据增权动力源的不同，范斌将增权行动分为两种模式——个体主动模式和外力推动模式，"个体主动模式"强调增权行动的动力源来自个体本身，个体的主动性、主体性在增权实践过程中起到关键作用。"外力推动模式"强调增权行动的动力源来自外部力量，认为外部力量借助一定方法能够激发弱权群体的增权意愿，提升弱权群体的增权技巧，如通过外部力量，帮助弱权群体增强社交范围、改变社会环境，扩大权能的范围，进而获得更多社会资源，通过外部力量与主体循环互动以达到持续增权的目的。关于增权的层次性，依据增权行动的涉及范围，范斌将增权的主要层次分为个体、人际关系、社会参与三个层次。所谓个体增权层面聚焦弱权群体的生活条件和周边环境的控制能力，个体增权行动的主要目标涉及个体自我评价的增强、心理健康水平的增强、环境改变意愿的增强等方面。人际关系的增权主要聚焦社会关系网络建设，主要增权目标是引导弱权群体参与社会互动，形成一定的社会关系网络以获取社会资源，改善弱权群体的社会形象，营造公平社会环境。社会参与层面的增权聚焦弱权群体的政策博弈，主要增权目标是引导弱权群体通过群体活动参与社会决策，充分表达群体的利益需求，获取合理的社会资源，争取群体获取更为公正和平等的待遇。[2]

自我国学术界引进增权理论以来，学者运用增权理论分析了不同群体的增权问题。如青少年增权研究、农村贫困人口的增权研究、女性就业增权研

---

[1]　陈树强：《增权：社会工作理论与实践的新视角》，《社会学研究》2003年第5期。

[2]　张君敏：《农民工自组织在农民工群体增权中的作用分析——以上海虹桥外来建设者读书会为例》，硕士学位论文，上海大学，2003年。

究、贫困学生的增权研究、受虐老人增权研究等等，体现了强大的理论解释力。黄肖静运用增权理论分析了青少年无权和弱权现象影响了青少年的发展，陆玉林等认为处于无权状态的青少年容易成为弱势青少年，城市弱势青少年群体的增权行动需要借助家庭成员的良性互动，构建良好的家庭成员关系才能使弱权青少年提高获取社会资源的能力。孙琼如运用增权理论分析了老年人受虐问题，研究表明老年人的失权状态导致其容易受虐。付再学运用增权理论分析养老机构老人服务模式的构建问题，他认为养老机构应该在尊重老人权力的基础上提高服务水平。刘梦等人以单亲女性自强小组为案例，分析了增权理论在女性群体中的作用。张银将增权理论应用于女性社区就业问题的研究，分析女性在社区就业中的失权现象和增权路径。张时飞以上海癌症自助组织为例，通过精神健康、自尊感、组织控制感、社区控制感等定量指标从个人和集体两个层面分析病人群体增权问题。江华将增权理论应用于同志群体及社区艾滋病的综合干预研究，认为通过社群、同志、实施者的共同干预，可以实现同志群体的增权，改变这一群体在社会结构中的弱势地位，可以使同志社群在社会权力结构中的弱势地位有所改变。

增权理论可以解释农民工自组织对农民工群体的增权功能及增权模式，农民工自组织的增权模式依据增权理论可以分为内外两种模式，内部主动模式强调农民工个体在增权过程中的决定作用，自组织增权应当激发农民工潜能，而非直接赋予农民工个体以权力。当农民工的潜能被激发后，他就获得了处理社会事务和社会关系的各种技能和资源，进而获得良好的自我感觉、自我价值的体验。如果农民工没有增权意识，外界的帮助是毫无作用的。外部推动模式主要侧重外部力量在增权过程中的关键作用，自组织应对农民工群体实施外部刺激，并通过外部与内部的持续性互动，消除农民工群体的社会交往障碍，优化社会生存环境，培育他们的技能，增强农民工群体获取更多控制生活资源的能力。[①]

第二节　农民工自组织的现实依据

农民工自组织是随着我国经济体制改革和社会管理体制变革所产生的

---

① 唐咏：《中国增权理论研究述评》，《社会科学家》2009 年第 19 期。

客观现象。经济体制改革导致城市经济和社会服务需求的快速增长，社会管理体制变革又使户籍制度、社会保障、教育医疗等制度相继软化，增加了农村人口自由流动的可能性，而农民工自组织的形成是农村人口大规模流动带来的客观产物。

一 农民工的迁移历史

1. 改革开放前我国农村人口流动受限

1949 年前，中国公民享有自由迁徙的权利，1912 年制定的《中华民国临时约法》第一次在宪法中明文规定公民享有迁徙自由，第二章第六条第六款规定："人民有居住迁徙之自由。"袁世凯统治时期、北洋军阀割据时期、民国政府时期所制定的法律均承认公民享有"迁徙之自由"。新中国成立前，红色革命根据地在相关法律条文中赋予了根据地民众"迁徙自由"的权利。1949 年新中国成立之初，我国公民也是可以自由迁徙的。新中国成立初期，随着国民经济的恢复、工业化的初步发展，城市对农村流动人口的吸纳能力较强，形成了新中国成立后第一次大规模的农村劳动力迁徙，国家在这一时期并未限制农村劳动力的迁移。据统计，1953 年至 1957 年，城市全民所有制工业部门的就业人数从 510 万人猛增到 2316 万人，增长的就业人口里大部分是从农村迁徙到城镇的农民。随着第一次大规模的农村劳动力迁徙，城市人口数量大幅度增长，从 1952 年 7000 万人增加到 1957 年的 9949 万人，平均每年增加 589 万人。[①] 但是，随着农村农业合作化运动的若干失误以及农村自然灾害的多发，多个农业大省的粮食产量大幅下降，部分农村地区陷入饥荒。在此背景下，大量农村人口涌向城市，导致城市的公共服务崩溃，社会治安形势严峻。1957 年 12 月，中共中央、国务院联合发布《关于制止农村人口盲目外流的指示》，文件严禁城市企业将农民作为招工对象，并在城市设置收容遣送机构，收容、遣送进城农民返回原籍。从这一文件发布开始，农村人口的自由流动权受到约束。1958 年 1 月 9 日，第一届全国人大常委会第 91 次会议通过了《中华人民共和国户口登记条例》。

---

① 段娟、叶明勇:《新中国成立以来农村剩余劳动力转移的历史回顾与启示》，《党史文苑》2009 年第 3 期。

该条例明确规定，农村户籍人口只有凭借城市劳动部门的录用证明、学校的录取证明及城市户口登记机关的准予迁入证明三种方式才能迁徙户口。这一条例的颁布标志着城乡二元体制的初步确立，也使农村人口的迁徙自由进一步受限。1964年8月，国务院批准公安部的《关于户口迁移政策规定（草案）》，该文件进一步加强了户籍迁徙的办理难度，严格限制了农村人口向城镇流动的数量和方式。"文化大革命"期间，农村对农民的流动管理也趋于严格，农民外出做工被认定为"资本主义尾巴"，直接受到批判。同时，"文化大革命"中还出现了将城市人口往农村迁徙的逆城市化现象。1968年12月，毛泽东下达了"知识青年到农村去，接受贫下中农的再教育，很有必要"的指示，1966年、1967年、1968年三届的初中和高中生全部前往农村，前往农村的城市青年总人数超过1600万人，这是历史上极为罕见的城市人口向农村迁移的逆城市化现象。

通过上述分析可见，农村人口迁徙的管理体制在1949年至1978年呈现从宽松到严管的发展趋势，其基本特点是严格限制农村人口向城市流动，控制城市人口规模，稳定城市社会秩序、恢复农村粮食生产。

2. 改革开放后农村人口的发展壮大

改革开放以后，农村人口迁徙的管理体制基本上是随着社会变革从严管到宽松的阶段性发展过程。

第一阶段，政府在1979年至1983年期间依旧严禁农村人口向城镇迁徙。1978年，农村家庭联产承包责任制的实施使得农业生产力快速恢复，也使得农村劳动力富余的现象再度显现。为了有效利用农闲时间增加家庭收入，农村富余劳动力开始向城镇转移。但由于改革开放初期，城市经济复苏不足，就业吸纳能力极其有限。大批知青返城和下放职工落实政策回城，也给城市就业造成极大压力。为了缓解城市就业压力，政府对农村人口流动依旧采取严管政策。1981年，国务院下发《关于严格控制农村劳动力进城做工和农业人口转为非农业人口的通知》，通知要求城镇户籍部门加强户籍迁徙的管理工作，要求城镇企业、城镇事业单位清退农村户籍劳动力，保障城镇人口的粮食供应及城镇人口的就业机会。因受到政府制度的客观限制，农村人口在这一阶段的迁徙自由度极小。

第二阶段是1984年至1987年，政府默许农村人口向城镇迁徙。20世纪 80 年代中期，我国乡镇企业规模大幅增长，企业数量从 1983 年的 134.6 万家增加到 1984 年的 606.5 万家，企业数量年增长 3.5 倍；企业就业人数从 1983 年的 3224.6 万人增加到 1984 年的 5208.1 万人，就业人数年增长 61%。为了进一步缓解乡镇企业的用工需求，1984 年年底，国务院发布《关于农民进入集镇落户问题的通知》，通知明确了农村户籍劳动力在集镇的落户条件，凡在集镇有正当工作、固定住所的农民可以落户，但口粮需要自理，集镇落户条件的宽松化表明了政府对农村人口迁徙行为的默许态度。1984 年至 1988 年间，乡镇企业的就业人数平均每年增长速度超过 24%。[①] 从 1983 年至 1988 年，乡镇企业在五年时间内解决了 6000 多万农村劳动力的就业需求。大量农村富余劳动力从农业生产转移至乡镇企业就业，创造了"离土不离乡"农业劳动力转移新模式，也满足了企业生产的劳动力需求。20 世纪 80 年代，乡镇企业成为拉动经济增长的重要推动力，也成为吸纳农村劳动力的重要部门。

此后，随着城市经济的进一步复苏，国营企业的用工需求也日益凸显。1986 年 7 月，国务院颁布了《国营企业实行劳动合同制暂行规定》和《国营企业招用工人暂行规定》，允许国营企业招收农村劳动力。在国家政策的支持和鼓励下，农村外出就业的劳动力日益增多。虽然政府放宽了农村人口的迁徙限制，但是政府加强了城镇流动人口的居住管理。大量外来流动人口加剧了城镇治安管理的现实难度，1985 年 7 月，公安部颁布了《关于城镇暂住人口管理的暂行规定》，暂行规定主要规范了流动人口登记程序，要求实行流入和流出登记，凡是暂住时间超过三天，就需由流动人口本人或暂住家庭户主向公安户籍管理部门申请流入登记，离开暂住地前还需申请注销登记。暂住时间超过三个月以上的外来人口需要向户籍部门申领暂住证。如外来人口未进行相关登记或未取得暂住证件，公安机关可按照《中华人民共和国治安管理处罚条例》的规定，视情节轻重给予处罚。暂行规定使农村人口的迁徙活动受到政府治安部门的严格监管，烦琐的手续也增加了农村人口的迁徙成本。

第三阶段是 1988 年至 1991 年农民劳动力强制回流。1978 年至 1988 年，十年改革使得我国经济快速发展，但也不可避免地带来了通货膨胀、

---

① 赵俊超、孙慧峰、朱喜：《农民问题新探》，中国发展出版社 2005 年版，第 34 页。

重复建设和经济过热等问题。因此，党的十三届三中全会在认真分析我国政治经济形势的基础上，同意实施"治理整顿"的宏观调控政策，采取了加强信贷控制、压缩建设和投资规模等措施。在宏观调控政策影响下，国民经济增速减缓，城镇对农村劳动力的吸纳能力下降。城镇企业大量削减农村劳动力，滞留在城镇的无业农村劳动力对城镇社会治安造成极大影响。为了稳定城镇治安秩序，国家在 1988 至 1990 年期间出台了限制农村劳动力盲目外流的系列政策文件，如国务院办公厅和民政部、公安部在 1989 年 3 月、4 月、12 月及 1990 年 4 月先后发布《国务院办公厅关于严格控制民工盲目外出的紧急通知》《民政部、公安部关于进一步做好控制民工盲目外流的通知》《国务院批转人口普查领导小组、公安部关于在第四次全国人口普查前进行户口整顿工作报告的通知》《关于做好劳动就业工作的通知》等文件，多份文件的主要精神就是严控农村劳动力的迁徙行为，要求各地按照本地区经济发展的实际情况，合理消化转移农村劳动力。劳动力需求充分的城镇应分阶段、分步骤地解决符合落户条件的农村劳动力的落户问题，劳动力需求不充分的城镇应防止大量农村劳动力盲目进城的现象，引导城镇闲置农村劳动力返乡。这一阶段，农村劳动力因政策限制减缓了向城镇迁徙的速度。[①]

　　第四阶段是 1992 年至 1999 年，农村劳动力区域大迁徙。1992 年邓小平"南方谈话"的发表肯定了沿海改革开放的创新举措，沿海企业的生产积极性得到有效激发，城镇劳动力需求突增，劳动力价格也大幅提升。劳动力价格的地区差异使农村劳动力不断从低收益地区向高收益地区迁徙，形成了我国农村劳动力跨区域大规模迁徙的景象。迁徙人数从 1992 年的 3500 多万增长到 1995 年的 7500 万。大量农村人口流入城镇对城镇管理造成巨大压力，流动人口的居住、就业、社保、子女教育等问题都成为流入地区的管理难题。为防止大规模无序迁徙可能导致的城镇失控局面，政府开始出台各类政策引导劳动力在区域间合理流动。如 1993 年 12 月，劳动部制定了《劳动部关于建立社会主义市场经济体制时期劳动体制改革总体设想》；1994 年 11 月 17 日，劳动部颁布了《农村劳动力跨省流动就业管

　　① 段娟、叶明勇：《新中国成立以来农村剩余劳动力转移的历史回顾与启示》，《党史文苑》2009 年第 3 期。

理暂行规定》；1997 年 11 月，国务院办公厅转发了劳动部等部门《关于进一步做好组织民工有序流动工作的意见》，这些政策在农民工劳动力市场的信息服务系统、劳动力市场的交易规则、劳动力市场的政府监管等方面做出了相应的制度安排，为农村劳动力的输出地与输入地间搭建桥梁，实现农村劳动力流动的有序化、可控化。①

第五阶段是 2000 年至今，农村劳动力迁徙加速。进入 21 世纪以来，我国经济发展增速惊人，社会建设加快，城镇劳动力需求继续攀升。为了满足城镇劳动力需求，国家出台各种有利政策引导农村剩余劳动力迁徙。2000 年 7 月 20 日，劳动和社会保障部、国家发展计划委员会、农业部、科技部、水利部、建设部、国务院发展研究中心七部委联合颁布了《关于进一步开展农村劳动力开发就业试点工作的通知》，通知明确要求取消束缚农村劳动力迁徙的各类文件，积极引导农村剩余劳动力参与城镇建设。2001 年 3 月，第九届全国人民代表大会第四次会议批准的《中华人民共和国国民经济和社会发展第十个五年计划纲要》，2003 年 1 月，国务院办公厅发布了《关于做好农民进城务工就业管理和服务工作的通知》，上述文件均明确指出改革城乡二元体制，逐步构建公平、公正的新型城乡关系，保障农村人口的合理利益。农村劳动力流入地应当在教育、就业、住房、社保等领域出台合理政策，为农村劳动力在城镇工作、定居提供基本保障。随着农村劳动力进城务工人数不断增加，劳动纠纷也呈现快速上升趋势。为了保障农民工的劳动权益，劳动和社会保障部、建设部先后于 2003 年和 2004 年发布了《关于农民工适用劳动法律有关问题的复函》《关于进一步解决拖欠农民工工资问题的紧急通知》等文件，文件明确指出农民工适用《中华人民共和国劳动法》与《企业职工工伤保险试行办法》，用人单位不能随意拖欠农民工的劳动报酬，用人单位应当为农民工缴纳各类社会保险，避免农民工因病、因伤陷入生活困境。此后，随着我国产业的升级转型，农民工群体的劳动技能培训问题日益突出，国务院办公厅于 2008 年、2010 年先后出台了《关于切实做好当前农民工工作的通知》《关于进一步做好农民工培训工

---

① 段娟、叶明勇：《新中国成立以来农村剩余劳动力转移的历史回顾与启示》，《党史文苑》2009 年第 3 期。

作的指导意见》等文件，要求各级政府重视农民工群体的技能培训问题，为农民工群体提供低价、实用的技能培训，以应对产业发展的技能型劳动力需求。

上述文件通过法律手段、行政激励、经济惩罚等诸多方式改善农民工的就业环境，解决工资拖欠、技能培训、社会保险等方面的突出问题。形成一系列从根本上保障农民工权益的制度系统。在系列政策的刺激下，我国兴起了新一轮的农村劳动力迁徙浪潮，进城农民工数量不断增多。据统计，2003 年农村劳动力外出务工数量为 1.1 亿，比 2002 年增长 8.6%；2004 年为 1.2 亿，比 2003 年增长 3.8%；2006 年，中国农村外出务工的劳动力总数已达 1.3 亿人；2010 年，全国农民工总数达 2.42 亿人，2011 年 2.5278 亿人，2012 年 2.6261 亿人，2013 年 2.6894 亿人，2014 年全国农民工总量为 2.7395 亿人，2015 年全国农民工总量为 2.7747 亿人，2016 年全国农民工总量为 2.8171 亿人，2017 年全国农民工总量 2.8652 亿人，2018 年农民工总量为 2.8836 亿人。根据国家统计局 2020 年 4 月发布《2019 年农民工监测调查报告》的数据显示，2019 年农民工总量达到 2.9077 万人，比上年增加 241 万人，增长 0.8%。①

根据上述分析可见，改革开放以来，我国农村劳动力的迁徙行为因经济、社会发展速度不同呈现阶段性起伏。影响迁徙活动的主要因素有如下几点：第一，城市产业的快速发展是农村劳动力向外转移的产业因素，这一因素在我国以及其他国家农村剩余劳动力迁徙史上均表现得极其明显。一旦城镇产业兴旺出现劳动力需求，政府就会放宽对农民进城务工的限制，在政策上引导农村劳动力向城镇迁徙；反之，城镇产业萧条减少劳动力需求，政府就会引导农村劳动力回流。第二，农业的现代化发展是农村剩余劳动力迁徙的技术因素。农业是农村的基础产业，科技发展大幅度提升了农业的生产效率，也降低了农业劳动力的需求量，农业劳动力供需关系的变化自然引导农村人口的向外迁徙，农村劳动力从第一产业迁徙至第二、三产业。第三，国家的制度设计是农村剩余劳动力迁徙的制度因素。我国农村劳动力迁徙行动较大程度上受制于政府的制度因素。政府对劳动力迁徙的制度调控主要基于产业发展水平，在农业稳定、第二、三产业发

---

① 国家统计局：《2003—2019 年全国农民工监测调查报告》。

展的前提下，政府就会出台各类政策引导、激励部分农村剩余劳动向第二、三产业发展兴旺的城镇迁徙；反之，如果农业生产率下降影响农业生产或第二、三产业增速减缓，政府则会采取措施引导农村劳动力回流。新中国成立初期，城镇第二、三产业的恢复吸引了农村劳动力，为了促进城镇产业发展，政府制度上对农村劳动力的自然迁徙采取默许制度。随后，由于"大跃进"政策的错误和自然灾害的接连发生，我国农村生产在20世纪60年代遭受重创。为了防止农村人口因灾外流，影响城镇的安定稳定局面，政府采取了直接的行政干预，强制切断了农村劳动力的迁徙行为，甚至通过知识青年上山下乡等运动，产生了城镇劳动力向农村迁徙的逆城市化现象。20世纪80年代后期，改革开放让中国经济获得活力，家庭联产承包责任制使得农业生产效率提升，政府放宽了对农村劳动力迁徙的限制。随着经济体制改革带来的红利逐渐释放，农村劳动力为了获取改革红利不断向城镇转移，劳动力转移的规模和速度也大幅度提升，形成了当前农村人口空心化、城镇人口规模化的景象。虽然我国农村剩余劳动力的迁徙受制度安排的影响较大，但就整个发展趋势而言，随着我国从农业国转变为工业国，农村人口向城镇迁徙是大势所趋，这是一个国家在现代化过程中必然伴随的人口趋势。

二　农民工的集体失权表现

农村剩余劳动力向城镇迁徙转移是我国社会发展的必然结果，农民工在我国经济社会发展过程中发挥极其重要的作用。农民工群体奠定了我国城镇化、工业化、现代化的劳动力基石，他们是我国现代化、城镇化发展过程所必需的人力资源保障。第一，农民工是城镇化建设的主要劳动力。城镇化是一个国家或地区社会生产力发展的必然过程，所谓"城镇化"是指由于城镇地区工业、服务业的快速发展，农村人口因城乡经济收益差异而不断向城镇迁徙，导致城镇人口不断增多、城镇建设规模不断扩大的历史过程。城镇化是每个国家在实现工业化、现代化过程中社会变迁的一种必然现象，城镇化过程中的城市建设需要大量劳动力，而进城农业劳动力正是城市建设劳动力的主要来源，他们承担了城市建设的各类高危、辛苦的工种，维系城镇的发展。第二，农民工是工业化发展的主要劳动力。改革开放以来，我国产业转型的主要目标是从农业国转变为工业国。工业化的过程即意味着农业比重的下降，农业劳动力需求减少。与此同时，工业、服务业的迅猛发展带来了劳动力的需求旺盛，产业劳动力供需关系的变化引导农业劳动力转移到工业、服务业，支撑我国第二、三产业的快速发展。第三，农民工是农村地区经济发展的主要动力。由于农业收益不高使农民的收入增速缓慢，农业收益低是由多种原因造成的。首先，农业具有多风险特征。地理、气候、季节的制约，加之局部地区动植物的病害，都可以导致农业的减产或绝收，农业自身的风险性或脆弱性是其重要特征之一。另外，农业经营结构不合理。我国农业主要是以家庭为主的生产结构，在一定区域内产品品种大体相似，同质农产品的市场竞争异常激烈，致使产品价格较低，农民收入难以提升。当农业收益远低于第二、三产业的收益，农民优先选择外出务工，务工收入成为农民增收最直接有效的途径，务工收入的增加又刺激农村社会的消费水平。同时，外出务工的部分农民工在学习了一定技术和经营理念后，选择回乡创业，进而带动了农村地区的经济发展。

尽管我国农民工为社会经济发展做出了基础性贡献，但是农民工群体在日常社会生活中的基本公民权利却得不到有效保障，他们成为城市社会中的弱权群体。依据《中华人民共和国宪法》，农民工群体是我国合法公民，理应享受公民应有的合法权利——公民权。公民权是指作为某个特定政治共同体（城市、民族国家等）中的社会成员所享有的一系列相应的权利和义务，包括政治权利、经济权利和社会权利。政治权利确保公民政治领域的参与机会，经济权利保证公民享有经济生活和物质利益的权利，社会权利保障公民享有医疗、教育、社会保障等公共服务。政治、经济、社会等三种权利是紧密相连、不可分割的整体，现代社会的合法公民理应充分享有三项权利，然而农民工群体的公民权却在现实生活中遭到不同程度的侵害。

1. 政治失权

由于生活地域的迁徙，农民工已经脱离了原有户籍所在地的政治体系。同时，他们因为没有城市户口而无法参与城市的政治体系。因此，农民工群体成为"政治边缘人"，较少参与政治活动，以至于无法保障自身的政治权益，具体体现在不能充分享有选举权和被选举权、无法或很少影响或参与政府的政策制定过程。

首先，农民工政治失权体现在不能充分履行选举权和被选举权上。我国宪法和选举法赋予每个公民选举权和被选举权，根据《中华人民共和国选举法》以及《全国人民代表大会常务委员会关于县级以下人大代表直接选举的若干规定》的规定，我国目前的选民登记主要以户籍登记为主的方式，但这一登记方式却使得农民工的选举权和被选举权难以实现。一方面，因为农民工在户籍所在地被登记为选民，就必须要在选举期间回到户籍所在地参加选举，否则需要委托他人代为行使选举权。但是，农民工的生活场域已经脱离了农村，返乡参加选举活动需要一定交通成本、时间成本，农民工一般不会主动请假回到户籍所在地参加选举活动。而对于委托选举，大部分农民工不甚了解。另一方面，农民工群体缺乏城市"合法"的选民身份，他们也不能参加城市社区举行的选举活动。由于户籍制度的限制，农民工虽然长期在城镇工作、生活，他们却没有资格参与城镇的社区选举活动。农民工若要在现有居住地参加选举活动，则需要凭借原籍的户口证明或选民资格证明到所在暂住地进行选民登记，这实质上还需农民工回到户籍所在地办理相关手续，仍旧需要花费交通、时间成本，因此农民工一般都不愿意参与现有居住地的选举。从上述分析可见，农民工自外出务工之日起实质上就自愿或被迫放弃了选举权和被选举权。本次调研数据也验证了这一结论。关于"你是否参加过家乡的村委会选举"这一问题，18.3%受访者表示参加过，80.7%受访者表示没有参加。而在18.3%参加选举活动的受访者中，仅有42.3%的人是亲自回村参加选举的，其余均为委托他人代为投票。关于"是否参加过城市社区居委会选举"这一问题，仅有19.1%的受访者表示参加过城市社区居委会选举活动，80.9%的受访者表示从未参加过。

另外，农民工的政治失权体现在公共政策制定过程的参与不足。美国著名政治学家戴维·伊斯顿曾经对公共政策进行了科学界定，他认为公共政策是政府"对全社会的价值作权威的分配"①。公共政策的分配范围是全社会，分配核心是社会利益的均等性。为了保障社会群体利益的分配合理性，体现公平、公正的社会精神，公共政策的制定和实施过程中应当体现全体政策参与的原则，个体和社会组织均能通过一定的社会路径参与社会

---

① 伍启元：《公共政策》，商务印书馆1989年版，第78页。

价值的分配流程，以保障社会价值获得公平、合理的权威分配。社会价值的分配过程应当涉及公共政策制定、执行和评估等多个环节，其中参与政策制定是社会价值分配中的核心环节。[①] 因此，政府决策部门应当保障社会群体在社会政策制定过程的有效参与权。但就目前而言，受我国特殊的历史文化精神、政治体制、经济条件的影响，农民工群体现阶段较少参与或影响公共政策的制定过程。

农民工的政策参与不足与众多因素相关，如政治素养、政治态度及组织化程度等因素。其一，农民工的政治素养不足。从公平公正的角度而言，公共政策的决策过程应当面向所有类型的社会群体，从而能使各个群体利益在决策过程中得以呈现。由于经费预算、决策效率、决策质量等方面的原因，目前政府在公共政策决策过程中仍旧采取代表性参与制。能否成为决策代表的主要选择条件是职业层级、教育水平，职业层级较高的知识分子群体往往成为主要的决策代表；而学历水平较差、职业层级较低的"体力型"农民工群体很难成为决策代表，他们的群体利益也难以在决策过程中得到准确且充分的体现。其二，农民工的政治态度淡漠。农民工群体的政治参与热情不足、政治态度的冷漠是由多种原因造成的。从历史维度看，在我国封建社会"君臣文化""三纲五常"等社会等级思想影响下，中国社会的公共空间较少，农民群体的主体地位长期处于压抑状态，导致政治参与的主体精神不足，农民群体的政治期望就是希望出现"圣贤统治"。当自身政治权益遭到侵害时，往往因"官贵民贱"的思想而选择隐忍，进而对政策参与呈现冷漠态度。此外，政治活动往往与流血冲突、战争牺牲联系在一起，历史上政治运动的残酷性也使农民群体对政治参与产生了恐惧心理，使农民远离政治参与。从经济基础维度看，经济基础的好坏直接影响政治参与态度的积极与否。美国政治社会学家安东尼·奥姆罗曾指出："人的经济地位和政治参与（SES）之间存在着直接关联。也就是说，一个人在社会分层等折合为 SES 的地位越高，其政治参与率越高。"[②] 有学者将这段话解读为，富裕阶层往往产生一定比例的政治参与积

---

① ［美］阿尔蒙德·小鲍威尔：《当代比较政治学——世界展望》，商务印书馆 1993 年版，第 35 页。

② ［美］安东尼·奥姆罗：《政治社会学——主体政治的社会剖析》，张华清等译，上海人民出版社 1989 年版，第 77 页。

极分子，而贫穷阶层中也相应产生一定比例的政治参与消极分子。经济基础决定上层建筑，只有当个体的经济状况得到一定保障时，才可能思考精神层面的政治参与。农民工群体经济收益不足，大量日常时间耗费在体力劳动上，自然没有时间和精力关注政治信息。而只有充分获取政治信息的人，才可能在心理上产生对政治的介入心理，才可能更多地关注、参与政治；反之，不能充分获得政治信息的农民工群体，则在心理上对政治缺乏热衷性，从而很少参与政治活动。其三，农民工的组织化不足。农民工政治参与不足与农民工群体组织化程度低直接相关，政治参与需要一定的组织化路径。农民工群体缺乏各种组织资源，组织化程度严重不足使农民工的政治参与大打折扣。工会组织是农民工实现民主权利、进行合理化利益诉求的重要组织渠道。但在实际生活中，由于工会调解面临着严峻的依附困境，导致农民工对工会的参与热情不足，农民工加入工会的比例较低。工会的依附困境来自两个方面，一方面是企业工会的政治合法性依附于政府。《中华人民共和国工会法》规定，工会是在中国共产党领导下职工群众自愿结合的群众组织，同时接受同级党委和上级工会的领导，并以同级党委领导为主。这一规定决定了基层工会无法独立于上级工会而自主的开展工作，缺乏组织独立性。另一方面，企业工会的经济基础依附于企业。依据《中华人民共和国工会法》规定，"企业、事业单位、机关工会委员会的专职工作人员的工资、奖金、补贴，由所在单位支付"，工会经济方面的来源就决定了工会工作依附于企业。工会本应是农民工维护自身利益、与政府、企业进行利益协商的民间组织，其存在和发展是非常有必要的，但是工会的依附性决定了它不能成为农民工政治参与的有效路径。

2. 经济失权

农村劳动力向城镇迁徙的首要动因是经济收益差，然而进城农民工在城市务工过程中却频频遭遇公平就业权受到侵害、劳动收益低和社会劳动保障程度低等经济失权问题。首先，农民工的就业权受到侵害。一些地区和城市为了保护本地居民的就业权益，制定各种政策法规限制外来人口的就业范围。有的地区对农民工实行各种资格认证，在优先满足本地居民就业需求的基础上，才向农民工开放一些脏乱差累的工作岗位；有的地区变相对农民工收取各种费用，要求农民办理就业证、普通暂住证、缴纳治安联防费、流动人口婚育证明费、使用流动人口调配费、健康证等各类证件。由于办证机构分散且行政效率的低下，农民工办理证件需花费大量时间和经济成本。上述地方保护主义行为严重损害了农民工的平等就业权和职业选择权，直接降低了农民工群体的就业概率。其次，农民工的劳动收益较低。农民工往往存在工作时间过长、劳动强度过大等工作特征，但农民工的劳动收益却没有得到相应的回报。根据国家统计局 2011—2019 年发布的《农民工监测调查报告》数据显示，2011 年农民工月均收入 2049 元，同比增长 21.2%；2012 年，农民工月均收入 2290 元，同比增长 11.8%；2013 年农民工月均收入 2609 元，增长 13.9%；2014 年，农民工月均收入 2864 元，同比增长 9.8%；2015 年，同比增长 7.2%。农民工月均收入 3275 元，比上年增加 203 元，增长 6.6%，2017 年，农民工月均收入 3485 元，比上年增加 210 元，增长 6.4%。①。截至 2019 年，农民工月均收入 3962 元，比上年增加 241 元，增长 6.5%。但是，农民工薪酬水平与城镇职工相比仍然偏低。农民工的劳动收益还面临被拖欠的风险，中央政府和地方各级政府通过各种法律条文严禁用人单位拖欠农民工工资，但农民工因讨薪而导致的悲剧性事件仍旧层出不穷。同时，同工不同酬的现象普遍存在。按照公平理论，劳动者付出相同劳动成本理应获得同样的回报，否则就违背了公平原则。然而，在从事同样工种的情况下，临时工性质的农民工与正式职工性质的城镇职工间收入差异悬殊。最后，农民工群体的社会劳动保障程度低。与其他社会群体相比，农民工的社会保障程度较低，原因在于多方面。就政府部门而言，农民工群体社会保障的相关立法工作较为滞后。国务院和各部委发布的有关农民工社会保障的通知、决定、指导性条例等行政文件，立法层次低且效力差；地方政府制定农民工社会保障法律规章制度，地区差异性大且难以协调，导致农民工的社会保障地区性转续成为难题。就企业而言，大部分企业将追求利润作为企业经营的终极目标，企业为了减少经营成本而不愿为农民工交纳社会保险费。就农民工群体而言，由于文化水平较低且关注短期利益致使农民工对社会保障的认识不足。大多数农民工来自经济欠发达地区，他们认为参加社会保障需要付出经济成本，减少务工所得收益，因

---

① 国家统计局：《2011—2019 年农民工监测调查报告》。

而将社会保险视为一种经济负担。政府政策滞后、企业营利目标及农民工经济成本等原因导致农民工群体社会保障严重滞后，而与之形成鲜明对比的是农民工工作的高危性。大多数农民工从事脏乱差累等高危行业，他们没有经过必要的安全防护培训。企业为了节约成本而在简陋厂房里采用了安全性能差的旧设备，农民工超时超量工作导致身体疲乏，注意力稍不集中就会造成生产事故。农民工群体容易因病、因伤残而陷入经济困境的案例屡见不鲜。

3. 社会失权

社会权利是个体社会生活中获得基本生存及可持续发展的基础性权益，涉及社保、居住迁徙、享受基本教育等方面。我国原有城乡二元体制的制度设计将城镇居民视为优先群体，导致农村户籍的农民工无法在城镇社会享有与城镇居民平等的社会权利，此即为农民工群体的社会失权。

第一，农民工群体无法获取平等、充分的社会保障权益。为了保障公民的基本社会安全，国家以立法形式对国民收入进行再次分配，为社会全体成员提供基本生活保障，此即为社会保障。作为国家的合法公民，城镇居民和农村人口应当享有平等、充分的社会保障，如社会保险、社会福利和社会救济等基本保障内容。但对于农民工群体而言，由于城乡二元社会结构的存在，农民工无法享有充分的社会保障权益，导致他们的日常生活面临养老、失业、工伤等诸多社会风险。第二，农民工群体的居住环境较差。拥有一定水准的住房条件是人的基本权利，作为联合国的《经济、社会及文化权利国际公约》的缔约国，我国政府认可公民拥有为个体及家庭争取一定居住条件的基本权利。虽然我国目前的法律条文中没有直接涉及公民的居住权限的条款，但我国政府通过市场建设、价格调控等方式逐步实现公民的居住权限。但就目前而言，政府在保障农民工住房权益方面还缺乏一定建树，大部分农民工居住状况仍旧不尽人意。由于城镇居住成本居高不下，绝大多数的农民工居住在企业宿舍、城郊接合部地区的平房、地下室或城郊地区自搭违章棚屋，呈现居住面积小、住房环境差、搬家频繁、群租合租等居住特征。第三，农民工群体没有充分享有受教育权。《中华人民共和国宪法》第四十六条规定中华人民共和国公民有受教育的权利和义务，农民工的受教育权主要涉及基本义务教育和职业技能教育两方面。农村在义务教育方面的水准远远低于城镇，大多数农民工群体的原生家庭经济水平低下，因此农民工群体难以获得优质的学历教育，导致这一群体学历水平较低、文化素养欠佳。在职业技能培训方面，由于地方政府的资金投入不足及企业培训制度不够完善等因素，农民工参加职业培训的机会较少且意愿不足，导致这一群体缺乏高水平的职业技能，进而在就业市场上长期处于弱势地位。

三　农民工集体失权的成因

农民工群体集体失权是市场、政府失灵的结果。农民工面对的劳动力市场是一个非完全竞争和非对称信息下的失灵市场，从而导致农民工盲目性流动造成失权困境。当农民工因市场失灵诱发失权现象时，政府应通过制度建设保障农民工的合法权益。然而，政府在现实治理过程中因资本利益性、福利资源有限性而忽视农民工的权益保障。

1. 市场失灵与农民工权益侵害

完全竞争的市场结构是资源配置的最佳方式，有效的劳动力市场会依据劳动力的供求关系调节劳动力的价格。当市场上农民工数量供大于求时，农民工的市场工资就会降低；反之，当市场上农民工数量供不应求时，市场工资就会增多。然而，完全竞争市场结构只是一种理论假设，现实社会无法满足理论假设的全部前提条件。因此，即使出现了"民工荒"，市场工资却可能得不到相应提高。因为在实际务工过程中，农民工面对的劳动力市场可能是一个非完全竞争和非对称信息下的就业买方市场，具备两个典型失灵特征——非完全竞争和非对称信息。首先，在城镇的劳动力市场中，农民工与本地居民并没有形成完全竞争关系，反而因为户籍制度形成了非完全竞争关系。鉴于本地就业形势的严峻性，地方政府会人为地将城镇劳动力市场分割成为二重劳动力市场，大多数农民工被挤压至工资待遇差、劳动环境较差、职业风险高、职业稳定性差的次属劳动力市场上。[①] 本书的调研数据也显示，受访农民工主要从事行业的前二名分别为住宿和餐饮业、制造业，这些行业往往存在一定的劳动风险，详见表 2 – 1。

---

① 李萌：《市场失灵、组织缺位与农民工权益保护—制度经济学视角下城市农民工工资拖欠问题》，《社会主义研究》2004 年第 6 期。

表 2 - 1 **农民工职业的基本描述** 单位:%

职业	频率	有效百分比	累积百分比
农林牧渔业	65	9.1	9.1
采矿业	30	4.2	13.3
制造业	111	15.6	28.9
建筑业	60	8.4	37.3
交通运输仓储及邮政	45	6.3	43.6
批发和零售业	60	8.4	52.0
住宿和餐饮业	117	16.3	68.3
居民服务和其他服务业	70	9.8	78.1
其他	157	21.9	100.0
合计	715	100.0	

数据来源:根据问卷调查整理而得。

另外,农民工与用人单位在劳动力市场上存在着信息不对称现象。所谓"信息不对称",是指交易双方在市场交易中处于信息不平衡状态,参与市场交易的一方掌握较为充分的市场信息,处于信息优势地位;而另一方掌握较为稀缺的信息,处于信息劣势地位。农民工和用人单位之间存在两类信息不对称现象,一种是卖方(农民工)拥有更多信息,另一种是买方(企业)拥有更多信息,拥有更多信息的一方将获得更多利益。就目前而言,大部分农民工是依靠基于血缘、地缘的乡土熟人关系网络获取就业信息,而不是依靠现代信息市场,市场中介信息服务作用未能充分发挥,所以农民工获取的就业信息量小、内容真实性差。农民工在劳动力市场中处于信息劣势地位,其表现是农民工对企业用工需求、企业资质情况、企业工作环境、企业工资情况、劳动权益保障等方面信息缺乏认知,从而导致农民工盲目性流动造成就业困境。

2. 政府失灵与农民工权益保护

按照新古典经济学理论,当市场失灵导致农民工权益受到侵害的时候,作为第三方力量的政府应通过制度来维护劳动力市场的公平性,保障市场的合理运行,维护农民工的合法社会权益。但是,政府在实际运作过程中的某些作为也可能有失公允。首先，地方政府可能因经济收益偏袒企业雇主。地方政府的收入来自地方财政。1950 年以来，中国国家财政制度经历了三个不同的历史阶段：1950 年至 1979 年为统收统支阶段，1980 年到 1993 年为分灶吃饭与财政包干阶段，1994 年至今为分税制阶段。1994 年分税制改革确定了当前中国地方政府财政收入来源，收入来源大体上可以分为税收收入、中央转移支付收入、非税收入、地方债务收入和其他收入，具体构成如表 2 - 2 所示。[①]

表 2 - 2 　　　　　　　　　　　中国地方政府财政收入来源

分类 A	具体组成
税收收入	增值税（25％）、企业所得税（40％）、个人所得税（40％）、营业税、城市维护建设税、契税等主要税种和表 2 所列的其他税种
中央转移支付收入	税收返还
	一般性转移支付（财力性转移支付）
	专项转移支付
非税收入	行政事业性收费（在《2008 年全国性及中央部门和单位行政事业性收费项目目录》中 236 个项目中，有 141 个项目与地方财政相关或全部归于地方财政，除此之外，各地政府还出台有其他种类行政事业收费项目）
	专项收入（排污费、水资源费、教育费附加等）
	罚没收入
	政府性基金
	国有资本经营收入（地方国有企业上缴利润）
	国有资产与国有资源有偿使用收入
	其他非税收收入，如彩票公益金、以政府名义接受的捐赠收入、政府财政资金产生的利息收入、行政许可收入
债务收入	直接债务收入
	间接债务收入：主要是城投公司负债
其他收入	制度外基金、制度外收费、制度外集资摊派、制度外罚没和"小金库"等

资料来源：刘志广：《我国地方政府财政收入来源及其规模》，《地方财政研究》2010 年第 4 期。

---

① 刘志广：《我国地方政府财政收入来源及其规模》，《地方财政研究》2010 年第 4 期。

　　企业所得税是地方财政的主要来源之一。因此，当企业与农民工之间产生矛盾时，地方政府的角色会因利益关系而出现偏差，同时，我国地方政府官员的政治晋升需要经济增长的支撑。希望获得晋升前景的地方官员有更强的动力和激励去推动本地经济增长，进而在一定程度上会维护企业利益。正是因为地方政府和企业之间的利益关系非常紧密，所以政府在处理农民工与企业雇主之间的劳资矛盾时，会出现袒护企业的可能性。

　　另外，地方政府难以回应农民工的公共服务需求。尽管我国政府非常重视农民工的公共服务需求，出台了诸多政策回应农民工的服务需求。但是，由于农民工的高流动性及地方政府公共资源的有限性，一些公共服务难以覆盖所有农民工群体，致使农民工的很多公共服务需求还难以得到满足。这些需求包括：第一，平等就业权的需求。虽然中央政府多次发文强调对流动人口平等就业权的保护，但就业歧视现象在一些地方仍然普遍存在，有的地方为了保护城市居民的就业，对一些行业、工种的准入门槛设立户籍限制。第二，住房需求。我国房地产市场近些年异常红火，一些地方政府通过土地财政换取行政资金，从而助推土地价格上涨，导致房地产销售及房屋租赁价格一路走高。由于农民工一般不能享受城镇的各类住房保障，过高的房地产价格直接抑制了农民工住房需求的满足。第三，社会保障的需求。由于农民工流动性较高、工作更换频率频繁，从而使政府在农民工社保制度设计方面存在较大难度。同时，许多地方政府仍然将农民工的社保工作视为政府的财政负担，有意忽视这项工作。第四，教育培训的需求。满足农民工群体教育培训需求需要大量资源的投入，地方政府在资源有限的前提下往往优先满足本地居民，为了保障本地区居民的教育权利，对农民工及农民工子女的教育培训设置诸多限制性条件。

第三章　农民工自组织的制度环境与主体意识

一个组织的产生和发展过程需要一定的内生主体意识和不可或缺的外力制度支持，内外合作才能驱动组织发展的一切积极因素，克服组织发展过程中的资源约束、管理缺陷、市场风险等问题，实现组织的可持续发展。

第一节　农民工自组织产生的制度环境

组织的产生依赖于一定的制度环境，不同组织环境孕育不同的社会组织，改革开放以来，我国农民工自组织从诞生到发展，农民工自组织的每一步成长都与国家制度改革息息相关，制度环境的变革为农民工自组织取得社会合法性奠定了制度基础。我国农民工自组织所处制度环境的主要变革源于我国政府执政理念的现代化转变，政府从传统权威的社会管理转变为现代合作型的社会治理，进而推动了国家社会管理制度的全面革新。

一　社会管理阶段：农民工自组织合法化

改革开放后，我国原有单位福利供应体系逐渐解体，公众社会福利需求却在社会快速发展过程中呈现多样化特征。在社会福利供需矛盾日益突出的背景下，政府不得不在社会管理层面为从事公益服务的社会组织构建一定的合法性制度空间，从而满足公众对社会福利的迫切需求。政府在这一时期进行的最为关键的制度变革是重新设置了主管公益事务的机构——国家民政部及其地方民政部门，同时出台了相应的管理条例。我国在1949年成立了"中央人民政府内务部"，可这一主管民政事务的机构却于1969

年被撤销，一直到 1978 年我国才重新设立了"中华人民共和国民政部"。民政部成立后，我国先后建立了准官方背景的大型基金会——中国少年儿童基金会、中国妇女发展基金会和中国青少年发展基金会。虽然这些基金会组织具有政府背景，但是它们的成立也预示着我国政府做出了社会组织一定的生存空间，社会组织由此获得了一定激励性暗示。各类民间社会组织随后纷纷成立，我国的社会空间逐渐得以拓展。为了适应民间公益组织发展形势，国务院于 1988 年 9 月和 1989 年 10 月分别颁布了《基金会管理办法》和新的《社会团体登记管理条例》，我国民间公益组织可以按照上述条例进行合法登记，获得政府官方组织授予的行动合法性。为了规范社会组织的发展，上述法规条文就社会组织的相关资质给予了明确规定，如办公场所、工作人员、组织经费、主管部门等。细致的法律条文反映了当时政府对社会组织的谨慎态度，一方面政府需要社会组织承接公民旺盛的社会服务需求；另一方面政府又对社会组织的社会动员能力有所介怀，这一阶段政府的矛盾态度也标志着我国农民工自组织生存空间的狭小性。

二 社会管理创新阶段：农民工自组织规范化

第一批成立的社会组织在社会服务方面发挥了重要功能，也缓解了政府的执政压力。在获得社会制度改革的红利之后，政府部门尝试通过制度变革进一步培育、发展社会组织，扩大社会组织的社会服务空间。因此，中共中央政治局常委会在 1996 年召开有关社会组织的专题会议，研究如何引导社会组织规范发展；随后，党的十五大报告明确提出"培育和发展社会中介组织"，将社会组织的培育和发展视为政府体制改革的重要内容。为了落实党中央"顶层设计"，政府部门成立了社会组织管理机构，国务院在 1998 年 6 月成立民政部民间组织管理局，该组织是中国管理社会组织的唯一国际级机构，这一实体机构实施登记管理、执法监察、信息统计等基本职能；同年 10 月，国务院修订了《社会团体登记管理条例》，确认民政部民间组织管理局以及各级民政部门的民间组织管理机构是我国社会组织的唯一合法管理单位。此外，政府部门不仅成立实体管理机构，同时也修订了相应的管理条例和法律条文，为民间社会组织拓展服务职能奠定了制度基础。

在管理机构建设、管理条例细化的双重作用下，作为社会组织的一种类别，我国农民工自组织得到了发展契机。随着农民工群体数量的逐渐增多，农民工群体的社会服务需求日渐旺盛，农民工的自我管理意识逐渐增强，农民工自组织在政府机构建设、管理条例细化的背景下获得了社会服务的准入契机。

三　社会治理阶段：农民工自组织发展空间释放

社会治理是指政府、社会组织、企业等社会行动者在平等协商、互利合作的背景下，共同管理社会生活，实现公共利益最大化的管理过程。21世纪初期，面对市场经济条件下大量社会问题的出现，面对社会支持、社会关怀的普遍缺失和政府单一社会管理效能的不彰，我国政府开始尝试与民间公益组织合作，共同提供公共服务产品。党的十六届四中全会提出，发挥社团、行业组织和社会中介组织提供服务、反映诉求、规范行为的作用，形成社会管理和社会服务的合力，加强和改进对各类社会组织的管理和监督。2005年中国政府工作报告指出，坚决把政府不该管的事交给企业、市场和社会组织，充分发挥社会团体、行业协会、商会和中介机构的作用。2006年3月十届全国人大第四次会议批准的《中华人民共和国国民经济和社会发展第十一个五年规划纲要》，进一步把规范和引导民间组织有序发展作为完善社会管理体制的重要内容，明确提出在"十一五"期间，要培育发展行业协会、学会、公益慈善和基层服务性民间组织，发挥提供服务、反映诉求、规范行为的作用。2006年10月党的十六届六中全会提出，健全社会组织，增强服务社会功能。坚持培育发展和管理监督并重，完善培育扶持和依法管理社会组织的政策，发挥各类社会组织提供服务、反映诉求、规范行为的作用。2007年党的十七大报告明确提出，在基层民主政治建设中要"发挥社会组织在扩大群众参与、反映群众诉求方面的积极作用，增强社会自治功能"。字里行间体现了社会管理体制变革的信号，也意味着民间公益组织将在我国社会治理中发挥愈益重要的作用。

2011年我国政府公布了《中华人民共和国国民经济和社会发展第十二个五年规划纲要》，纲要宣布我国将进行公共服务的重要变革，面向社会组织采用购买服务的方式扩大社会服务的供应量，引入竞争机制提供公共服务的服务质量，丰富社会服务的层次性满足多样化需求。同年年底，民政部、国家发改委联合发布的《民政事业发展第十二个五年规划》，规划中明确表示中国政府将积极向社会组织转移社会服务职能，为社会组织争取更多税收优惠，减少社会组织的发展障碍。2012 年 2 月，为了规范政府购买服务的采购行为，我国财政部出台了推进和规范服务采购的指导性文件——《2012 年政府采购工作要点》，明确了政府商务、公共服务等不同类型的采购实施范围及基本规范。2012 年，中央财政花费 2 亿元采购社会组织公共服务，为了规范采购资金的使用行为，保障政府资金的使用效率，民政部、财政部在《关于政府购买社会工作服务的指导意见》中进一步明确了社会工作服务的采购实施范围，将城市外来人口、农村留守人员、城乡贫困群体、老弱病残群体的社会服务需求作为重点采购对象，分层次、分批次地推进政府社会服务的采购工作，为民间社会组织提供一定的资金扶持，提高民间公益组织的社会服务质量。2012 年 11 月 8 日公布的党的十八大报告明确提出，"要围绕构建中国特色社会主义社会管理体系，加快形成党委领导、政府负责、社会协同、公众参与、法治保障的社会管理体制，加快形成政社分开、权责明确、依法自治的现代社会组织体制，加快形成源头治理、动态管理、应急处置相结合的社会管理机制"。"强化社会组织在社会管理和服务民生中的职责，引导社会组织健康有序发展。"2013 年 11 月召开的党的十八届三中全会正式提出了"社会治理"概念，并就"如何激发社会组织活力"提出了四方面要求：创新培育扶持机制支持社会组织的发展，加快实施政社分开以保障社会组织的独立性，提升社会组织服务功能以实现公共服务多元化，加强监督管理以保证社会组织可持续发展。2015 年，李克强总理在中国十二届全国人大三次会议上所做的政府工作报告提出，政府支持社会组织依法参与社会治理，推动社会公益事业的快速发展。2017 年 10 月，习近平总书记在党的十九大报告中强调"打造共建共治共享的社会治理格局，提高社会治理社会化、法治化、智能化、专业化水平"[1]。

上述文件中关于社会组织参与社会治理的论述表明了政府职能转变的决心，政府从全能政府到有限政府的角色转变，为农民工自组织的后续发展提供了大量的行动空间，也为农民工自组织的可持续发展奠定了政策基础。

---

① 习近平：《决胜全面建成小康社会，夺取新时代中国特色社会主义伟大胜利——在中国共产党第十九次全国代表大会上的报告》，人民出版社 2017 年版，第 10 页。

第二节 农民工自组织产生的主体意识

农民工的主体意识是指农民工对自我能力、个体价值和主体地位的一种自觉认识，是农民工群体发挥主观能动性开展自主管理与自我服务的重要思想前提。在市场失灵、政府失灵的情况下，农民工群体产生了自建组织的主体意识。

一 主体意识的增强成因

首先，市场经济的发展为农民工主体意识的增强提供了物质条件。市场经济下社会生产力的发展促进了农民工经济收益的提升。本书的调研数据显示农民工群体的收入水平已经有了较大提升，34.5%的农民工收入水平在3000—4000元，18.2%的农民工收入水平在4000—5000元，14.7%的农民工收入水平在2400—3000元，还有5.8%的农民工收入水平在5000元以上，收入数据详见表3-1。当农民工的经济需求得到一定的满足后，他们也开始关注自身发展，在社会生活、工作中更加重视公平公正问题。市场经济的自由平等、民主法制、独立自主、开拓创新等理念也逐渐被农民工所接受，这些理念在一定程度上促进了农民工主体意识的成长。

表3-1 个人收入水平 单位：元、%

	频率	有效百分比	累积百分比
600以下	34	4.7	4.7
600—800	11	1.6	6.3
800—1200	51	7.2	13.5
1200—1600	35	4.9	18.4
1600—2400	60	8.4	26.8
2400—3000	105	14.7	41.5
3000—4000	247	34.5	76.0
4000—5000	130	18.2	94.2
5000以上	42	5.8	100.0
有效值	715	100.0	

数据来源：根据问卷调查整理而得。

其次，群体代际学历水平的变化也促进了农民工主体意识的提升。随着时间流逝，出生在20世纪80年代的青年农民工已经成长为农民工群体的主体。跟老一代农民工相比，他们的平均受教育水平明显高于老一代流动人口。本书的调研数据显示，40周岁以下的中青年农民工占比为76.4%，其中54.6%以上具有高中以上学历，而40岁以上的仅有21.8%具有高中以上学历，可见新生代农民工的受教育年限远远高于第一代农民工。

那么，个人收入、学历水平与权益意识之间是否存在一定的正向关系呢？本书运用logistic进行分析，结果发现个人收入、学历水平方面与权益意识之间关系呈现显著性，且具有正向性，伴随着个人收入、学历水平的增高，权益意识越发明显，该模型的解释性达到了调整 R Square = 79%，有着较好的解释性。

依据分析结果可见，个人收入和学历水平越高，农民工的主体维权权益意识越强烈，他们在遇到不公平行为时不会选择隐忍，反而会积极、主动地采取各种路径去维护自身权益。

表3-2　　　　　　　　权益意识影响因素的 logistic 分析

变量/常数	模型 1 沉默（0）/争取（1）	
	B	S. E
常数	.340	.372
个人收入：600 元及以下（参照）		.297
600—800 元	.272	.492
800—1200 元	.112	.302
1600—2400 元	.204	.321
2400—3000 元	.212 **	.297
4000—5000 元	.332 **	.425
5000 元以上	.512 ***	.122
学历水平：小学及以下（参照）		
初中	.204	.256

续表

变量/常数	模型 1 沉默（0）/争取（1）	
	B	S. E
高中	.246 ***	.302
中专	.327 ***	.321
大专	.317 ***	.268
大学本科及以上	.411 ***	.247
N	(715)	
R Square	.76	
调整 R Square	.79	
−2 Log Likelihood	613.23	

代表 ** P = <0.1；*** P = <0.05

数据来源：根据问卷调查整理而得。

　　再次，社会环境促进了农民工主体意识的增长。随着时代变迁，农民工生活的城镇社会环境有了较大变化。20 世纪 90 年代以前，城镇居民对农民工持负面态度，认为农民工占有了城镇居民的生活资源，挤压了城镇居民的生活空间和就业机会，也严重影响了城镇社会的治安环境。农民工群体污名化现象严重，城镇居民的主要诉求是希望政府限制农民工盲目流动。20 世纪 90 年代以后，城镇社会逐渐认识到农民工对城市发展的重要性，城镇社会对农民工群体的包容度增大。政府在农民工城市化理论影响下出台维护农民工权益的系列社会政策，农民工的群体形象逐渐改良。进入 21 世纪以来，城镇社会人口流动更加频繁，农民工群体权益逐渐被城镇居民认同，上述社会环境的变化也强化了农民工对自身社会地位的认知，增强了他们的主体权利意识。

　　最后，信息交流促进了农民工群体的自我教育。网络时代使农民工能够快速、便捷地获取信息或与他人交流，互联网为农民工群体提供了社会参与和意见表达的平台。频繁的信息交流、话题讨论拓宽了农民工的视野，增强了他们的认识和判断能力，提高了他们思考和分析问题的能力，使他们获得了更多自我教育的机会，启迪了他们的主体意识。

二 主体意识的增强表现

第一，政治参与意识觉醒。由于户籍制度及经济因素的限制，早期进城农民工不太关注政治参与权利。近年来，随着农民工群体经济收入及文化教育水平的提升，他们开始重视政治权利，并对政治参与表现出较大的热情。2011 年国务院发展研究中心的《农民工市民化：制度创新与顶层政策设计》一书曾经就"政治参与问题"对全国 20 多个城镇的 6232 位农民工进行了问卷调查。"67.5% 的农民工认为应该参与所在社区的选举"，"55% 农民工期待参与所在企业或社区的民主管理"。调研数据说明农民工群体开始重视社会政治参与权利，意图通过政治参与反映农民工的利益诉求。[①]

第二，文化主体性不断显现。进城务工的经历引发了农民工对人生境遇的思考，进而也产生了文学作品、影视作品、文体活动等一系列的文化产品，打工诗歌和打工文艺是农民工文化主体性凸显的两大领域。一些农民工诗人用诗歌记录和反思自身生活，如杨成军、余秀华、郭金牛等。他们创作的诗歌反映、表达农民工群体的生活现状及心理状态，彰显了农民工的主体意识。

第三，权益维护意识的增强。20 世纪 90 年代初期，农民工群体在权益受侵害时往往选择隐忍，很少争取自己应有权益。进入 21 世纪后，农民工群体对自身权益有了进一步认识，开始运用法律手段、集体罢工等方式表达自己的利益诉求。农民工群体采取的各类策略性维权行动表明，农民工的权利诉求和维护意识正在不断增强。[②]

三 主体意识的组织化路径

农民工群体为我国的现代化做出了巨大贡献，本应与其他社会群体共享发展成果。然而，由于市场失灵、政府失灵的原因，农民工应有的经济、政治、文化权益等合法权益没有得到有效的保障，导致农民工群体面

---

① 国务院发展研究中心本书：《农民工市民化：制度创新与顶层政策设计》，中国发展出版社 2011 年版，第 293—294 页。

② 陈菊红：《国家—社会视野下的流动人口自我管理研究》，博士学位论文，中共中央党校，2014 年。

临诸多的生存困境。随着农民工群体经济地位和文化水平的不断提升，农民工的主体意识得以觉醒和强化。他们意图通过组织化路径开展自主管理与自我服务，表达群体诉求，维护群体利益。本书的调研数据显示，农民工组织化意愿较为强烈。40.6%农民工认为应该成立为群体服务的组织，12.1%农民工表示不赞成组织化，47.3%的农民工表示无所谓。

为了进一步了解不同年龄段、不同学历水平农民工群体对农民工组织化的态度，本书运用 logistic 进行回归分析，结果发现年龄、学历水平方面呈现显著性，30—60 岁年龄段农民工较其他年龄段更倾向于建立代表性组织。大专、大学本科及以上程度的农民工对于组织的建立有着较强的意愿。该模型的解释性达到了调整 R Square = 72%，有着较好的解释性。

表 3-3　　　　农民工组织化意愿影响因素的 logistic 分析

变量/常数	组织建立 否/是	
	B	S.E
常数	.241	.248
年龄：16—20 岁（参照）		
21—30 岁	.472**	.634
31—40 岁	.502**	.632
41—60 岁	.604**	.257
60 岁及以上	.428****	.532
学历水平：小学及以下（参照）		
初中	.366	.456
高中	.532***	.234
中专	.254***	.422
大专	.623***	.563
大学本科及以上	.735***	.643
N	(715)	
R Square	.67	
调整 R Square	.72	
-2 Log Likelihood	765.62	

数据来源：根据问卷调查整理而得。

根据组织主体的不同，农民工组织化可分为两大路径：一类是"被组织"民间公益组织；另一类是"自组织"民间公益组织。所谓"被组织"是指农民工被群体外的力量组织起来，组织动力源于研究机构、社团或社区组织等非政府、非企业的社会组织。所谓"自组织"是指农民工出于各种需求自发组建机构，维护农民工日常权益，[①] 如同乡会、打工者俱乐部等。就目前而言，我国已形成了一定数量的"被组织"状态的农民工组织，但"自组织"状态的合法农民工社会组织极少。"被组织"农民工组织还可以依据政府影响力的大小分为两种类型，一种为准政府角色的公益组织——工会、团组织、妇联等，其中工会是最主要的维权机构，这由工会的职能及性质所决定；另一种是纯民间的公益组织——指非政府的、非营利的、自主管理的、具有一定志愿性质的、致力于帮助解决各种农民工问题的社会组织，这类组织以维护和救助农民工权益为目的，由具有共同志愿的人组成，是直接并主要为农民工及其家庭提供服务的民间公益性组织。他们通过各种服务方式满足进城农民工的各类社会需求，弥补政府公共服务的不足，预防并减少社会冲突。

对于两种类型的组织化路径，农民工群体的喜好非常明确。52.5%农民工群体倾向于自组织形式；47.5%农民工群体倾向于被组织形式，其中27.7%受访者倾向于准政府公益组织，19.8%受访者倾向于纯民间公益组织。

1. 准政府公益组织

依据调研数据可见，农民工对工会类准政府维权组织并没有表现出极大热忱。工会是为了协调劳资关系而成立的劳动者的联合体，个体劳动者可以借助工会组织化力量平衡劳资关系，减少劳资矛盾。农民工群体作为我国劳动力市场的主要供应者，已经成为新的工人阶级，成为工会的维权服务对象。近些年，工会在劳资纠纷、职业教育、法制教育宣传、子女教育、文化休闲等方面为农民工群体做了很多创新性工作。然而，一些现实因素制约了工会职能的发挥，进而使其逐渐丧失了对农民工的吸引力。本书的调研数据显示，仅有24.5%的农民工加入了工会，其中学历水平越高加入工会的比例就越高。

---

① 潘旦：《增权理论视角下农民工自组织的社交增权功能研究》，《浙江社会科学》2007 年第 7 期。

首先，工会组织缺乏主体独立性。依据《中华人民共和国工会法》，我国工会的法律主体应当是劳动者。然而，我国企业工会的实际组建主体是上级工会、各级党和政府及在他们授意下的企业主。由此可见，基层工会组建的法律主体出现了错位，法律主体的错位直接导致工会在财产及人事方面缺乏独立性。工会活动经费中有较大部分由企业按职工工资总额一定比例所配套的资金构成，当企业成为工会的经济来源后，工会就丧失了组织独立性，也丧失了与企业平等对话的平台基础。同时，企业掌控工会组织的人事任命权。尽管《中华人民共和国工会法》规定"企业主要负责人的近亲属不得作为本企业基层工会委员会成员的人选"，但很多企业无视工会法的规定，不经民主选举，直接将工会的主要人事职务授予企业主的亲友或亲信。缺乏资金独立性和人事自主权的基层工会组织最终完全丧失了主体独立性，无法成为农民工群体的组织代言人。工会缺乏主体独立性，导致农民工对工会组织的功能产生了较大质疑。本书的调研数据显示，仅有44.5%农民工认为工会代表务工人员的利益，其他55.5%的农民工认为工会代表企业、政府或根本代表不了任何利益。

表3-4	学历层次与工会加入比之间的关系		单位:%
		是	否
受教育程度	小学及以下	6.90%	93.10%
	初中	22.70%	77.30%
	高中	31.50%	68.50%
	中专	24.10%	75.90%
	大专	42.90%	57.10%
	大学本科及以上	55.60%	44.40%

数据来源：根据问卷调查整理而得。

其次，工会维权缺乏刚性法律依据。目前，我国工会维权的法律依据主要是《中华人民共和国工会法》，其中明确了工会应有的各项权利，如："工会帮助、指导职工签订劳动合同"，"职工认为企业侵犯其劳动权益，工会应当给予支持和帮助"，"企业、事业单位违反劳动法律、法规规定，工会应当要求企业、事业单位采取措施予以改正，可以请求当地人民政府依法做出处理"。但是上述法规条例在表述方面较为笼统，如用词方面多是"可以""有权"等弹性较大的表达方式，无刚性法律条文使得工会维权极为乏力。

最后，工会维权遭遇行政干预。依据理论，作为劳动者自由结社的产物，工会应具有组织独立性。但正如上文所述，由于体制和现实原因，我国工会成为行政化的准政府机构，成为行政机关的下级单位，进而使工会在维权过程中频遭行政干预。地方政府需要企业来提升行政业绩，所以地方政府和企业之间的利益关系紧密。当农民工与企业发生劳动权益纠纷时，工会的本质属性要求其必须维护农民工权益，但工会的准政府性使其必须考虑企业的利益，利益冲突使得工会维权呈现两难状态，也使得工会维权缺乏应有的效果，进而使农民工对工会丧失了应有的信任。[1]

2. 纯民间的农民工公益组织

纯民间的农民工公益组织是指非政府的、非营利的、自主管理的、具有一定志愿性质的、致力于帮助解决各种农民工问题的社会组织。它以维护和救助农民工权益为目的，由具有共同志愿的人组成，直接并主要为农民工及其家庭提供服务。20世纪90年代中后期，纯民间的农民工公益组织开始在北京、上海、广州等农民工人数众多的地方出现，如1996年4月，国内最早的纯民间的农民工公益组织——打工妹之家在北京成立。打工妹之家的创办人谢丽华是中国妇女报的前副总编辑。1993年1月，一本面向农村妇女的杂志《农家女》创刊发行，谢丽华是这本杂志的主编，在采集刊物文章的过程中接触了大量女性农民工，从而萌生了创立专门服务女性农民工的公益组织的意愿，最终促使了打工妹之家的诞生。2002年，深圳"GY书屋"由香港"乐施会"（慈善机构）投资开办的，主要是通过书籍阅读提升农民工的文化素养，增强法制观念，丰富业余生活。[2] 与农民工自组织的不同，纯民间农民工公益组织的组织管理层并非来自农民工群体，这类组织一般具有以下特点。第一

① 李源、葛舒舒：《从依附到重塑——工会与政府的角色关系分析》，《三峡大学学报》（人文社会科学版）2007年第2期。
② 姜涛、孙玉娟：《非政府组织（NGO）对农民工维权的影响与制约》，《南京农业大学学报》（人文社会科学版）2008年第1期。

是公益性，这类组织是非营利的服务组织，不以牟利作为组织的发展目标，而将满足农民工群体的公共服务需求作为组织目标，将维护农民工的合法权益作为组织的基本职能，主要为农民工提供劳动培训、权益维护、信息咨询、交友联谊等服务。第二是民间性，这类组织的产生是民间社会的自发行为，民间力量通过社会资源进行运作和管理，组织行为并不代表国家行政立场。第三是专业性，这类组织所有业务均服务于农民工群体，不针对其他群体开展服务，具有一定的专业针对性，所有的农民工均可成为组织会员。

3. 农民工自组织

随着农民工群体组织化需求的不断凸显，我国也初步形成了一定数量的农民工自组织，主要集中在一线城市和经济较发达的二线城市，如北京、上海、广州、武汉、温州、杭州、苏州等城市均出现了一些具有一定知名度的农民工自组织，如北京的 XXN 互助热线、TXXW 家园等。

由于农民工自组织的数量较少，农民工群体对农民工自组织的参与率还较低。调研数据显示，仅有 24.2% 的受访者表示参与了农民工自组织。参与农民工自组织的路径包括亲友、老乡、朋友、工友等方面，运用卡方检验分析学历水平与农民工自组织途径参与渠道间的关系，低学历倾向于亲缘渠道（老乡、亲戚），而高学历倾向于业缘（朋友、工友），皮尔逊卡方显示各层次学历对于自组织参与渠道没有显著性差异，Sig = 0.59 > 0.05，详见表 3 – 5。

表 3 – 5　　　　学历层次与农民工自组织参与渠道的关系分析　　　单位:%

教育程度	亲戚	老乡	朋友	政府	媒体	工友	其他	总计
小学	25.00%	16.70%		8.30%		25.00%	25.00%	100.00%
初中	12.10%	36.40%	18.20%	3.00%	9.10%	9.10%	12.10%	100.00%
高中	8.00%	20.00%	12.00%	4.00%	4.00%	28.00%	24.00%	100.00%
中专	7.10%	14.30%	21.40%	7.10%		21.40%	28.70%	100.00%
大专		11.10%	22.20%			55.60%	11.10%	100.00%
本科及以上	18.20%	27.30%		9.10%	27.30%	18.10%	100.00%	
总计	9.60%	23.10%	16.30%	3.80%	4.80%	23.10%	19.30%	100.00%

卡方检验

	值	自由度	渐进显著性
皮尔逊卡方	27.626a	30	0.59
似然比	31.892	30	0.373
线性关联	3.319	1	0.069

数据来源：根据问卷调查整理而得。

关于农民工自组织发挥的主要作用，依据参加农民工自组织的受访者的选择，排序依次是文娱生活、交流情感、职业介绍、维护权益、文化教育及生活救济,[①] 详见图3-1。

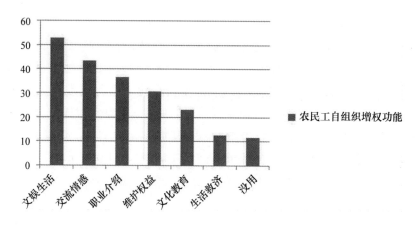

图3-1　农民工自组织的增权功能

资料来源：根据问卷调查整理而得。

当前，农民工自组织已经在农民工群体中发挥了一定增权功能，获得到农民工群体的认可，但农民工自组织在发展过程中也遭遇了合法性不足的发展困境。"合法性"是一个内涵非常复杂的概念，"合法性"概念在社会科学（社会学、政治学等）中存在广义和狭义之分。广义的合法性概念被用于讨论社会秩序、规范或规范系统，狭义的合法性概念被用于理解

---

① 姜涛、孙玉娟：《非政府组织（NGO）对农民工维权的影响与制约》,《南京农业大学学报》（人文社会科学版）2008年第1期。

国家的统治类型或政治秩序。合法性概念无论是广义还是狭义的用法中都包含着同一要旨：由于被判断或被相信符合某种规则而被承认或被接受。[1]根据高丙中在《社会团体的合法性问题》一文中的论述，我国社会组织要获得长期且有效的发展，必须获取政治、行政、法律、社会等方面的合法性。由于宏观体制环境影响，农民工自组织普遍面临着合法性缺失的困境，进而导致组织活动空间的不足。

首先，法律合法性缺失。组织合法性的核心就是法律合法性，即相关法律条文证明组织具有法人资格。只有具备了独立法人资格，农民工自组织才能够开展各类社会服务行动。目前与农民工自组织相关的法律文献主要是《社会团体登记管理条例》，《社会团体登记管理条例》明确规定了社会组织成立的基本条件，其中第十条是农民工自组织获得合法登记的主要障碍。根据《社会团体登记管理条例》第十条规定，申请成立社会团体应当经其业务主管单位审查同意，由发起人向登记管理机关申请筹备。[2]农民工群体的特殊性导致政府部门不愿意成为其业务主管单位并承担相应责任。于是，绝大部分农民工自组织选择工商登记以获取身份或不登记以隐匿状态存在。法律合法性的缺失不仅导致农民工自组织社会行动的低效率，也使其受到政府部门不合理的行政干预及社会公众的质疑。

其次，政治合法性缺失。政治合法性是一种实质合法性，它表明某一社团或社团活动符合某种政治规范，即政治上正确，因而被判定是可以接受的，社团就由此获得了某种合法性。政治合法性是刚性要求，但运用哪一条政治规范以及判断与规范符合的程度如何却是弹性的。[3]政治上是否正确是一种主观的判断，只有这种判断成为有关人员的共识，它才能成为合法性的基础。由于部分农民工自组织是以农民维权组织的面目出现，以农民协会、法律学习小组、打工者协会、上访协会等名称存在，导致部分政府部门以潜在政治风险为依据，难以赋予农民工自组织以政治合法性。

再次，社会合法性不稳定。作为农民工争取社会权益的社会组织，农民工自组织已获得了一定社会认同。但是，由于活动内容单一、宣传力度

---

① 高丙中：《社会团体的合法性问题》，《中国社会科学》2002 年第 2 期。

② 详见《社会团体登记管理条例》（2016 年修订）。

③ 高丙中：《社会团体的合法性问题》，《中国社会科学》2002 年第 2 期。

不足及组织受益面有限，导致自组织在农民工心目中的公信力不高。其他社会民众对农民工自组织的态度受政府态度的影响，历史以来的集权传统和习惯左右着社会公众的思维，体现在行政权力对民众思维的全面渗透之上，民众对社会自组织的认同和参与往往需要通过政府认可和倡导才能实现。政府部门掌握着新闻舆论的导向，政府的行政态度通过新闻舆论可以直接影响社会态度。与政府目标具有一致性、获得政府认可的民间公益组织可以得到新闻舆论的正面宣传，进而获得公众的支持，增强社会合法性，获取各类社会资源。反之，与政府目标具有冲突性、被政府否定的民间公益组织则会受到舆论批判，从而组织形象负面化，失去公众信任和支持，失去社会合法性。当前，政府部门对农民工自组织的态度倾向于保守态度，实质性的舆论宣传和支持仍然相对较少，从而使社会公众对农民工自组织的认同不足。

最后，行政合法性模糊。行政合法性是一种形式合法性，其基础是官僚体制的程序和惯例，其获得形式是多种多样的，大致有机构文书、领导人的同意、机构的符号（如名称、标志）和仪式（如授予的锦旗），民间公益组织的行政合法性在于某一级单位领导以某种方式（允许、同意、支持、帮助、合作）把本单位的行政合法性让渡或传递给民间公益组织。[①]给予农民工自组织充分的行政合法性具有重大的现实意义，具有行政合法性的农民工自组织可以获取更大的行动空间，提高自治事务管理效率，满足农民工的公共服务需求，更好地维护农民工的现实权益。然而，受到现阶段法制条件及社会环境影响，农民工自组织获取行政合法性还面临两大困难：其一是行政部门对农民工自组织的认知偏差。正如上文所言，由于不少农民工自组织是以农民维权组织的面目出现，以农民协会、法律学习小组、打工者协会、上访协会等名称存在，部分政府官员以潜在政治风险为依据，不愿意赋予农民工自组织以行政合法性；其二是农民工自组织发育不足。大多数农民工自组织规模不大、人员素质不高、组织财力有限，这些都是农民工自组织获取行政合法性的制约条件。

---

① 高丙中：《社会团体的合法性问题》，《中国社会科学》2002 年第 2 期。

第四章　农民工自组织的主要
类型与基本特征

农民工自组织的产生源自农民工群体的利益需求，组织化可以减少群体的无序性，减少社会矛盾冲突的产生概率。在城镇生活、工作的农民工群体希望借助组织化路径来合理表达群体诉求、参与社会博弈、维护群体利益，农民工自组织的出现正是对农民工群体组织需求的一种积极回应。作为新生事物，农民工自组织在不断实践的过程中已经形成了多种类型且产生鲜明特征。对农民自组织进行类型化研究且归纳特征，将有助于把握农民工自组织的发展全貌。

第一节　农民工自组织的主要类型

组织分类需要一定的分类标准，依据组织结构和制度的完整性、服务对象的范围、法律身份的差异、社会影响的不同及增权服务重点的差异等标准，农民工自组织可以分为不同类型。

第一，根据组织结构和制度的完整性，农民工自组织可划分为非正式农民工自组织和正式农民工自组织。非正式农民工自组织指农民工以情感、兴趣等为出发点而形成的松散组织，此类组织没有完整的组织结构、规范的制度框架及明确的组织目标，缺乏一定的组织稳定性，如各种形式的"同乡会""联谊组织"等。正式农民工自组织是具有明确的组织目标、完整的组织结构及特定的组织功能，组织具有相对稳定性，如北京的"GY 之家""TXXW 家园"等都属于正式的农民工自组织。

第二，按照服务对象的范围，农民工自组织可分为普遍型和特定型两种类型。普遍型农民工自组织指服务对象面向全体农民工，不以农民工的户籍、职业、性别、年龄或是否入会作为服务与否的依据。特定型农民工自组织指服务对象面向特定农民工群体，目前主要有四类特定型农民工自组织：第一类组织是为会员服务的特定型农民工自组织，即该组织实行会员制，只有成为组织会员才能享受组织提供的各类服务项目。第二类组织是为女性和儿童提供服务的特定组织，此类组织会依据女性、儿童的独有特点提供相应的服务，提高女性农民工及农民工子女的社会适应能力。第三类组织是专为特定户籍农民工服务的特定性农民工自组织，如各类同乡会。此类组织旨在为同一属地的农民工提供情感互动、文化交流、资源共享、同乡互助等服务。第四类组织是专为从事相同行业的农民工服务的特定型农民工自组织，即业缘群体自组织。此类组织旨在为同一行业的农民工提供行业岗位信息、职业维权、技能培训等服务，追求经济利益最大化是此类自组织的主要目标。

第三，按照法律身份的差异，农民工自组织可分为民政注册、工商注册及无注册三种类型。第一类组织是依据相关法律，经民政部门登记注册且取得非营利身份的农民工自组织。由于取得法律身份，此类农民工自组织的社会行动能够获得政府、社会公众的认可和支持。我国社会组织注册条件较为严苛，迄今为止，只有极少数农民工自组织能够在民政部门合法登记。第二类组织是依据相关法律，经工商部门登记注册的农民工自组织。由于民政注册极其困难，我国大部分农民工自组织只能通过工商注册为营利性组织。尽管农民工自组织提供的是非营利性服务，因工商注册原因却经常面临外界的营利质疑。第三类组织是没有注册的农民工自组织。由于不符合注册条件或法律意识淡薄，一些农民工自组织在现实中并没有履行任何注册手续，可以视为非法组织。因未经注册得不到现行法律的保护和社会公众认可，此类组织在社会捐赠、组织活动等方面会面临一定的社会压力和行政干预。

第四，按照社会影响的不同，农民工自组织可分为产生正向功能和产生负向功能的两种农民工自组织。产生正向功能的农民工自组织指以服务农民工群体、增进社会和谐为服务宗旨，在农民工群体的生活服务、文化教育、权益维护等公益事业方面开展各类服务，在弥补政府公共服务缺失、增进社会群体融合等方面起到正向积极作用的组织，这类组织是本书的主要研究对象。产生负向功能的农民工自组织指以狭隘的群体利益或帮会义气为服务宗旨，开展违背国家政策、法律或社会道德规范的组织活动，进而影响社会稳定、激发群体矛盾。此类组织需引起政府部门的高度重视，需要出台相应监管和引导制度对其进行有效管理。

第五，按照增权服务重点的不同，农民工自组织可分为权益维护、生活服务、教育培训、兴趣联谊、公共倡导等类型。本书主要依据此标准选举典型案例组织，对农民工自组织的增权功能开展翔实研究。在实际工作中，大多数农民工自组织的服务内容往往涉及多个方面，但服务重点仍旧存在明显差异性，本书按照服务重点将它们分成权益维护型、生活服务型、教育培训型、联谊文娱型等类型。

一　权益维护型农民工自组织——XXN 互助热线

以维护农民工权益为服务重点的农民工自组织称为权益维护型农民工自组织，主要帮助农民工维护工作、生活、社会保障等领域的合法权益，本书选取的典型案例为——XXN 互助热线。

1. XXN 互助热线的成立背景及组织形式

因药材生意失败，1997 年魏 W 来到首都北京务工。1999 年 6 月 6 日，他在北京开通了"XXN 互助热线"。1999 年年末，魏 W 决定集资创业——开办餐厅。他在报纸上发布了"共同创业"的信息，希望通过众筹方式获得创业基金，他与部分响应的农民工建立联系，在交流中感到了初到北京的农民工群体面对城市生活的茫然状态。2000 年魏 W 在公交车上看到北京人对外来农民工的奚落，感到农民工群体与城市居民间的隔阂。这两件事使魏 W 深刻感受了农民工群体的生存困境，他决定放弃餐厅创业，萌生了开通打工互助热线的想法。他在报纸上发布了一段话："我有一个关于打工的创意，欢迎大家参与分享。"信息发布的当天，很多农民工发信息给魏 W 的传呼机，魏 W 与大家商量了关于创办互助热线的事情，最终经商议后确定了热线的名字——XXN。2000 年 6 月 10 日，XXN 互助热线正式挂牌，互助热线主要在农民工法律咨询、求职就业、劳资纠纷调解等方面为农民工提供无偿服务。经过几年运营，XXN 互助热线逐渐在农民工群体中产生了一定影响，进而引起了媒体关注。2004 年 9 月 24 日，XXN 互助热线转型为北京首家维护在京打工者权益的调解机构——XXN 人民调解委员会，从形式上取得了行政合法性，进而为广泛开展维权咨询服务。2006 年 4 月，XXN 互助热线在深圳成功开设了第一家分支机构；同年 6 月，在沈阳成功开设了第二家分支机构；2011 年 6 月，在上海开设了第三家分支机构；2013 年 11 月，在重庆开设了第四家分支机构。至此，XXN 互助热线实现了城际联动工作机制，维权法律咨询服务覆盖华南、华中、华北、东北等多个地域，为不同地区的农民工群体提供全方位的维权咨询服务。

2. XXN 互助热线的服务形式

XXN 互助热线的维权服务形式主要包括热线接听、法律援助、法律教育等。首先，维权热线接听。XXN 互助热线通过发放宣传资料、网络宣传、媒体报道等方式，积极向农民工群体宣传热线电话，使农民工群体通过多种途径获知热线服务信息，进而在产生维权需求时通过热线获取帮助。依据 XXN 互助热线的统计资料显示，北京互助热线办公室在 2015 年度共接听热线电话 4257 个，涉及法律咨询的电话有 3277 个，占全部接听热线的 77%；涉及求职的电话有 70 个，占全部接听热线的 1.6%；其他诸如志愿者、关注者等打来的电话 910 个，占全部接听热线的 21.4%。2016 年度，北京互助热线办公室共接听热线电话 3397 个，比上年减少 4.95%，涉及法律咨询的电话有 2603 个，占全部接听热线的 77%；涉及求职的电话有 37 个，占全部接听热线的 1%；其他诸如志愿者、关注者等打来的电话 757 个，占全部接听热线的 22%。2017 年度，北京互助热线办公室共接听热线电话 3357 个，比上年减少 0.11%，涉及法律咨询的电话有 2658 个，占全部接听热线的 79.1%；求职的有 22 个，占全部接听热线的 0.7%；其他诸如志愿者、关注者等打来的电话 677 个，占全部接听热线的 20.2%。2019 年北京互助热线办公室共接听热线电话 3050 个，网络咨询 1860 个。其中热线接听比上年减少 814 个，减少 26.6%。网络咨询增加 780 个，增长 41.9%。其次，法律援助服务。XXN 互助热线的法律援助服务主要有以下形式。第一，依据农民工热线反映内容提供相应的法律咨询服务，法律咨询的内容一般涉及工伤赔偿、交通事故赔偿、工资争议及其他劳动争议和纠纷。第二，依据文化及收入情况提供不同形式的法律援助服务。如果援助对象收入较低、文化水平较差或者案例较复杂的情况下，XXN 互助热线将为其提供一对一的个案代理服务；如果援助对象收入较高、文化水平较好且案例较普通的情况，则会让法律志愿者为其提供法律诉讼指导，由其自行开展法律维权行动。最后，法律教育服务。为了丰富农民工群体的法律知识，提高农民工的法律意识，XXN 互助热线会开展法制教育讲座。由热线工作人员、司法志愿者为农民工讲解日常生活、工作所需的法律常识，内容涉及劳动权益、家庭婚姻、道路交通及一些民法通则，通过调解、非诉讼的形式解决农民工与企业间劳资纠纷，改善劳资关系，促进社会和谐。

3. XXN 互助热线的经费来源

XXN 互助热线的经费来自社会捐赠及项目经费，依据 XXN 互助热线的内部资料显示，1999 年至 2010 年间，组织的资金总收入为 557.0740 万元，其中组织发起人与志愿者提供的资金及社会捐赠资金总共为 64.8810 万元，各类基金会提供的项目资助总额达 492.1930 万元。

二　生活服务型自组织——TXXW 家园

生活服务型自组织是指以满足农民工生活需求为服务重点的农民工自组织，主要为农民工提供岗位就业咨询、城市社区融合、心理健康咨询等生活服务项目，本书选取的生活服务型自组织典型案例为——TXXW 家园。

1. TXXW 家园的成立背景及组织形式

1982 年，16 岁的马 XD 通过一个同乡亲属的介绍进京当保姆，马 XD 在北京从事了 8 年保姆职业。1990 年元旦，马 XD 南下深圳寻找新的职业机会，通过多番努力，马 XD 获得了深圳的户口，正式成了"城里人"。1996 年，马 XD 从深圳返回北京，但她感觉在城市生活过程中无法融入城市的生活交际圈；当她返回农村老家，又无法与以往的同乡姐妹们融为一体。处于城市与农村边缘的感觉让马 XD 非常苦恼，这种苦恼情绪直到她参加了"打工妹之家"的集体活动后才得到缓解。1996 年，中国妇女报社《农家女》杂志下属的"打工妹之家"组织举行了打工妹集体婚礼，马 XD 参加此次活动后获得了群体认同感和归属感，然后便成了"打工妹之家"的会员和志愿者，参加"打工妹之家"所举办的各类活动。志愿者的经历使她开始思考农民工群体的权益和服务问题，"打工妹之家"的志愿服务经历使马 XD 认识到农民工组织化的重要性。随后，她成立了 TXXW 家园，TXXW 家园是一个以妇女儿童及其家庭为服务对象的农民工自组织，最初服务范围为北京石景山区。

2. TXXW 家园的活动形式

TXXW 家园主要开展家庭讲座、妇女儿童中心、爱心超市、三点半学校、图书角、社区文艺等公益活动，各类活动均以增进妇女儿童的生活福祉为中心。

第一，开展家庭讲座与培训。TXXW 家园定期邀请各界专家为女性农民工开展讲座和培训，讲座、培训的主题涉及青少年教育、女性疾病常识、女性职业教育、女性角色意识等方面，符合女性农民工的求知需求。

第二，妇女儿童活动中心。由于文化程度有限，一些农民工家庭的教育方式较为简单粗暴。TXXW 家园通过妇女儿童活动中心为农民工聚居地的妇女及儿童开展亲子活动，由"妈妈老师"（即为有一定育儿经验的女性农民工妈妈）通过亲子活动向其他妈妈传授较为科学的育儿经验。妇女儿童活动中心的亲子活动不仅能够传授科学的育儿理念和方法，也可以从中发现和培育女性农民工活动骨干，从而增加组织的人力资源。

第三，开设社会公益性商店。为了减少社区农民工群体的生活支出，同时为无业女性农民工提供就业机会，TXXW 家园开设了社会公益性商店——爱心超市。爱心超市通过整合社会闲置资源（衣服、裤子、鞋、围巾、帽子、包、玩具、文具、图书等）以低价出售，鼓励绿色消费以保护环境，推动群体互动以体现互助关爱。创办爱心超市是 TXXW 家园对社会企业管理模式的一种积极尝试，目前爱心超市的收益除了支付营业人员的工资、水电开销、房租之外，所有盈余都用于农民工聚居区的改造、农民工子女教育及困难群体的救助。

第四，三点半学校。为家庭居住环境较差的农民工子女提供免费的作业场所，TXXW 家园组织高校志愿者为他们开展课后辅导和课外活动项目，旨在培养农民工子女良好的学习习惯，促进身心健康发展。同时，三点半学校还设置了一个图书角，为农民工子女提供免费图书的借阅活动，扩展孩子们的阅读视野。

第五，成立妇女互助小组。以"爱心超市"和"妇女儿童活动中心"为平台培养女性农民工骨干，由她们依据社区女性农民工的服务需求成立各类互助小组，如处理家庭矛盾组、关注妇女健康组、关注子女教育组等，以小组活动提升女性农民工自助能力。

第六，创办"姐妹花"通讯。为了展现女性农民工的生活状态，丰富女性农民工的业余文化生活，传播女性农民工的社会诉求，TXXW 家园创办通讯刊物——"姐妹花"通讯，通讯主要报道组织的各类活动及女性农民工的生活信息。

第七，组织社区活动。为了改善农民工聚居区的生活环境，TXXW 家园举办了社区联欢会、周末露天电影、社区卫生清洁等活动，美化农民工聚居区的整体环境，丰富农民工群体的业余生活。

3. TXXW 家园的经费来源

TXXW 家园的经费主要来自基金会、社会企业收入及社会捐赠，并创办"爱心超市"以获取运营资金，爱心超市以社会企业方式运营，超市盈利除了支付房租和工作人员的工资、维持超市日常运转外，所得盈余用于 TXXW 家园所进行的各类公益活动。同时，TXXW 家园还从社会公众处获得少量捐赠资金。

三　教育培训型自组织——北京 GY 之家

教育培训型自组织是指以满足农民工及子女的教育培训需求为服务重点的农民工自组织，主要帮助农民工提供通识教育及职业技能培训服务，本书选取的典型案例为——北京 GY 之家。

1. 北京 GY 之家的成立背景及组织形式

1996 年，孙 H 因为寻梦失败而成为流浪歌手，开始在城市的地下通道卖唱。在流浪过程中，他与农民工群体有了密切接触，感到农民工群体生活艰难却性格乐观，从而立志为农民工群体创作歌曲、演唱歌曲，反映农民工的生活状态。1999 年年底，孙 H 回到北京后多次前往各大高校听讲座，在北京师范大学"农民之子"社团举办的讲座上，他了解到农民工子弟求学困难、农民工子弟学校缺乏师资力量等情况。随后，孙 H 在多家农民工子弟学校做志愿教师，教授音乐课程。在与农民工子弟进一步接触的过程中，孙 H 与在京务工的农民工群体有了深入交往，更深层次地了解了农民工群体的城市生活困境及需求。在温铁军、李昌平等关注三农问题的学者引领下，孙 H 开始从理论层次解读"三农问题"，并产生了创办公益组织以丰富农民工文化生活的意愿。2002 年，孙 H 在参与公益性文艺演出中认识了农民工中的文艺青年王德志、许多，三人运用艺术特长为农民工服务，满足农民工群体的业余休闲需求，GY 之家应运而生。GY 之家最初以艺术表演为主要服务项目，他们利用业余时间到建筑工地、企业厂区或城郊社区为农民工进行免费演出，因为作品真实、生动地再现了农民工群体的生活状态，获得了农民工群体的高度认可。在与农民工群体的深入接触中，GY 之家的成员认识到农民工群体存在维权意识不足、文化水平过低、精神状态迷茫等问题，而教育是改变这一现状的最重要手段。2005年 8 月，GY 之家使用新工人艺术团出版的唱片所得 7.5 万元版税收入在北京创办了一所农民工子弟学校。2009 年，GY 之家创办了创业培训中心，中心每期招生 30 人左右，不收任何学杂费，提倡"劳动换学习"的理念。孙 H 希望借助创业培训中心的文化教育平台，让农民工群体获得免费的继续教育机会，提升群体素质，增加就业几率。

2. 北京 GY 之家活动形式

第一，创办农民工子弟学校。学校除了面向社会招聘老师开设常规义务教育课程之外，也从高校、社会单位中招募志愿者，免费开办了摄影、绘画、舞蹈等课外兴趣班，丰富学校的师资力量和教学内容。学校招收对象是 3 岁以上学龄前儿童和小学一年级至六年级学生，由于农民工群体上班时间较长，因此学校自早上 6 点开门到晚上 10 点关门，期间一直有老师或志愿者值班管理学生。学生在节假日、双休日也可以来校学习，老师或志愿者对学生进行课业辅导。学校在常规教学工作之外，还创办了流动儿童活动中心、家长学校、社区夜校、志愿服务队、少年艺术团，其中流动儿童活动中心、家长学校、社区夜校颇具特色。流动儿童活动中心主要是面向农民工子弟提供各类课外培训活动，拓展他们的知识视野，提升他们的思维能力，丰富他们的想象力，挖掘他们的创新力，也使孩子们在群体活动中学会合作和责任意识。家长学校主要面向农民工子弟的父母提供家庭教育支持，如开设《家庭教育课堂》，邀请专家学者围绕各类教育问题举行讲座，传授育儿知识，解决家庭教育难题；再如开展家长互助小组活动，帮助农民工家长建立互助支持网络，提供情感支持。社区夜校主要为农民工群体提供文化教育培训，受限于出生地的教育水平，大部分农民工文化程度较低，社区夜校组织志愿人员为农民工提供免费的文化教育，为他们搭建学习与交流的平台。

第二，创业培训中心。创业培训中心面向全国招收学员，其师资力量主要来自于大学、公益机构的人员，培训时间为2—6个月。培训中心的培训内容主要包括三大板块，第一类为电脑办公、电脑维修、平面设计、影像编辑等实用技能课程，第二类是语言表达、合作沟通、中医保健、体育运动等个体修养课程，第三类是社区调查、公民权益、乡村建设等社会文化课程。学员通过劳动换取学习机会，每天早晨劳作1小时，每周另有两个半天劳动，通过种菜、参与农园维护等劳动方式获取学习机会。

3. 北京 GY 之家的资金来源

学校的资金主要来自社会捐赠及项目合作资金，联合国教科文组织国际农村教育研究与培训中心"为中国而教"项目组、两岸爱心姐妹联谊会等十多家单位都将该学校列为项目合作单位和定点捐赠单位。创业培训中心也通过学员劳动获取运营经费，培训中心承包了一片30亩的农园，农园里种植各类瓜果蔬菜、养殖鸡鸭。收获的劳动成果通过"同心互惠"义卖店在网上售卖，获得资金用于创业培训中心的经营，2013年创业培训中心采取"生态＋公益"认养运营模式。

四　联谊文娱型自组织——温州 WX 之家

联谊文娱型自组织指以满足农民工精神文化生活、情感交流需求为服务重点的农民工自组织，本书选取的典型案例为——温州 WX 之家。

1. WX 之家的成立背景及组织形式

2003年，梅 TX 等4位外来务工人员通过温州市电台的热线节目关注一位因毁容而失去生活信心的青年农民工，他们通过各种交流活动帮助该男子摆脱了心理问题，并教会他鞋样设计手艺，让他重新燃起了生活的信心。这件事情之后，梅 TX 等4位外来务工人员产生了自建农民工组织的意愿，希望通过集体性活动帮助农民工解决务工过程中遭遇的各种难题。2003年12月9日，温州 WX 之家正式成立。经过十几年的发展，温州 WX 之家已经形成了注册成员百余人的组织规模，并拥有互助部、文艺部、网络部、人事部的基本组织结构，组织结构图详见图4－1。

顾问团名誉会长负责 WX 家园的指导工作，会长负责 WX 家园的全面工作，常务副会长负责 WX 家园日常事务管理工作，4名副会长分别负责 WX 家园的思想教育工作兼互助部的指导工作、WX 家园的人事管理工作兼文艺部的指导工作、WX 家园的活动宣传工作兼互助部的指导工作、WX

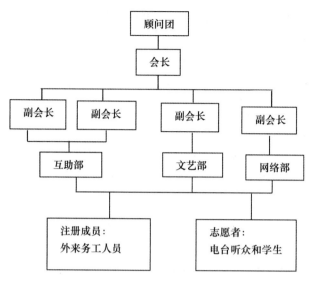

图 4 - 1　组织结构图

资料来源：由笔者自制。

家园的文化建设工作兼文艺部的指导工作。另有文艺部长负责文艺部全面工作，互助部长负责互助部全面工作，网络部负责 WX 家园群和网络维护工作，外配有理事 8 人，文艺指导 4 人。自 2003 年 12 月 9 日成立以来，温州 WX 之家的组织成员不断地增加，人数由最初的 4 人发展到百余人，主要是电台听众及农民工，外加各大高职院校志愿者；机构的组织规模不断壮大，活动形式也日益丰富。

2. WX 之家的活动形式

WX 之家主要为农民工群体开展文化休闲或文艺表演活动，定期和非定期举办文艺聚会及文艺比赛活动，满足农民工休闲及社会交往的情感需求。农民工借助 WX 之家的文艺平台充分表达和交流个体的情感和思想，个体情绪得以宣泄，思想偏差也能够在群体交流中得以发现和纠正，有效减少过激行为的发生。首先，WX 之家每周举行有主题的"WX 舞台"活动，借助歌曲演唱、讲笑话或演讲等形式，农民工群体在舞台上表达自己对主题的理解和看法。这种活动形式不仅锻炼了农民工群体的表达能力，也使他们聚在一起交流生活体验，舒缓心理压力，纠正一些偏差思想。其次，WX 之家在中秋节、元旦等重要节日举办联欢晚会，满足农民工群体节日思亲的情感需求。再次，WX 之家与企业、电台合作开展面向农民工群体的音乐赛事，增强农民工的自我价值认知。最后，WX 之家多次组织成员前往当地儿童福利院、敬老院开展公益文艺活动，关爱残障人士、孤寡老人及儿童，塑造农民工群体热心公益的正面形象。

3. WX 之家的资金来源

WX 之家的资金主要来自企业赞助、会员会费及政府资助。2011 年前，WX 之家的活动经费主要来自企业赞助和会员会费；同年挂靠至当地街道工会后，WX 之家逐渐能够从政府处获得小额的项目补助，但资金数额较少。2013 年挂靠至当地工人文化宫名下后，WX 之家通过文化宫这一合法性平台获得了一定数额的企业赞助和政府的常规补助，在一定程度上缓解了资金困境，不过组织资金整体性缺口仍旧很大。

五 综合型自组织——杭州 CG 之家

综合型自组织是指组织服务项目涉及权益维护、生活服务、教育培训、兴趣联谊等多个方面，满足农民工群体多方面服务需求，本书选取的典型案例为——杭州 CG 之家。

1. CG 之家的成立背景及组织形式

"杭州 CG 之家"是由农民工徐 WC 在杭州成立的农民工自组织。2005 年，一则打工妹连续加班 72 小时后猝死的新闻触发徐 WC 创办农民工互助平台的意愿。为了搭建一个农民工群体互相交流、互帮互助的平台，徐 WC 在 2006 年 4 月从企业辞职，学习电脑知识创办"CG 之家"网站，为农民工群体建设网络交流、学习的平台。互联网的便捷性、集群性、匿名性等特点使"CG 之家"迅速成为农民工群体交流的重要平台。"CG 之家"在网络运行一段时间后，徐 WC 决定创办现实版的"CG 之家"。2008 年，徐 WC、刘 M 等 5 人筹资 2.5 万，本着"自助、互助、自强不息"的核心理念，线下的 CG 之家面向农民工群体开展了文艺活动、社交聚会、法律咨询、职业培训等社会服务项目，提高了农民工群体自我服务、自我管理的水平，增强农民工群体自我发展的能力，改善农民工群体的生存环境，促进农民工的城市融合度。

2. CG 之家的活动形式

CG 之家围绕农民工的现实需求，坚持以学习、娱乐、咨询、联谊为主题，为在杭州务工的农民工开展技能培训、文化教育、交友联谊、法制教育等多方面服务。CG之家特别策划CG艺术团、CG文学组、K歌组等各类兴趣小组，让农民工自主负责策划各类活动，让农民工在参与中提高自身的管理能力。第一，开展培训学习活动。CG之家设立报刊室，农民工群体可以免费读书看报、免费借阅，不定期举办一定主题的朗诵、演讲比赛等，提高农民工的文化修养；CG之家通过志愿者免费开设电脑基础培训、组装维修和网络工程管理等课程，提高农民工的计算机操作技能；CG之家开办CG大讲堂，邀请各行业的专家及农民工进行主题讲座，分享专业知识和人生经验。同时，面向农民工子女实施蒲公英计划，蒲公英计划由"蒲公英夏令营""蒲公英补习班""走进蒲公英"等项目组成。通过大学生志愿者利用周末及寒暑假时间，为农民工子女开展课外辅导，内容涉及兴趣活动、生活技能、第二课堂、学习辅导等。第二，开展文体娱乐活动。CG之家每周举办一次K歌、看电影活动，同时不定期举办乒乓球、羽毛球、棋类等各种文体活动，遇到重大节庆也会举办大型文艺活动，如农民工春节晚会、五四庆典等。第三，开展交友联谊活动。为了满足农民工群体的社交需求，CG之家举行集体郊游活动；为大龄未婚青年农民工特别设置的交友项目——寻梦同路人，解决农民工群体的恋爱婚姻问题；举行集体生日派对，给身处异乡的农民工以家庭温暖；开展爱心互助活动，为特困农民工家庭开展爱心捐助、志愿服务活动。CG之家还成立了"GY互助基金"，储备爱心资金，为因突发事件陷入困境的农民工提供资金援助。第四，开展法制教育活动。针对农民工劳动权益易受侵害的问题，CG之家组织法律志愿工作者开展义务普法宣传活动，通过志愿者开办讲座、发放传单的方式向农民工群体普及劳动政策法规、职业安全知识，提高农民工的法制意识；对遇到劳资纠纷的农民工，CG之家律师团队还会为其提供公益性质的法律援助服务。

3.CG之家的资金来源

"CG之家"的资金源自基金会、政府部门、企业捐赠和私人捐赠四个方面，其中基金会的资金供给是最主要的资金来源。自"CG之家"成立以来，杭州市团市委、杭州市劳动监察大队、杭州市市委宣传部等政府机构曾先后以项目方式给予"CG之家"一定资金援助。在企业方面，一些私营企业也曾给予"CG之家"一定的资金赞助，此外，社会公众和部分农民工也给予了组织一定的捐赠，但捐赠资金数额较少，上述方式构成了目前"CG 之家"的主要经济来源。

第二节　农民工自组织的基本特征

农业人口向城镇的持续性流入是农民工自组织产生的根本动因，不同类型农民工自组织的服务侧重点虽不一样，但各类农民工自组织在组织者特征、行动区域、组织结构、管理行为方面呈现相似特征。

一　农民工自组织的组织者特征

一个农民工自组织的建立与发展离不开一定数量的组织者，他们是自组织持续性发展的主导力量，卓越的个体魅力能够将社会上分散的农民工群体聚集起来，吸引农民工加入、参加组织活动，实现组织增权目标，此类组织者被称为农民工群体中的精英人物。帕累托（V. Pareto）是现代精英理论的开创者，他对精英主义的系统阐释使精英理论成为社会科学的重要研究对象，他对精英的概念、精英的类型和精英的统治方式进行了深入阐释，他也因对精英理论的突出贡献成为精英理论的代表人物。首先，帕累托认为资源分配的不均衡性将始终存在于人类社会之中，掌握优势资源的一小部分人往往能占据统治地位，而资源获取能力一般的大部分人往往成为被统治者，两者间的分离和对立形成了精英和非精英群体。同时，帕累托还进一步将"精英"细化为广义的精英和狭义的精英。广义精英是指在人类活动的各个领域里取得突出成绩的冒尖人物，广义精英依据拥有资源类型差异可划分为政治精英、经济精英、文化精英和社会精英等；而狭义精英仅指在人类政治领域能够卓越履行社会管理事务的一小部分人。另外，他依据是否执政将社会精英分为两种类型，"将直接或间接地在政府中居主导部分并掌控执政权的精英阶级视为统治精英，其余不执政的精英部分为非统治精英"[1]。非统治精英应当来自不同社会群体，每个社会群体都应当培育本群体的精英人物，使精英人物成为群体利益的维护者，在社会资源的博弈过程中为本群体争取合理的资源份额，营造良好生存环境。

---

① 徐小龙：《帕累托的精英理论评析》，《理论观察》2007 年第 5 期。

否则，没有精英人物的社会群体必然沦为社会底层，成为社会政策博弈过程中的牺牲品。本书涉及的农民工自组织精英应当归属于社会精英，主要包括农民工自组织的创立人和管理人员。作为农民工群体内生的精英力量——农民工精英代表农民工的群体利益，他们的出现反映了处于社会弱势地位的农民工群体维护自身权益的迫切需求。

改革开放以来，各项改革举措启动了城乡利益格局的重新调整，社会群体的利益博弈过程日趋激烈。处于社会底层的农民工群体，如果没有组织化路径参与社会利益的博弈过程，其合法权益将无法得到有效保障。教育素质较高、行动能力较强的农民工精英开始意识到组织化的重要性，他们将具有共同利益的原子化农民工联合起来，选择组织化路径表达集体性的利益诉求，有效运作组织资源来维护农民工群体合法权益，满足农民工群体庞大的公共服务需求。农民工自组织为农民工精英提供了施展才能的机会，他们在农民工自组织成立及发展过程中发挥了重要作用。① 首先，农民工精英是自组织成立的发起人。自组织的成立都与农民工精英个人的生活经历相关，组织服务方向与农民工精英的个人偏好紧密相关。其次，农民工精英是自组织资源的募集人。农民工精英是组织管理的主要负责人，他们策划、指导组织各个项目的开展，并在活动过程中积累了一定的社会资本，从而成为自组织中社会资本最为丰富的个体。农民工精英凭借发达的社会网络为自组织募集人力资源、经济资源和行政资源，促进组织的发展。最后，农民工精英是自组织形象的代言人。农民工精英在组织活动中积累人格魅力，个体形象直接影响组织形象，进而吸引组织外部人员参与组织活动。本书的调研发现，农民工自组织精英呈现一定的共性特征，具有一定学历水平、极强的主体意识、较强的工作能力。

1. 较好的学历水平及年龄优势

农民工自组织的精英群体往往比一般农民工具有教育优势和年龄优势，与一般农民工相比，他们往往处于精力较为旺盛的年龄段——30—50岁，并接受过良好教育。只有具备一定的学历水平，农民工群体中的精英分子才会具有一定的思考能力和较强的学习能力，获取创办组织所需要的各种资源。

---

① 刘奇、刘见君：《农村基层组织与农民精英》，《理论与改革》2004 年第 5 期。

表 4 - 1　　　　　　　　　　　**农民工自组织负责人的基本情况**

组织名称	负责人学历	务工期职业
XXN 互助热线	大专	广告公司的业务员
TXXW 家园	大专	保姆—自主创业—推销礼品生意
温州 WX 之家	大专	私营企业管理人员
北京 GY 之家	大专	歌厅、酒吧、地铁、街道卖唱、音乐教师
杭州 CG 之家	初中	服装工厂工人

资料来源：媒体报道。

2. 极强的主体意识及特定经历

所谓主体意识是指人在认识、改造外部世界的过程中会不断改造和完善自身，将自身的生存状态和思想状态对象化，形成独特的主体意识，具有强烈主体意识的个体会主动且创造性的认识和改造外部世界。[①] 具有极强的主体意识，加上特定经历刺激，农民工自组织的精英分子才会对农民工群体在社会中不公平待遇进行反思，进而认识农民工群体的权力需求，产生通过组织化力量变革社会现实的意愿。案例组织中的农民工自组织精英也均是在认识世界的特定经历下，产生了运用组织化力量改造外部生存环境的想法，上一节已详细介绍，此处不再赘述。

3. 较强的工作能力及社会影响力

农民工精英能够成立并管理自组织，这与他们较强的工作能力相关，工作能力主要体现在组织能力、沟通能力、社交能力等方面。作为农民工自组织自我管理的主要领导力量，农民工精英一方面需要与政府、媒体、企业等组织开展沟通与合作；另一方面还需要规划组织发展、协调组织成员关系，这些都需要农民工精英具备良好的工作能力。良好的工作能力主要与农民工精英的工作、培训经历有关，工作经历使农民工精英能够清晰地把握农民工群体的服务需求，培训经历使农民工精英学会自组织管理的技巧和方法。

---

① 陈爱梅、庞玉清：《浅论人的主体意识》，《内蒙古民族大学学报》（社会科学版）2006 年第 3 期。

二　农民工自组织的行动区域

根据国家统计局监测调查结果，2019 年农民工总量达到 29077 万人，比上年增加 241 万人，增长 0.8%。其中，本地农民工 11652 万人，比上年增加 82 万人，增长 0.7%；外出农民工 17425 万人，比上年增加 159 万人，增长 0.9%。在外出农民工中，年末在城镇居住的进城农民工 13500 万人，与上年基本持平。在外出农民工中，在省内就业的农民工 9917 万人，比上年增加 245 万人，增长 2.5%；跨省流动农民工 7508 万人，比上年减少 86 万人，下降 1.1%。省内就业农民工占外出农民工的 56.9%，所占比重比上年提高 0.9 个百分点。分地区看，除东北地区省内就业农民工占外出农民工的比重比上年下降 3.4 个百分点以外，东部、中部和西部地区省内就业农民工占比分别比上年提高 0.1、1.4 和 1.2 个百分点。① 外出农民工的输入地区情况详见表 4 - 2。

表 4 - 2　　　　　　　　　　2019 年外出农民工输入情况　　　　　　单位：万人

按输入地分	外出农民工总量	比例
合计	29077	100%
东部地区	15700	54.0%
中部地区	6223	21.4%
西部地区	6173	21.2%
东北地区	895	3.1%
其他地区	86	0.3%

注：东部地区：包括北京、天津、河北、上海、江苏、浙江、福建、山东、广东、海南 10 个省（市）。

中部地区：包括山西、安徽、江西、河南、湖北、湖南 6 省。

西部地区：包括内蒙古、广西、重庆、四川、贵州、云南、西藏、陕西、甘肃、青海、宁夏、新疆 12 个省（市、自治区）。

东北地区：辽宁、吉林、黑龙江 3 个省。

资料来源：国家统计局：《2019 年农民工监测调查报告》。

---

① 国家统计局：《2019 年农民工监测调查报告》，http：//www. stats. gov. cn/tjsj/zxfb/202004/t20200430_ 1742724. html，2019 - 04 - 30/2019 - 05 - 02。

依据统计数据可见，农民工主要聚集区域在东部地区，其次是中部和西部；根据本书收集的资料显示，农民工自组织行动区域也主要在东部，其次是中部和西部。

三　农民工自组织的组织结构

在组织结构方面，农民工自组织拥有组织的一般性特征，也有自组织本身特定的特征，非营利性决定了农民工自组织的特殊性。

1. 组织结构开放性

对于农民工自组织而言，它们需要从外界获取资源才能维系组织的生存和发展，因此自组织必须保持开放性。首先，农民工自组织一般与企业、高校、其他公益组织保持频繁互动，从中获取组织发展所需的资金、人力、物资、技术等资源。另外，作为非营利组织，农民工自组织对外主动公开信息，接收社会监督以消除质疑，获取公众信任，如 CG 之家的发展就充分体现了组织开放性。2008 年 "CG 之家" 实体机构成立后，组成了由组织创立者为发起人的第一届理事会。随着组织的发展，CG 之家逐渐邀请一些高校精英加入理事会，成员主要来自于在杭各高校教师和学者。高校精英的加入提高了 CG 之家的管理水平，也为 CG 之家带来了丰富的志愿者人力资源——高校学生。此外，CG 之家还不定期地邀请记者、企业管理者担任发展顾问，从而为组织获取媒体资源和经济资源。

2. 组织结构非权威化

由于没有非常明确的责任分工，农民工自组织内部的等级秩序模糊，呈现出非权威的特征。这种非权威的组织结构注重情感因素，往往能激发组织成员的投入，从而提高流动人口自组织的工作效率。比如组织成员之间的称呼都比较随意，以 "大姐" "大哥" 相称，非正式的称呼其实就体现了组织结构的非权威性。

3. 组织结构松散化

大部分农民工自组织都没有成文的规章制度，没有组织运作的标准化流程，一般只有简单的任务分工。同时，由于经费所限，农民工自组织没有雇佣太多的专职人员，大部分工作由兼职人员用业余时间完成。当有一个新项目需要人员投入时，往往采用从各相关部门抽调部分人员临时组合的方式，或是采用由部分工作人员兼任的方式来开展新的工作，这种弹性化的人员配置实质上也是组织结构松散化的一种表现。[①]

四 农民工自组织的管理行为

农民工自组织的管理行为主要涉及组织信息公开、团队建设、制度建设、形象传播和资金募集等内容。为了掌握农民工自组织管理行为的共性特征，本书对案例组织的管理行为进行了具体分析。

1. 组织信息公开

信息公开是提升农民工自组织的公信力和社会信任度的主要手段，本书从信息公开路径、信息公开内容等方面对案例组织进行了分析。

农民工自组织通过网站、微博、微信公众号及报刊等方式向社会公众披露组织信息。信息平台上展示组织基本宗旨、组织年度计划、组织项目进展、组织收支明细、组织年度总结等信息。信息公开增加了农民工自组织的组织透明度，增强了公众对组织的信任度。农民工自组织通过各类信息平台积极、主动的公开信息，可以使农民工自组织营造公益、公正、透明的良好组织形象，良好的组织形象才可能获取公众信任，有效传播组织公益理念，激发农民工群体、其他社会公众的参与积极性，使组织具有更多的社会合法性，便于组织获取更多的公益资源。

2. 组织团队建设

只有注重组织团队建设，才能提高农民工自组织的自我管理和项目执行能力。根据农民工自组织的一般组织架构，管理团队主要由理事、管理人员和志愿者三类人员组成。案例中农民工自组织的理事一般由农民工精英、关注农民工问题的专家和学者组成；聘请著名专家、学者成为自组织的理事，一方面有助于吸收先进的管理理念，提升农民工自组织的社会知名度；另一方面可以凭借所聘专家的人际关系网络，加强社会活动范围，获取更多的社会资源，助力组织发展。管理人员一般由组织所聘任的专职服务人员和兼职工作人员组成。志愿者主要由农民工和大学生组成，志愿者是农民工自组织的重要人力资源，志愿者能够为组织提供无偿服务，降

---

① 陈菊红:《国家—社会视野下的流动人口自我管理研究》，博士学位论文，中共中央党校，2014年。

低组织的运行成本。

3. 组织制度建设

组织学评价一个组织组织化程度有两大标准，一是组织程序是否完善且标准，二是组织规章制度的成文程度。按照这两个标准衡量现实社会中的农民工自组织，可以发现大部分农民工自组织均属于组织化程度比较低的自治组织。

农民工自组织在初创期间一般是凭借非正式、不成文的规范约束成员行为，这些规范是组织成员通过社会习惯、个人体验等形式形成的条文，如果组织成员违反了约定俗成的规范，就可能被组织其他成员疏离，进而离开组织。不过随着一部分农民工自组织的不断壮大，组织也必然会形成正式制度，如成文的组织章程、工作流程及奖惩规则，以推动组织的进一步发展。但是，受限于规模和文化程度，大部分农民工自组织在制度建设方面呈现规范性不足的特征。

4. 组织形象传播

第一，组织传播的交互累积效应。农民工自组织自我宣传的重要中介是媒体，随着互联网技术的快速发展，媒介生态环境已经完全转变，以报纸、杂志、电视、广播为代表的传统媒介和以网站、论坛、微博、微信为代表的新型媒体产生了交互传播效果。农民工自组织应当充分使用新旧媒体的交互传播效应，积极、主动地运用各类媒介，发布高质量的新闻信息，增加组织的媒体曝光率，提升社会关注度，塑造组织的正面形象，为组织的可持续发展奠定形象基础。与新型媒体相比较而言，传统媒体具有社会认可度高、写作专业性强、阅读对象稳定性强等特征。农民工自组织在广播、报纸、杂志、电视发布的信息一般不会受到公众质疑，具有天然可信度；传统媒体一般具有事业单位性质，工作人员的专业水平和专业操守较高，发布的信息报道具有一定理论水平和价值中立性；传统媒介的阅读群体一般是具有一定经济实力的中老年群体，40 岁以上的中老年群体一般是社会中坚力量，具有较高的社会责任感和公益认知。通过传统媒体向这一群体定向传播公益信息，能够为农民工自组织带来可观的公益资金和公益人力资源。

与传统媒体相比较而言，新型媒体具有交互性强、传播速度快、个性化特征鲜明等特征。首先，农民工自组织在新型媒体上发布信息可以获得快速、广泛的传播。我国网民数量增速惊人，根据 2020 年 4 月中国互联网络信息中心（CNNIC）发布《第 45 次中国互联网络发展状况统计报告》（以下简称为《报告》）显示，截至 2020 年 3 月，我国网民规模达 9.04 亿，较 2018 年年底增长 7508 万，互联网普及率达 64.5%，较 2018 年年底提升 4.9 个百分点。截至 2020 年 3 月，我国网民使用手机上网的比例达 99.3%；使用电视上网的比例为 32.0%；使用台式电脑上网、笔记本电脑上网、平板电脑上网的比例分别为 42.7%、35.1% 和 29.0%。① 同时，微信、微博、短视频等新型媒体受众增速极快，截至 2019 年 12 月 31 日，微信及 WeChat 的合并月活跃账户数达到 11.6 亿，较 2018 年同期的 10.9 亿增长 6.1%。微信与 WeChat 持续保持高水平的用户活跃度，活跃用户数及用户使用时长均进一步提升，2019 年第四季度日均消息数同比增加 15%。截至 2020 年 3 月，我国网络视频（含短视频）用户规模达 8.50 亿，较 2018 年年底增长 1.26 亿，占网民整体的 94.1%；其中，短视频用户规模为 7.73 亿，占网民整体的 85.6%。数量巨大的网民构成了庞大的新型媒介受众群体，凭借互联网的信息传播技术，新型媒体信息传播速度超乎想象，农民工自组织借助门户网站、微信、微博、短视频、贴吧等新型媒介平台可以快速制作、广泛传播信息，扩大组织的影响力。另外，农民工自组织使用新型媒体能够增强交互行为。交互性强是新型媒体的特有优势，信息受众对农民工自组织发布在新型媒体上的信息进行点评、转载甚至二次创作，自媒体时代的公众已经成为信息传播链中的中介而非终端，深度参与、积极推动信息事件的发展。因此，我国农民工自组织应当通过个性化新型媒体产品来推送公益信息，取得快速、广泛的信息传播效果。

案例组织都非常重视与新旧媒体的沟通工作，如 XXN 互助热线与传统新闻媒体的合作，使互助热线在国内外具有一定知名度，也使农民工群体通过媒体认识了互助热线。广播媒体是农民工获得信息的最佳媒体，因为收听广播节目不会耽误农民工工作。1999 年 XXN 互助热线与北京人民广播电台合作，开设了《打工族之夜》节目，节目聚集了一大批外来务工人员收听群体，XXN 互助热线通过节目提高了一定知名度。2005 年，XXN

---

① 中国互联网络信息中心（CNNIC）：《第 45 次中国互联网络发展状况统计报告》，2020 年 4 月 20 日，https://www.sohu.com/a/391724540_100191017，2020 年 5 月 30 日。

互助热线又与北京城市管理广播《人在北京》节目合作，节目聚焦外来人口在京生活的各种问题；2006年XXN互助热线与中央人民广播电台合作，开设"中国之声——打工世界"节目。通过与电台的合作，XXN取得了稳定的宣传平台，获得了良好的社会公信力。除了电台之外，XXN互助热线曾经先后得到中央电视台、北京电视台、香港凤凰卫视等电视台媒体的报道，获得过《人民日报》《北京青年报》《北京晚报》《京华时报》《新京报》《纽约时报》《南华早报》《环球时报》《先锋》等国内外知名报刊媒体的报道，与传统媒体的密切联系是XXN互助热线营造优质组织形象的重要媒体路径。北京TXCY培训中心也曾获得过中央电视台、北京电视台、上海东方电视台、湖南卫视、香港凤凰卫视、《人民日报》《工人日报》《农民日报》《人民政协报》《中国文化艺术报》《中国日报》《中国青年报》《参考消息》《公益时报》《读者》《中国新闻周刊》《凤凰周刊》《北京青年报》《北京晚报》《法制晚报》《京华时报》《新京报》、中央人民广播电台、北京人民广播电台及新浪、搜狐等新旧媒体的报道。杭州CG之家也曾获得浙江电视台、杭州电视台、浙江电台文艺台、杭州电台西湖之声、《今日早报》《钱江晚报》《都市快报》《每日商报》、新华社等全国20余家主流媒体的关注。温州WX之家的主要成员就是温州电台经济生活广播《温馨好时光》节目的听众，组织从建立之初就与媒体力量紧密结合，温州电台经济生活广播栏目与WX之家合作组织了众多活动。在新媒介方面，案例组织也有积极表现，XXN互助热线、GY之家、TXXW家园均通过网站、微博、微信公众号等新型媒介进行组织信息传播工作，提高组织美誉度。

第二，组织品牌的精英形象投射。农民工精英的个体形象是营造农民工自组织品牌形象的重要因素，两者具有荣辱与共的关联性。农民工精英的个人形象会投射至农民工自组织，正面、积极的精英形象会获得农民工群体及其他社会公众的认同和喜爱，农民工群体及其他社会公众会将对农民工精英的喜欢投射到农民工自组织的认同上，进而为农民工自组织的发展提供资金、人力等方面的资源；反之，反面、消极的精英形象也会投射到农民工自组织的组织形象之上，引起农民工群体及其他社会公众对农民工自组织产生负面性评价，拒绝为组织提供社会资源，进而导致自组织发展举步维艰。因此，农民工自组织的领导者都较为重视个体形象管理工作，在各类社会活动中积极展现热心公益、关注弱势群体的个体形象，通过公开演讲、媒体互动、政府表彰等形式塑造个体精英形象，推广组织的基本理念，获得公众的好评。如案例组织的核心领导人都接受过不同级别、不同形式媒体的各类访谈，通过媒体报道塑造个体精英形象。

5. 组织资金筹集

资金问题一直是制约农民工自组织发展的重要因素之一，由于农民工自组织缺少稳定的资金来源，因此组织资金募集也成为组织管理活动的重要内容。依据案例组织的调研资料，国内外基金援助、社会捐助、会员会费、政府资助是农民工自组织获得运行资金的主要来源，同时部分自组织开始尝试社会企业运行模式来解决组织发展的资金困境。

首先，农民工自组织较少收取会员会费，这与农民工群体收入较低有关，农民工自组织基本上是为农民工群体免费提供服务；其次，境外基金会成为农民工自组织的主要资金来源，这说明我国国内基金会对农民工自组织的关注度较弱，农民工自组织今后可以争取国内基金会的资金支援。再次，社会捐助较少，这与农民工自组织社会合法性不足相关。大多数农民工自组织难以获得非营利组织的合法登记，继而无法获得免税资格，影响了社会公众与企业的捐赠意愿；最后，部分农民工自组织创建社会企业获取公益资金。就当前实践而言，公益组织创办社会企业具有三种基本模式：其一为公益项目与商业项目的融合模式，融合模式主要是识别原有公益项目的商业价值，在合理的组织目标前提下，将无营利的公益项目转型为微营利的社会企业商业项目，实现公益目标与商业效益的有机融合，使公益项目获得足够的资金支持以维系发展。其二是公益项目与商业项目的交叉模式，在公益组织开展的公益项目之外，创建相关性的商业项目获取经济收益，为公益项目的可持续发展提供充足的后续资金，如 TXXW 家园创办的爱心超市就属于此类型。TXXW 家园本身定位是生活服务类农民工自组织，而爱心超市也属于生活服务商业项目，两者具有相关性。"爱心超市"是由 TXXW 家园创办的社会公益性商店，主要开办在农民工聚居社区，超市货源为社会热心人士捐赠的衣物，这些衣物以 5 元、10 元的低廉价格出售，减少农民工的生活支出。爱心超市的所有盈利除了维持爱心超市的运营成本外，剩余盈余都用于农民工的公共服务。其三是公益项目与商业项目的分立模式，在公益组织开展的公益项目之外，创建非相关性的商业项目获取经济收益，为公益项目的可持续发展提供充足的后续资金。如北京 GY 之家是专注于农民工群体的教育、文化权益的农民工自组织，为了维系组织的项目运营，北京 GY 之家建立互惠社会企业项目，该项目包括互惠商店、农园等非教育类经营项目。互惠商店是北京 GY 之家在农民工聚居区域成立的公益商店，公益商店以低价售卖公益人士捐赠的社会闲置物资，扣除必要开支后的商店经营所得用于 GY 之家开展的各类文化教育公益项目，如支持农民工子女的教育事业（救助困难及失学儿童、设立奖学金、开展流动儿童活动中心、课外兴趣小组等各项公益活动）、支持农民工群体的文化教育公益事业（在移民社区开办英语、电脑、法律维权、家庭教育、就业指南、社会性别意识、医疗健康等各类文化教育培训讲座等）以及支持其他社会公益团体的农民工公益项目。农园项目是由北京 GY 之家在北京市平谷区南独乐河镇张辛庄村创建的社会公益性生态农园，农园占地面积 35 亩，同心农园种植各类瓜果、养殖鸡鸭生禽，开展"同心桃"认养、"春耕节""大地民谣音乐节""青少年自然教育生态体验教育夏令营"等各类主题活动，农园的经营收益主要用于支持流动儿童发展教育以及新工人文化教育公益事业。

第五章　农民工自组织的
政治增权功能

　　本书使用增权理论分析农民工自组织对农民工群体的增权功能，关于增权功能，社会工作领域内将其分为个体、人际关系和社会参与三个层次，此类划分主要以增权影响面作为依据，从个体到群体，再至社会层面。此类划分便于社会工作者对案主进行分阶段的干预治疗，从个体增权层面逐渐扩展至社会参与层面。本书的增权对象并非具体个体，而是群体，不宜采取此类划分。因此，本书依据增权具体内容作为划分依据，从政治、经济、文化、社会交往等层面分析农民工自组织对农民工群体的增权功能，本章主要分析农民工自组织对农民工群体的政治增权功能。

　　农民工群体虽然长期在城镇生活和工作，但是他们的户籍所在地仍旧是农村。依据我国现有政治参与机制，农民的政治参与主要通过村民自治及村委会选举来实现。我国《中华人民共和国村民组织法》第十二条明确规定：年满十八周岁的村民，不分民族、种族、性别、职业、家庭出身、宗教信仰、教育程度、财产状况、居住期限，都有选举权和被选举权。[①]村民自治的主要内容是自我管理、自我教育、自我服务和民主选举、民主决策、民主管理、民主监督等民主权益。依据上述法律条文，农民参与农村治理活动，保障农民利益，发展农村社会，促进农民增收。但是，农民工群体在现实条件下难以完全实现政治参与权利，农民工的政治参与呈现弱权状态。

---

　　① 详见《中华人民共和国村民委员会组织法》（2018 年修订）。

第一节 农民工政治参与的弱权性

政治参与是"指公民、社会团体和组织及政党参加公共政策的制定与执行，管理国家事务和社会事务，管理经济和文化事务等行为"[①]。农民工政治参与主要体现在是否充分履行选举权、被选举权及充分参与政府的政策制定过程。其中，我国公民政治参与的基层路径主要是村委会及社区居民委员会，调研数据显示现阶段农民工群体的基层政治参与严重不足，无法充分履行选举权和被选举权。

根据调研资料显示，关于"你是否参加过家乡的最近一次村委会选举"，18.3%受访者表示参加过，81.7%受访者表示没有参加。而在18.3%参加选举活动的受访者中，仅有42.3%的人是亲自回村参加选举，其余均为委托他人代为投票。依据数据可见，绝大部分的农民工群体放弃了农村社区的政治参与权利。

表 5－1　　　　　　　　　　**农民工参与村委会选举的方式**　　　　　　单位：%

参与	频率	有效百分比	累积百分比
亲自参加	302	42.3	42.3
委托他人	413	57.7	100.0
合计	715	100.0	

资料来源：根据问卷调查整理而得。

居委会选举也是农民工政治参与的基本方式之一，2012年为了保障进城农民工群体的政治参与权利，民政部出台《关于促进农民工融入城市社区的意见》。依据该意见的基本精神，在城市社区拥有固定住所且居住年限满一年以上的农民工可以参加城镇社区居民委员会的选举活动。具体流程是由农民工本人向社区提出申请，社区选举委员会依据《城市居民委员会组织法》审核申请人的选民资格条件。如符合基本选民条件，申请人可

---

① 朱建文、张亿钧：《手机移动学习在"新生代农民工"培训中的应用研究》，《职教论坛》2013年第36期。

以参加本社区居民委员会的选举。这一意见成为农民工群体的社区政治参与的基本法律依据，随后我国各个省份也依据意见精神对社区选举规则进行了修订，保障当地农民工的社区政治参与权利。然而，由于政策宣传不足、选举参与意识欠缺等因素，现实中农民工群体较少参与城市社区的选举活动。关于"是否参与城市社区居委会选举活动"，调研资料显示仅有9.1%的受访者表示参加过，90.9%的受访者表示没参加过。同时，大部分农民工群体对城市社区工作非常陌生，比如调研中关于"对城镇社区居委会工作人员的熟悉程度"这一问题，52.4%的受访者表示自己不认识居委会的工作人员，28.4%的受访者表示和居委会的工作人员有一定熟悉度，仅有15.2%和4.0%的受访者表示和居委会工作人员较为熟悉或非常熟悉。依据调研数据可见，农民工群体较少参与城市社区政治选举活动，这也导致他们在城市缺少话语权。

表5-2　　　　　　　农民工对城镇社区居委会工作人员的熟悉程度　　　　单位:%

熟悉程度	频率	有效百分比	累积百分比
不认识	375	52.4	52.4
见过几次	203	28.4	80.8
较为熟悉	109	15.2	96.0
非常熟悉	28	4.0	100.0
合计	715	100.0	

资料来源：根据问卷调查整理而得。

从上述分析可见，我国农民工群体的政治参与在农村和城市社区都呈现弱权状态，政治文化、经济需求、制度设计、组织载体及教育素养等多种因素导致农民工政治参与的弱权状态。第一，文化因素。农民工深受传统顺民政治文化思想的影响，认为自己只能执行地方政府或者村委会成员发布的指令，而无权拒绝。第二，经济因素。经济利益是农民工群体的首要需求，政治参与不能短期内提高他们的经济利益，因此他们不愿意在政治利益上花费时间。第三，制度因素。我国基层民主制度设计并不能为农民工提供政治参与的有效路径，不能为农民工的政治参与提供制度保障。

第四，组织因素。组织载体的缺乏致使农民工的政治参与缺乏有效引导，呈现政治参与的无序性。第五，教育因素，农民工群体有限的知识文化水平限制了政治参与的广度和深度，下文将从以上五方面进行详细分析。

一　臣民政治文化影响政治参与的心理

现代性的公民政治参与需要一定的文化驱动力，现代文化中的政治民主参与意识会对农民工群体产生影响，但是传统文化中的特权专治思想仍旧束缚农民工群体的政治参与意识。从古至今，君主专制的特权政治曾长期统治我国社会。所谓特权政治是指政治力量不代表人民意志，也不谋求人民利益，反而用于管制或是奴役人民。为了维系特权政治体制，我国封建社会建立了以"三纲五常"为核心的等级制伦理道德，将建立在血缘基础上的亲缘等级关系延伸到社会政治关系层面，塑造了等级分明、绝对服从的臣民文化。臣民文化严重抑制了中国公民的政治自主意识，缩小了公民的社会公共空间，影响了公民政治参与意识的塑造。正如梁启超所言："我国蚩蚩四亿之众，数千年受治于民贼政体之下，如盲鱼生长黑壑，出诸海而犹不能视，妇人缠足十载，解其缚犹不能行。故步自封，少见多怪。曾不知天地间有所谓民权二字。"

这类臣民文化和顺民思想至今仍潜移默化地影响和支配着农民工群体的思想意识和政治心理。当代部分农民离开乡土，进城务工成为农民工。因经济收入低、文化程度差，农民工群体在社会结构中的社会地位较低，因此农民的政治文化仍然呈现传统顺民文化的基本特征，导致他们具有"依附性人格"的特点，表现为对权力的崇拜或屈从、对政治功能缺乏科学认识，[①] 其政治参与是依附于明君、清官的"贤人政治"，通过"青天老爷"维护自己的合法政治权益。他们仍然习惯于被人管理，而不愿进行自我管理，难以形成自我管理的习惯。在长期惯性思维影响下，农民工群体从不认为自己享有政治参与的合法权益，反而表现出对政治权利的屈从。

总而言之，农民工群体对自身的政治权利缺乏充分认识，进而在思想

---

① 张富良：《政治冷漠症——转型期农民政治参与的心理障碍》，《理论与现代化》2004 年第 1 期。

意识上抑制了他们的政治热情,更阻碍了他们政治权力的获取。

二 制度设计缺陷限制政治参与的路径

新制度经济学的缔造者诺斯曾深刻地论述制度设计的重要性,"制度是社会的博弈规则,或更严格地说,是人类设计的制约人们相互行为的约束条件"①。制度是个体行为的规范,良好的制度设计能够引导个体规范行为方式,不良的制度设计则使个体行为失范,农民工的政治参与需要良性制度建设的保障。农民工政治参与渠道可分为制度化和非制度化两种类型。制度化政治参与是在现有法律体系下参与政治活动,具有合法性和有序性;非制度化参与是指违反现有法律制度,在正常渠道之外的不合法、无序的政治参与行为。② 就目前而言,我国现有法律制度基本保障了农民工政治参与的制度化路径,如逐步建立了选举制度、信访制度、听证制度、信息公开制度、行政领导接待制度等。但由于制度设计、制度衔接方面存在一定缺陷,使农民工可利用的制度化政治参与方式较为有限,导致农民工政策参与的制度化路径不够通畅。

第一,户籍制度的身份屏障。新中国成立以来,城乡二元户籍制度将公民区分为两个群体——农业人口与非农人口,刚性界定了两个群体所享有的公民权益和社会资源。政治、经济、文化、教育等各类社会权益及资源都与户籍相关联,农业人口无法与非农人口享受同等待遇,甚至连生活区域也被限制。新中国成立初期,我国城市对劳动力的需求较低,无法消耗农业人口。于是在优先发展重工业的历史背景下,在新中国成立初期运用行政指令压制了农村人口向城市迁徙的需求,严控农民进城指标。如1952 年至1953 年,政务院先后出台了《关于就业问题的决定》《关于劝阻农民盲目流入城市的指示》的两大文件,1954 年内务部和劳动部又发出《关于继续贯彻〈劝止农民盲目流入城市〉的指示》,再次向各级地方政府传递了禁止农民进城务工的文件精神。20 世纪60 年代至70 年代中叶的"文化大革命"破坏了城市生活、生产的正常秩序,城市经济极其萧条。

---

① North, *Institutional Change and Economic Performance*, Cambridge University Press, 1990, p. 57.

② 孙玉娟:《农民非制度化政治参与的成本分析和理性思考》,《科学社会主义》2007 年第 1 期。

为了维系城市的运行，通过"知识青年上山下乡"运动，政府将1600多万城市青年人口强行转移到了农村，人口从城市向农村逆向流动，这是一场政治制度指令下的"逆向城市化"运动。直至20世纪八九十年代开始，改革开放的产业红利催生了城市劳动力需求，农业人口才获得了生活区域迁徙的自由。但由于户籍制度的限制，进城后的农民工群体虽身在城市，却无法与城镇居民享有同等权益。户籍制度界定了政治参与的属地性，使得农民工无法在户籍属地外享有政治权益，因而无法像本地居民一样平等享有各项城市公共权利。

第二，选举制度的设计疏漏。选举制度是保障农民工政治参与权利的基本制度设计。我国选区划分与户籍紧密相关，以静态分布的地域户籍为基础进行选区划分。《中华人民共和国选举法》中明文规定"居民、农民、个体工商户在户口所在地的居民委员会、村民委员会、村民小组登记"，"人与户口不在一地的，由本人在取得户口所在地的选民资格后，在现居住地登记为选民"。依据上述条款，我国仍然以户籍地登记为基础对农民工进行选民登记。因此农民工如果要行使自己的政治权利，可以采取两种选择。第一是选择回到户籍所在地参加选举活动，第二是选择返回户籍所在地办理选民资格证明，然后回到城镇迁徙地参加选举活动。这两种选择均需要耗费大量时间及资金，现实操作的可行性较差。依据户籍地确定选民资格的选举制度增加了农民工参加选举活动的时间成本和经济成本，农民工经过理性计算，为了避免经济、时间损失，农民工宁愿放弃政治选举权利，地域变动成了影响农民工选举权利能否得以落实的至关重要的因素。基于户籍归属地的选举制度阻断了农民工的城市政治参与路径，选举制度设计上的地域归属缺陷使农民工的政治权利处于"悬空"状态，一方面农民工群体的参与诉求日益强烈；另一方面政治参与水平和参与效能低下，不协调的偏离现象可能使农民工逐渐对国家公信力丧失信心，对自身需履行的公民责任丧失使命感。

第三，人大代表制度的不健全。参加人大会议是农民工群体进行政治参与的重要方式，也是农民工与政治决策系统相链接的常规制度通道。2008年，我国首次产生了农民工人大代表。2007年，第十届全国人大第五次会议通过了《关于第十一届全国人民代表大会代表名额和选举问题的决定》。这份不过数百字的文件特别规定："在农民工比较集中的省、直辖市，应有农民工代表。"2008 年，分别来自广东、上海、重庆的胡晓燕、朱雪芹和康厚明三位农民工成为十一届全国人大代表。在五年的履职过程中，三位农民工代表围绕农民工社会权益提出了许多建议和议案。朱雪芹共提出了 14 条建议和 1 份议案，涉及农民工社会保障异地转移、农民工劳务派遣制度的完善、农民工子女入学入托问题、农民工养老问题；胡晓燕在广东省总工会开设了一个"海燕信箱"，收集农民工群体的诉求，分别就农民工生活与技能环境的优化、改善留守儿童的教育、农民工市民待遇、农民工子女入学和空巢老人等方面提出了建议和议案；而康厚明聚焦于农民工劳动权益问题，议案涉及"农民工职业病预防和治疗""维护外来务工人员讨薪权益""完善农民工社会保障"等方面。三位人大代表在履职过程中积极承担代表职责，维护农民工的群体权益。2013 年，农民工代表人数在第十二届全国人大代表中增加到 31 名，代表人数是上一届的10 倍。十二届全国人大代表的总人数是 2987 名，农民工人大代表占代表总数的 1%。朱良玉、王月清、周振波、康仁、陈腊英、曾香桂等人成为农民工全国人大代表，他们的职业身份是劳务队队长、保洁队队长、技术工人等，他们在 5 年履职期间密切关注农民工的日常生活及工作需求，围绕工资收益、住房权益、社保、教育培训等方面提出了大量提案和建议，增强了农民工群体的政治参与力度。2018 年，农民工代表人数在第十三届全国人大代表中增加到 45 名，代表人数是上一届的 1.45 倍。第十三届全国人大代表的总人数是 2980 名，农民工人大代表占代表总数的 1.51%。同时，农民工人大代表的提案内容也随着时代发展而变化，从对农民工群体生存状况及权益维护等问题的关注，逐步转变为对产业转型升级后农民工群体技能提升、职业培训等方面的关注。

　　农民工代表人数的不断增加表明了政府对农民工群体政治参与需求的积极回应，彰显了我国政府对农民工人大代表身后的农民工群体利益诉求的关注，标志着我国政治民主参与的发展。但是，具体制度实施层面还存在一些有待改进的地方。第一，农民工代表名额数量问题。虽然我国各级人大代表名额中都已经预留了少量农民工代表名额，但代表人数依旧过少。根据《2018 年农民工监测调查报告》显示，2018 年农民工总量为28836 万人，2.88 亿人口仅占有 45 名代表名额，人口基数比显然不合理。过少的代表名额无法在人大会议的议案表决中发挥决定性作用，无法充分体现群体话语权。第二，农民工代表的典型性问题。由于农民工具有一定的社会流动性，各地地方政府为了保障代表稳定性，往往倾向于选择农民工群体中的精英人员成为人大代表，而这些代表不具有普遍代表意义，并不能代表农民工群体的利益诉求。第三，农民工代表的素养与能力问题。政治参与需要一定的政治素养和政治技巧，农民工人大代表原有生活场域和学习经历并没有为他们提供学习政治参与技能的机会，因此部分农民工人大代表并不具备参政议政的技术性表述技巧，难以在复杂的政治格局中真正发挥代表作用。

表 5 - 3　　　　　　　　　　　农民工人大代表增量表

时间	数量	提案内容
2008：第十一届全国人民代表大会	3	农民工社会保障异地转移、农民工劳务派遣制度的完善、农民工子女入学入托问题、农民工养老问题
2013：第十二届全国人民代表大会	31	工资收益、住房权益、社保、教育培训
2018：第十三届全国人民代表大会	45	职业技术教育和农民工就业技能培训、新产业新业态从业人员的职业伤害保险、"机器换人"时代农民工技能提升

资料来源：互联网。

　　上述制度设计缺陷导致农民工群体政治参与的合法路径尚显不足，进而导致部分农民工群体谋求非制度化的政治参与路径，以表达群体的利益诉求。在利益严重受损的情况下，农民工群体可能以非理性的方式进行表达发泄，表现为集体罢工、越级上访等非制度化政治参与方式。由于农民工政治素质不足，在非制度化政治参与过程中容易滋生冲突，容易被敌对势力利用形成危及社会稳定、安定团结的问题。

三　经济收益不足导致政治参与的冷漠

　　只有在物质满足的基础上，人们才可能衍生强烈的政治意识。马克思曾说："权力永远不能超出社会的经济结构以及由经济结构所制约的社会文化的发展。"[①] 可见，经济决定社会政治的文明程度。作为低收入群体，

---

① 《马克思恩格斯选集》第 3 卷，人民出版社 1972 年版，第 9 页。

农民工群体虽然不懂得政治参与的经济成本概念，但是他们会在行动中计算得失。

农民工的务工收入比农村的务农收益要高，但与城镇居民的收入相比，两者收入差距依旧明显。国家统计局对外公布的《2019年农民工监测调查报告》（以下简称《报告》）显示农民工月均收入达3962元，这说明农民工的经济收入还处于低位。在收入较低的前提下，农民工群体更多时间在思考如何应对家庭经济压力，而非关注政治参与事务。当政治参与的收益低于其他活动的收益时，农民工自然会放弃政治参与，节约自己的时间成本。例如选举活动，农民工群体如选择回户籍所在地参加选举活动，可能会产生交通费、误工费及走亲访友费等明确支出，而农民工返乡参加选举活动所获取的个体利益是不明确的未来收益，经过简单的成本收益计算，绝大部分农民工为了避免现有利益的损失而果断放弃返乡行动，或是采取更加经济的形式——委托投票或函投方式。正如亨廷顿所言："对大多数人来说，政治参与只是实现其他目的的手段，如果个人能够通过移居城市，获得地位较高的职业或改善他们的经济福利等方式实现这些目标，那么这些方式将在一定程度上成为他们政治参与的替代物。"[1]

因此，当政治参与无法带来可预期的经济收益时，物质基础薄弱的农民工群体无法激起政治参与的热情，这也是近些年经济发达地区与经济落后地区的村委会选举冰火两重天的根本原因。在经济发达的沿海地区，村委会掌握着村集体资产相对丰富，竞选者获胜后所获得的经济收益巨大，因此当地农民参选的积极性高，竞选者为了当选，不惜采用各种手段进行贿选。而经济落后地区村委会干部所掌控的集体资产较少且资源稀缺，竞选者获胜后所获得的经济收益较少，因此当地农民对村委会的选举活动表现出较低的参与热情。政治参与从表面而言属于政治行为，从实质上看属于经济行为，经济行为与政治选择是直接相关的社会行为。日常生活的经济压力严重抑制了农民工群体的政治参与热情，只有当这一群体的经济收益增长到合理水平，才能激发他们通过合理路径表达利益诉求的意愿；反之，当这一群体的经济收益降低至极不合理的地步时，他们会对现有政治

---

① ［美］塞缪尔·亨廷顿、琼·纳尔逊：《难以抉择——发展中国家的政治参与》，汪晓寿等译，华夏出版社1989年版，第56页。

体制失去信心，将通过非理性的方式颠覆现有体制，重塑政治体制以表达群体的利益诉求，这也是历史上历次农民起义的根源。

四　组织载体缺位影响政治利益的整合

民主政治应当是一种高度有序的政治，组织化水平是决定政治稳定、自由的基础。亨廷顿曾说："组织是通向政治权力之路，也是政治稳定的基础，因而也就是政治自由的前提。"① 从组织化角度来区分，政治参与可以分为个体参与和组织参与，较个体参与而言，组织参与具有目的明确、行为有序、影响广泛、效率明显等特点。

农民工群体的政治参与程度与群体组织化程度应当成正比，社会群体随着社会发展而不断分化，群体利益博弈也逐渐白热化。根据博弈理论的基本观点，当博弈各方力量均衡时，博弈结果才可能呈现公平性，否则就是强者对弱者的欺压。利益表达和博弈的过程离不开组织化的安排，而当代中国利益表达组织发展呈现不平衡状态，强势群体成立了具有专业知识储备、良好组织管理的利益表达组织；而弱势群体却形同散沙，组织化程度极低。群体组织化的不平衡发展使社会群体之间的利益分配成为难题，利益分配不公的现象逐渐增多，利益分配不公将使社会群体间的对立情绪加剧。作为典型的弱势群体，农民工群体工作流动性大、群体间信任度差，导致群体组织化程度低，从而无法进行有效、顺畅的利益表达，影响其政治参与积极性和有效性，难以有效整合群体利益、维护群体权益。依据社会现实情况，大部分农民工目前是以单独个体的形式面对政府权力机关。农民工的低组织化水平不利于我国政治文明的发展，对农民工个体及政府权力部门均没有益处。就政府权力部门而言，农民工组织化的政治参与可以帮助政府部门充分把握农民工群体的利益诉求，降低舆情信息的收集成本，减少行政决策的社会风险，保证政府决策的公平性、科学性和民主性，最大程度减少损害农民工群体利益的决策现象。就农民工群体而言，缺乏组织化的政治参与，他们的群体利益诉求无法得到充分表达和有效保障。当政府决策出现不规范行为，严重损害他们的群体利益时，农民

---

① ［美］塞缪尔·亨廷顿：《变化社会中的政治秩序》，王冠华等译，生活·读书·新知三联书店1989年版，第427页。

工群体可能会采取无组织的、暴力式行动宣泄不满，严重干扰正常的社会秩序，造成社会动荡。

综上所述，组织载体的缺位影响农民工政治参与的规范性、有序性和科学性，大大降低了农民工群体在我国政治决策过程中的利益博弈能力，无法维护自身的合法权益，使其群体权益难以保障，进而积累了农民工群体采取无组织政治行动的风险。

五 个体文化素养影响政治参与的效能

政治参与的效能与个体的文化素养成正比，个体的参政效果与参政知识、参政技能直接相关。良好的教育背景、丰富的政治常识、娴熟的参政技能能够最大程度地扩大个体政治参与的广度及深度。

由于我国城乡教育水平的巨大差异，农民工群体文化素养与其他社会群体存在较大落差，同时，农民工群体在城市务工期间也缺乏接受社会教育的时间和资金。学校教育及社会教育的双重缺失使农民工缺乏政治参与所需的政治、法律知识，也不利于农民工政治参与技巧的获取和提高。因此，较低的文化素养使农民工难以准确理解政治话语背后的现实意义，也使他们难以克服政治参与过程中的一些技术性难题，这些文化性障碍因素无疑会影响他们政治参与的实质效能。

第二节 农民工自组织政治增权的实现方式

社会的良性运行依赖于社会政治的有序发展，实践证明任何社会政治的有序发展都建立在政治过程的完整性之上，即包括政治输入和政治输出过程的合理与完整，也就是政治体系意见"输入"与政策"输出"总体的、动态的平衡，这就要求政治参与过程中社会群体参与的充分性。农民工群体是当前社会中人数庞大且利益需求多元化的一个群体，如果农民工群体的政治参与需求在现有社会政治体系中没有输入路径的话，那么他们的多元利益"要求"就得不到政治体系的输出性回应，从而导致农民工群体利益非制度化的无序表达或者暴力式的强制性表达，影响社会的安定团结。

因此，农民工群体必须积极参与社会政治博弈的过程，这就要求必须培育和发展代表农民工利益的社会组织，提高农民工的组织化程度。高度组织化可以充分聚集、有序表达农民工群体的群体诉求，构建农民工群体与政府、社会其他群体的沟通平台，减少农民工群体政治参与的路径成本，降低政府舆情信息收集的信息成本，培育农民工群体政治参与的主体意识，提高他们的政治参与度，增强政治参与热情。当前，政党、共青团、工会等正式组织还远不能满足农民工政治参与的组织化需求。本书的调研数据显示，受访农民工中有 6.3% 为中共党员，24.0% 为共青团员，1.2% 为民主党派，68.5% 未参加任何党派。从调研数据可见，大部分农民工缺乏组织化的政治参与路径。因此，农民工自组织是当前提高农民工政治参与有序性、高效性的重要途径，充分挖掘自组织对农民工政治参与的组织作用，有利于我国现代民主政治体制建设，保障政治过程的完整性、有效性。同时，不同政治面貌的农民工群体呈现的农民工自组织参与意愿也有所不同，根据数据显示，共青团员参与度最高，民主党派参与度低，详见表 5 - 4。

表 5 - 4　　　　　　政治面貌对农民工自组织参与意愿的影响分析　　　单位:%

政治面貌		愿意（行 N%）	不愿意（行 N%）
政治面貌	中共党员	58.80%	41.20%
	共青团员	75.40%	24.60%
	民主党派成员	25.00%	75.00%
	群众	43.50%	56.50%

资料来源：根据问卷调查整理而得。

一　增强政治参与的主体意识

农民工的政治参与意识是指农民工对国内外大事及其相应政治活动的自觉认识、积极参与的思想倾向和基本态度。思想是行动的先导，实现农民工的政治参与必须增强农民工的政治参与意识，所以农民工自组织应组织教育活动启迪农民工的政治参与意识，包括政治信任感、政治收益感和社会地位平等意识，引导个体关注政治生活。大部分农民工对政治权力的概念是模糊不清的，通过各类讲座、宣传等活动或借助网络教育平台，农民工自组织可以培育农民工的政治人格意识，激发农民工政治参与的主体意识，将农民工转型为具有制度意识、法制意识的现代社会公民，使农民工群体掌握学会理性沟通、专业表达的政治参与观念。案例组织 XXN 热线一方面长期为农民工群体开展权益教育，帮助农民工群体认识自身的合法权益；另一方面，通过热线交流引导农民工群体通过合法路径维权，避免一些极端维权行为的发生。

二 提升政治参与的组织程度

农民工政治参与需要组织化路径，然而农民工整体的组织化程度目前仍旧较低。我国农民的自组织化程度向来较低，至今我们还没有专门性、全国性的农民组织。中国历史上曾经出现过专门性的农民组织——农会，农会是清朝光绪年间"新政"改革的社会产物。1895 年，康有为在《公车上书》中提到"吾地大物博，但讲之未至，宜命使者译其农书，遍于城镇设为农会，督以农官"。1896—1897 年张謇先后在《农会议》与《请兴农会奏》中明确提出创办农会对清末社会的益处，奏章在农会的组建方式、基本功能、组织章程等方面均提供了具体方案，使"农会"这一新事物变得具体，进而能够被清朝帝王所接受。1898 年清光绪皇帝在资产阶级改革派的积极倡导下发布上谕，要求"各省府州县设立学堂，广开农会，刊农报，购农田，由绅商之有田业者试办，以为之率"①。在上谕的政策效应下，全国各地在 1898 年至 1911 年期间共成立了 19 个农务总会和 276 处分会。1910 年 10 月 23 日，南洋第一次劝业会研究会发起成立了全国农务联合会，推举张謇担任会长，全国农务联合会拟定了《全国农务联合会章程（草案）》。组建农会的做法和其他清末新政一样在戊戌变法失败后未能积极得以实施，然而农会在十多年缓慢实践过程中也呈现了社会组织治理的基本功能。在思想观念方面，农会传播了民主平等、结社自由等西方政治理念，革新了农民根深蒂固的君权专制思想；在农业实践方面，农会在传播农业知识、推广农业良种方面做出了独特贡献；在社会治理方面，农会的组建为农村乡绅阶层提供了社会地位，缓和社会变革压力，一定程度上维系了清末的政府统治。

---

① 《德宗景皇帝实录》（六）卷 423《清实录》第 57 册，中华书局 1987 年标点本，第 540 页。

　　辛亥革命后，中国国民党与中国共产党对发展农会均投入了极大的热忱，然而两个政党组建农会的目的及农会的成员却存在较大差异，国民党组建的农会是以地主乡绅为主要成员的政治团体，目的是协调农村矛盾，维护乡村社会稳定。中国共产党在革命时期成立的农会是属于战斗性质的革命组织，其吸收的主要成员为乡村社会中的贫下中农，主要目的是变革传统乡村秩序中的不合理设置。1920年9月27日，中国共产党领导的第一个具有革命性质的农民协会——浙江萧山衙前农民协会正式成立，协会公布了《衙前农民协会宣言》和《衙前农民协会章程》，宣言和章程就直接表明了农会的革命属性，农会是引领中国农村的贫苦农民发起社会革命、变革农村秩序的政权革命组织。1949年中华人民共和国成立后，农会组织一度是与同级人民政府机关享受同等待遇的基本民主政权机构，基本功能主要是改革土地制度。1953年春土地改革复查结束后，我国各地组建乡村政权机构，乡村政权机构逐渐替代了农会的主要工作职能，农会逐步转型为村政权机构。20世纪60年代，在特定的时代背景下，全国农村"四清"运动中成立了贫下中农协会，这一阶段的农民协会主要从事阶级斗争运动。1978年，党的十一届三中全会明确了党工作重心的转移，将党的工作重心从阶级斗争转移到经济建设。作为阶级斗争产物的贫下中农协会也逐渐失去了存在意义，贫下中农协会为代表的农会组织在经济改革的浪潮中逐渐消亡。然而，随着改革进程不断深化，家庭联产承包责任制下小规模农业生产与大市场之间的矛盾逐渐突出，给农村经济发展及农民经济收益带来危害。为了降低单个农户与市场的交易成本，我国一些地区成立了行业性质的农业合作经济组织，但这类组织专注于农业经济生产功能，缺乏政治方面的意见表达功能。同时，随着农民外出务工人数的增多，各地都在积极引导农民工加入工会组织，但由于工会并不能真正保护农民工的利益，参加工会的农民工人数还不尽如人意。调研资料显示，只有19.11%的农民工所在单位成立了党、团组织；13.12%农民工所在单位成立了工会，其他67.77%的农民工表示不清楚。关于"是否愿意加入工会组织"，调研对象中仅有24%农民工愿意加入工会组织。而75.1%农民工表示不愿意加入工会组织，不愿意加入工会组织的原因是多方面的，24.9%表示工会没有发挥作用，48.8%表示没有途径加入，剩余没有表明确切原因。

　　回顾我国近代农民组织化的发展历程，不难发现作为中国数量最大社会群体——农民，在不同历史时期存在不同形式、不同功能的组织化现象，其组织化的最终效应取决于社会现实需求及政党的目标引领。当前，农民工是农民群体中庞大的分支群体，他们处于城乡经济、城乡文化冲突的最前沿，他们是一个巨大而原子化的社会群体。当前，大多数农民工以隐忍方式面对政治诉求难以满足的现实困境，当不满情绪超出隐忍限度，农民工群体就可能产生一些反社会情绪和反社会行动，小规模群体性农民工暴力事件在近些年的持续性发生就验证了这一点。无组织的农民工在表达和维护自身利益时多数以个人或家族为单位，难以产生理想的行动效果，反而对安定、稳定、和谐的社会局面产生不良影响。

　　在社会利益多元化的背景下，我国的社会矛盾逐渐增多。这些社会矛盾的背后涉及社会不同群体的利益得失，这些矛盾的有效解决需要不同利益群体的充分协商。在多元治理背景下，各类社会组织应当成为具体利益者的组织代表，参与到解决社会矛盾和问题的具体过程中。因此，我们应当允许且引导农民工群体成立自己的组织，以减少农民工非理性的体制外参与，强化自组织的集体行动作用，以组织力量开展集体行动，农民工组织化的高效用可以弥补农民工个体行动的低效性。农民工自组织能够将农民个体零散的诉求整合为清晰的组织诉求，将分散的个体社会资源集聚成强大的组织资源，使农民工以组织整体形象出现在我国政治舞台上，提高农民工在政治博弈中的话语权，充分地表达农民工群体的利益诉求，维护群体利益不受制度性侵害。

　　自组织的有效运行可以赋予农民工有组织的行动环境，实现农民工的利益表达组织化，大大提升农民工政治参与的组织化水平。农民工自组织通过集体行动来表达农民工群体意志，通过清晰有力的利益表达形成有效的政策压力，影响政府有关农民工群体的决策行为，从根本上改变农民工群体的弱势地位。如2014年11月，深圳几家关注农民工劳动权益的自组织开展了一项关于产业工人生活收支情况的问卷调查，调研数据显示深圳产业工人的月支出为3338元，平均每月加班时间60小时。随后，这份调研报告及要求提高最低工资的千人联署信被递交给深圳市人大等政府部门，最终督促政府上调深圳市最低工资，保障了农民工的经济权益。2015年3月1日起，深圳将最低工资调至2030元，最低工资水平为全国第一。

再如，深圳手牵手工友活动室发起的女工权益倡议活动也是农民工政治参
与的典型案例。深圳手牵手工友活动室长期关注女职工权益，该组织在
2015 年 3 月 8 日发布了征集数月的"带薪月经假十大理由"，总共收集了
211 位女工的月经假意见，呼吁政府立法，让女职工每个月可以有至少
1—2 天的带薪休假。这些意见文稿被分别送往媒体、人大代表手中，形成
了一定的社会影响力，并最终影响了广东省《女职工劳动保护特别规定》
的立法活动。2015 年 11 月，广东省实施《女职工劳动保护特别规定办法
（送审稿）》征求公众意见，送审稿第六条规定，长时间不能离开劳动岗位
的女职工在月经期间，用人单位应当为其安排适当的休息时间；经医疗机
构证明（半年有效）患有重度痛经而不能工作的女职工，用人单位应当在
其经期给予 1 天的带薪休假。

三 拓宽政治参与的常规路径

长期以来，我国农民工群体政治参与路径主要涉及以下几类：民意代
表机关、信访、媒体舆论、社团组织等路径。民意代表机关路径是指农民
工积极参与各类政府部门组织的论坛、座谈或会议活动，进而使农民工群
体的利益诉求进入决策过程，实现群体的政治参与权利。信访路径是指农
民工群体通过书信、电话、互联网或亲自走访等形式向信访部门表达群体
的利益诉求，维护群体的政治权利。媒体舆论路径是指农民工通过报纸、
电台、电视、互联网等新旧媒体发表群体的利益诉求，尤其是网络投票选
举、政府网站信访、网络社区发帖等网络政治参与方式逐渐被农民工所接
受，互联网的特点使网络政治参与成为农民工群体政治参与的首选路径。
第一，互联网具有信息传播的公开性、即时性，可以使农民工在第一时间
了解社会各类信息，增强信息的获取能力和研判能力，充分满足农民工的
社会知情权；第二，互联网具有信息传播的虚拟性、匿名性，能够使农民
工获得平等参与的机会，避免因职业身份、收入差距受到其他群体的歧
视，提升了农民工政治参与的积极性。第三，互联网具有信息传播的多样
性、便捷性、易操作性，符合农民工群体的认知水平。第四，互联网具有
信息传播的交互性、人际性，可以满足农民工群体的社交需求。如农民工
群体在微博、论坛、微信朋友圈、微信群可发表自己的观点，也可以转发
时政信息分享或讨论观点。丰富多样的形式、简单便捷的操作满足了农民

工的政治表达意愿，增强他们的利益诉求的表达意愿，因此农民工群体乐于使用网络政治参与路径。

目前，我国农民工自组织以创新形式积极使用上述政治参与路径，不断拓宽农民工的政治参与路径，如杭州 CG 之家、北京 GY 之家在这一方面就颇有作为。一方面，杭州 CG 之家积极参与杭州市委政研室、市政府调研室等政府部门组织的论坛、座谈活动，表达群体诉求；另一方面，其也与多家媒体互动，传递群体需求。同时，杭州 CG 之家调研农民工群体的权益问题，在门户网站上展示调研报告以表达利益诉求，借助互联网的信息传播功能扩大农民工群体的政策倡导影响力，调研主题详见表 5-5。北京 GY 之家也开展了农民工群体的调研活动，公开出版了调研报告——《打工者居住现状和未来发展调研报告》和《新工人子女发展教育行动研究报告》（之一）、《新工人子女发展教育行动研究报告》（之二）。

表 5-5 　　　　　　　　　　农民工自组织的调研主题

组织名称	调研时间	调研内容	基本诉求
杭州 CG 之家	2008 年	农民工群体精神文化现状调查	通过深入实地调查和适当定量分析，着重从农民工群体的文化水平、业余生活两方面入手，了解现阶段农民工的文化生活现状，分析农民工群体文化生活存在的问题，希望政府能够关注农民工群体的文化需求，提供一些免费的公共文化服务。
	2009 年	服装企业对农民工群体的侵权状况调查与分析	通过工厂体验、走访调查，杭州 CG 之家深入访谈 300 多名农民工，调研服装企业用工侵权状况，希望社会关注服装企业的用工环境，维护农民工的劳动权益。
	2010 年	农民工的幸福感	调研农民工群体的城市归属感与幸福感指数，一方面希望政府通过政策改善农民工群体的城市生存状况；另一方面希望社会更加关注农民工群体，使农民工能够真正融入城市生活，产生幸福感。
	2012 年	农民工的加班文化	调研农民工群体的加班情况，希望用人单位能够重视农民工群体的休息权，政府能够监管企业的加班侵权行为。

续表

组织名称	调研时间	调研内容	基本诉求
北京 GY 之家	2009 年	打工者居住现状和未来发展	了解农民工群体的居住地的稳定性、居住状况等基本信息。
	2010 年	新工人子女发展教育行动研究报告	关注农民工子女家庭生活及成长状况，如教育、贫困和"社会边缘化"等诸多问题。

资料来源：组织网站。

四　提高政治参与的政治技能

良好的政治参与效果建立在政治参与者良好的教育背景、丰富的政治常识、娴熟的参政技能之上。因此，农民工自组织也需要组织各类活动对农民工群体进行继续教育，提高他们的文化水平和政治常识，传授政治参与的基本流程和技巧，优化他们的政治参与技能与水平。一方面，农民工自组织可以组织各类宣传、讲座活动，增强政治参与的法制教育。如 XXN 互助热线的门户网站上就设置了专门法律条例板块，积极引导农民工群体依法表达群体诉求，防止农民工进行非制度性政治参与，导致社会产生不稳定因素。另一方面，农民工自组织为农民工群体开展政治参与技能的培训，使他们能够使用各种技能方式形象、充分表达政治诉求，以期获得社会及政府部门的关注。

五　完善政治参与的制度保障

农民工的政治参与需要制度保障，农民工自组织可以通过各种路径推动农民工政治参与的制度化建设，农民工政治参与的制度化、常规化体现社会其他群体对农民工政治参与的价值认同。一方面，农民工自组织可以积极呼吁立法部门完善有关法律法规，尽快明确农民工群体政治参与的基本流程、主要方式及相应规则，使农民工群体能够依法参与政治生活；另一方面，农民工自组织应该推动立法部门修订当前不利于农民工政治参与的法律条文，如选举法相关条文的修改。当前社会流动性极大，户籍为依据的选民登记制度已经不合时宜了，应该修订为"以居住地"为依据进行选民登记。这一条款的修改将使具有高流动性的农民工真正获得选民资格，较为便利地参与选举活动，积极履行选民义务。农民工自组织推动制度建设以改善农民工政治参与的制度环境，才能使农民工群体从"无序""消极"的非制度化政治参与转变为"有序""积极"的制度化政治参与，营造政治参与的良好社会环境。农民工在有序的政治参与中积极表达群体的政治诉求，进而才能有效实现政治增权。

政治参与是衡量一个国家民主政治水平的重要指标，我国民主政治建设进程的一项重要内容就是公民政治参与的扩大。现代公民社会的合格公民应当具备一定的政治参与热情、独立的经济能力及一致的文化认同，当前农民工群体政治参与的淡漠态度与行为不是现代社会公民所应有的表现。改革开放以来，因农村经济体制改革及社会管理方式的转变，农民工群体与原有农村公社组织脱离，拥有了自己独立的经济利益，但是对政治参与却仍旧缺乏足够热情。农民工群体缺乏民主政治的教育，也没有自我管理的经验，他们仍然习惯于被其他群体管理，他们主观上不愿意、客观上没时间参与政治事务，消极放弃了自己的政治权利，也放弃了维护群体利益的机会。农民工群体放弃政治参与，就无法使他们在社会利益的分配过程中受到公正对待，进而成为社会群体权利博弈下的无声牺牲品。分散的原子化农民工是难以萌生政治参与热情的，也无法与组织化的机构开展政治互动。而农民工自组织的组织化路径能够激发农民工群体的政治参与动机、提升政治参与的技巧、保证政治参与的水平。农民工自组织以科学技巧参与社会群体政治博弈，能够减少可能损害农民工群体利益的社会政策行为，最大限度维护农民工群体的社会利益。同时，作为农民工群体的自我服务组织，农民工自组织应该成为政府与农民工群体间的桥梁和纽带。农民工群体通过农民工自组织进行民主管理，可以学会如何与政府进行政治沟通，有效保护群体权益。政府通过农民工自组织可以增强与农民工群体的对话机会，全面掌握农民工群体的发展信息，及时了解及回应农民工群体的政治诉求，减少社会矛盾产生的概率。农民工群体、政府、农民工自组织协同合作，可以提高我国民主政治的参与水平，逐步推进我国民主政治的进程。

第六章 农民工自组织的经济增权功能

　　20 世纪 80 年代后期，改革开放让中国经济获得活力，家庭联产承包责任制使得农业生产效率提升，政府放宽了对农村劳动力的迁徙限制。随着一系列经济体制改革的启动，劳动力转移的规模和速度也开始迅速扩大。进城务工的农民工群体为国家的经济体制改革做出了巨大贡献，他们理应享有公民应有的经济权利，共享经济体制改革的经济红利，改善自身的物质生活水平。但事实上他们的经济权益未得到有效保障，集体呈现经济弱权状态，体现为农民工的就业权受侵害、劳动收益低和劳动保障程度低等现象。

　　首先，农民工就业权受侵害。农民工与城市居民均是社会合法公民，理应享受同等的就业权益。然而，为了维护本地居民的就业权益，部分城市地区会制定各种政策法规限制农民工的就业机会和就业范围，如对农民工实行各种职业资格认证或划定行业范围，使农民工无机会在发展前景良好的行业就业。在优先满足本地居民就业需求的基础上，部分城市地区才向农民工开放一些脏乱差累的工作岗位；再如遭遇各种变相费用，为了促进本地区的就业，很多城市要求农民办理就业证、普通暂住证、缴纳治安联防费、流动人口婚育证明费、流动人口调配费、健康证等各类证件。由于办证机构分散且行政效率低下，导致办理证件需花费大量时间和经济成本，地方保护主义严重损害了农民工的平等就业权和职业选择权。其次，农民工劳动收益较低。虽然农民工群体存在工作时间过长、劳动强度过大的现象，但农民工的劳动收益却没有得到相应的回报，农民工群体的劳动收入远远低于社会其他行业。最后，农民工社会保障程度低。与其他社会群体相比，农民工群体的社会保障参保率较低，原因有多方面。就政府部门而言，农民工群体社会保障的制度均为国务院、各部委及各级地方政府发布的通知、决定、指导性条例等行政政策，立法层次低且效力差，地区差异大且难以协调，使农民工的社会保障存在参保难、转续难、维权难等问题。就企业而言，我国部分企业视利润最大化作为终极目标，为农民工群体交纳社会保险费会减少企业营利率，因而部分企业不愿为农民工缴纳社保费用。就农民工群体而言，由于文化水平较低且关注短期利益致使他们对社会保障的重要性认识不足。他们认为参加社保会减少务工所得收益，将社会保险视为一种经济负担。上述原因致使农民工群体的社会保障工作严重滞后，而多数农民工从事脏乱差累的高危行业，没有社会保障的农民工群体极易因病、因伤残而陷入经济困境，这种案例屡见不鲜。

农民工群体进城务工的首要目标是提高经济收益，而现实的经济弱权状态阻碍了这一目标的实现。依据增权理论，农民工群体可以通过农民工自组织的组织化路径表达合理的经济权益诉求，影响政府相关政策的决策过程，改善农民工群体的经济弱权状况，进而实现农民工群体的经济增权目标。

第一节　农民工经济需求的多样性

由于我国城乡经济发展模式存在本质差异，城市现代工业与农村传统农业在生产组织形式、技术革新方面存在巨大差异，从而使两者间的劳动生产率差距日益扩大，造成农村与城镇的经济收入差距日益增大。逐步扩大的城乡收入差距是农民工获取农业外经济收益的主要诱因，农民工群体也呈现了多样化的经济权益诉求。下文将结合实证调研数据分析农民工的经济权益诉求，从制度、信息、劳资关系、教育培训等角度分析农民工经济需求。

一　破除制度障碍，获取就业权利

我国现有制度都建立在城乡二元体制框架之下，而农民工群体具有一定的特殊性，他们是农村户籍，却生活在城市，在城乡间流动的农民工遭遇了一定的制度障碍，导致他们无法享有平等的就业权利。首先，二元户籍制度影响农民工平等就业。新中国成立以来，为了应对城市管理难题，国家通过二元户籍制将人口区分为农业人口和非农业人口，形成了城乡政治、经济、社会等领域的二元分治局面，城乡户籍身份与各类国家政策相挂钩，造成农业人口在工作、生活中不能与非农业人口享有同等的权利，在就业领域也遭遇同工不同酬、同工不同时、同工不同权的就业歧视。由于农业户籍的限制，大多数农民工不能在工作中与城镇户籍同事享有同等的工资待遇及单位福利，长期受到差别化对待。其次，社会保障制度的系统性不足增加农民工参保成本。由于我国没有构建全国统一保障标准的农民工社会保障体系，导致农民工在流动过程中续保成本较高，过高的时间、经济成本大大降低了农民工的社保参与积极性。过低的社保参与率会增加农民工群体的社会生活风险，导致该群体因某些突发事件陷入经济困境，社会生活的安全性严重不足。再次，劳动法律缺失影响农民工就业维权。《中华人民共和国劳动法》是一部与劳动行为相关联的综合性法律，主要立法精神就是规范劳资关系、维护劳动者的基本权益。然而，经历数次修订的《中华人民共和国劳动法》的条文仍旧不够完善，无法全面保障农民工的劳动权益，使农民工在劳动报酬、劳动时间、劳动安全等方面的合法权益屡屡受到侵害。最后，地方性歧视制度的存在。为了实现城乡有别的就业制度，部分地方政府在就业制度设计中制定了多条歧视性条款，部分地方政府要求农民工办理各种准入证，不同程度增加了农民工群体的就业成本；部分条款还限制了农民工群体的就业岗位，使农民工只能选择风险高、收入低、无保障的工作；忽视农民工的失业保障权益，城市居民失业后能够享受失业保险和生活救济，并通过系列再就业培训政策重新就业，而农民工失业时则不能享受这些权利。

就业的制度性障碍打击农民工的迁徙积极性，严重影响了农民工的经济收益。如何合理地解决农民工就业制度中存在的问题，实现就业领域的城乡公平性，这是保障农民工经济权益的重要现实需求。

二　获取市场信息，畅通就业途径

在信息市场上，农民工与企业间存在严重的信息不对称现象，农民工无法在劳动力市场中获取有效、充分的就业信息，从而导致就业困难的局面。20世纪70年代，美国的三位经济学家约瑟夫·斯蒂格利茨、乔治·阿克尔洛夫、迈克尔·斯彭斯提出了信息不对称理论，探讨了市场在信息不对称情况下的运作机制，并据此理论贡献获得了2001年诺贝尔经济学奖。所谓"信息不对称"（Information Asymmetry）是指双方在市场交易中信息掌握不平衡状态，一方只能部分或完全不能获得另一方的行动信息，处于信息劣势状态；而另一方拥有对方更多的行动信息，处于信息优势地位。信息不对称现象会导致两种结果：处于信息优势的一方经常会做出"败德行为"，利用信息在交易中获得更多的经济利益；而处于信息劣势的一方则要做出"逆向选择"，在交易中损失一定的经济利益。[①] 通过信息不对称理论分析农民工就业难问题，可以发现农民工和企业在劳动力市场中存在信息不对称现象。企业方拥有劳动力需求量、劳动力的市场价格等方面的众多信息，而农民工群体对企业用工量、经营情况、劳动环境、企业信誉、工资待遇等市场信息却不甚了解。在市场信息极度匮乏的情况下，大部分农民工是依靠基于血缘、地缘的乡土熟人关系网络获取就业信息，在就业市场中处于盲目流动状态。根据调研资料显示，72.0%的农民工是通过亲戚、朋友及老乡获取就业信息，15.0%的农民工是通过市场中介获取就业信息的，6.4%农民工是通过广告获取就业信息，其他农民工找工作完全是凭运气，具体数据详见表6-1。由于信息渠道不足，农民工获得就业信息量小且内容真实性差。不管是"投亲靠友"就业还是自己单独就业，私人关系的就业渠道所提供的劳动力市场信息量小且缺失时效性；通过市场中介，可能存在非法中介的信息诈骗行为。由于信息渠道不通畅，处于信息优势状态的用人单位可以凭借封闭信息对处于信息劣势的农民工进行侵权行动，处于信息劣势的农民工则减少了就业机会且降低了就业质量。

表6-1　　　　　　　　**农民工就业信息的获取路径**　　　　　　单位:%

路径	频率	有效百分比	累积百分比
亲戚、朋友及老乡	515	72.0	72.0
市场中介	107	15.0	87.0
广告	46	6.4	93.4
其他	47	6.6	100.0
合计	715	100.0	

资料来源：根据问卷调查整理而得。

---

① 杨凤勇、李娟：《信息不对称理论与农民工就业》，《商场现代化》（上旬刊）2007年第12期。

从现实的角度来看，农民工就业中的信息不对称现象由政府、市场中介、农民工个人三方面原因造成。

第一，政府信息宏观管理作用不足。农民工外出务工的行为选择本身就是一个发现、识别信息的过程，即对城镇劳动力需求、城镇劳动力价格等信息的发现和识别过程。农民工群体通过乡土熟人关系网络而非政府正式的官方信息系统获取上述信息，这也反衬了政府信息宏观管理作用发挥得不充分。近些年，中央政府不断出台各类促进农民工就业的政策措施，实施全方位的农民工就业服务，积极拓宽农民工的就业信息渠道。如劳动和社会保障部曾经在公共职业介绍服务机构中开展了"春风行动"，该项目主要是为求职农民工与企业间搭建信息平台，一方面收集各类企业的用工需求；另一方面为求职农民工提供职业介绍、职业技能培训等服务。但由于从中央到地方政府均没有面向农民工形成明确的领导机构，农民工输出地与输入地也缺少协调统筹机制，导致未能形成一个全国性的劳动力供求信息网络。官方就业信息不能及时、有效地发布、传播，导致农民工与企业间出现信息不对称现象，农民工不知道哪里有就业岗位，企业不知道哪里有劳动力，导致虚假"劳动力过剩"和"用工荒"现象。因此，我国各级政府及其相关职能部门应协同合作，建立一个功能齐全、信息真实的官方劳动力供求信息网络。一方面为农民工提供真实、有效的劳动力需求信息，减少农民工外出流动的盲目性，提高农民工有效就业率；另一方面为企业提供充分、及时的劳动力供应信息，减少企业招工的时间成本，缓解企业的用工需求。充分发挥政府信息宏观管理作用，可以有效减少劳资双方在劳动力市场中的信息不对称现象，降低农民工与企业的信息成本。

第二，市场中介信息服务作用未充分发挥。依据调研数据可见，农民工获得就业信息的来源主要是亲戚、朋友及老乡，这三者应当属于"初级社会关系"，这组数据能充分说明市场中介信息服务作用未能充分发挥。目前我国市场中介信息服务体系尚处于起步阶段，缺乏规范性。首先，部分市场信息中介缺乏法律合法性，未经工商部门批准的中介公司非法从事职业信息发布活动，利用农民工认知能力、社会经验不足的弱点，以虚假信息谋取农民工的信息服务费，增加了农民工求职过程中的求职成本，也致使农民工对市场中介机构产生不信任感。另外，部分市场信息中介职能不足。市场中介没有经过专业培训，缺乏信息统筹协调的服务能力，无法获取真实、充分的信息，无法实现农民工与企业间的信息沟通，无力改变用人单位和农民工信息不对称现象。

第三，农民工获取信息能力有待提高。由于农民工文化水平及信息技术水平不足，导致农民工在劳动力市场上信息获取能力低下，无法获取足量信息。信息获取能力低下表现在如下几方面：首先，由于农民工缺乏信息技术和网络知识，导致他们不能利用互联网获取就业信息；其次，由于农民工文化知识水平较低，影响了他们对就业信息的分析、理解，从而出现就业信息的错误解读，也难以识别就业信息的真伪；最后，由于农民工信息渠道的封闭性，导致他们对亲属、老乡、朋友之外的信息来源保持怀疑和不信任态度，难以获取充分的就业信息。

解决农民工就业中的信息不对称现象，需要政府、市场中介、农民工群体三者的共同努力，政府应构建官方性质的全国劳动力供求信息网络，提高劳动力市场信息的真实性和高效性；市场中介应规范中介行为，提高信息中介服务的质量，提高中介信誉度；而农民工群体应培养信息意识，提高就业信息的识别能力，准确把握各种就业机遇，增加就业机会。

三 协调劳资关系，获取合理报酬

改革开放以来，我们国家取得了巨大的经济成就，农民工群体在务工过程中确立了工人身份。在城市务工过程中，农民工与城市雇佣者围绕着各种劳动权益开展博弈，劳资关系日趋紧张。马克思开创了劳资关系研究的历史，通过对劳动过程的分析，马克思揭示了劳资关系的本质——"资本的强迫性"。资本具有不断扩张的本性，资本通过对劳动者的压榨和剥削获得保值与增值的能力。一般情况下，雇佣者通过延长劳动时间和减少劳动报酬的方式实现剥削。从延长劳动时间来看，本书的调研中显示，84.3%农民工日均工作时间超过 8 个小时，劳动强度较大。同时，79.6%受访者表示有过被拖欠或克扣工资的经历。

调研数据说明，超长的劳动时间并没有为农民工带来相应的工资报酬，反而使他们面临报酬被克扣的风险，造成这种局面的原因是多方面的。一方面，农民工劳动力的可替代性高，致使农民工群体在劳资关系中处于弱势地位。由于多数农民工从事低端的体力劳动，在劳动力市场中的低端地位决定了他们被控制、被剥削的遭遇。另一方面，农民工群体的先赋性关系也成为雇佣者剥削农民工的重要因素。大部分农民工是凭借亲邻或熟人等初级关系网络获得就业机会，熟人关系网络在劳动过程中容易演变为"劳资关系霸权"，起到维系生产秩序、维持人身依附的作用，从而实现资本对农民工的劳动控制。[①]

依据上述分析可见，我国农民工劳动力市场存在劳资力量失衡的现象。企业成为劳资关系中的强势方，农民工群体成为劳资关系中的弱势方，弱势的农民工群体与强势企业主间难以形成良性平等对话，进而影响了农民工获取合理的劳动收益。通过劳动取得合理报酬本是农民工群体的一项基本权利，但失衡的劳资关系导致低工资、拖欠工资、克扣工资等问题较为突出。一些企业以最低工资标准为依据，降低农民工的工资水平；或是恶意延长工作时间、加大劳动强度，变相降低农民工的工资收益。因此，构建相对平等、协商对话的劳资关系以获取合理报酬是农民工维护经济权益的重要诉求之一。

四　加强教育培训，提高经济收入

新中国成立以来，我国一直实行城乡分离的二元教育体制，城市汇聚了大量的优质教育资源，农村却长期缺乏应有的教育资源，导致城乡教育资源差异严重，教育经费、师资力量等方面的城乡差异导致农民工文化素质和职业技能远远落后于城市居民。首先，教育经费投入差异。我国教育投资以政府投资为主、民间投资为辅，在教育投资体制上侧重于城市重点学校和市县学校，教育经费投入差异使城乡学校的基础设施条件和师资力量差距不断拉大，影响了农村学校的教学效果。另外，师资力量差距悬殊。教师是影响学生健康成长和教育变革的核心力量。在农村教学设施相对匮乏的情况下，优秀教师在一定程度上可以弥补硬件配置不足的缺陷。但是农村学校存在工资待遇低、职业认同弱、职称晋升机会少等问题，所以吸引优秀人才的能力日益减弱。城乡教育资源的天然差异使农民工群体的文化素养、职业技能普遍处于较低水平，进而影响这一群体的就业概率。

---

① 杨柳：《农民工劳资关系问题研究——基于劳动过程的视角》，《北京社会科学》2016 年第 1 期。

由于绝大部分农民工的学历水平低且没有相关的专业技能,所以他们往往从事技术含量较低的服务业、建筑业、制造业。依据2019年国家统计局发布的《农民工监测调查报告》,从事第二产业的农民工比重为48.6%,比上年下降0.5个百分点。其中,从事制造业的农民工比重为27.4%,比上年下降0.5个百分点;从事建筑业的农民工比重为18.7%,比上年提高0.1个百分点。从事第三产业的农民工比重为51.0%,比上年提高0.5个百分点。其中,从事批发和零售业农民工比重为12.0%,从事交通运输、仓储和邮政业的农民工比重为6.9%,从事住宿和餐饮业的农民工比重为6.9%,从事居民服务、修理和其他服务业的农民工比重为12.3%。上述行业的经济收益普遍较低,从事制造业的农民工月均收入为3958元,从事建筑业的农民工月均收入为4567元,从事批发和零售业的农民工月均收入为3472元,从事居民服务、修理和其他服务业的农民工月均收入为3337元,[①] 其他数据详见表6-2和表6-3。

表6-2 　　　　　　　　　　农民工行业分布情况 　　　　　　　　单位:%

	2014年	2015年	2016年	2017年	2018年	2019年
第一产业	0.5	0.4	0.4	0.5	0.4	0.4
第二产业	56.6	55.1	52.9	51.5	49.1	48.6
其中:制造业	31.3	31.1	30.5	29.9	27.9	27.4
建筑业	22.3	21.1	19.7	18.9	18.6	18.7
第三产业	42.9	44.5	46.7	48.0	50.5	51.0
其中:批发和零售业	11.3	11.9	12.3	12.3	12.1	12.0
交通运输、仓储和邮政业	6.3	6.4	6.4	6.6	6.6	6.9
住宿和餐饮业	5.9	5.8	5.9	6.2	6.7	6.9
居民服务、修理和其他服务业	10.6	10.6	11.1	11.3	12.2	12.3
其他			11.0	11.6	12.9	12.9

资料来源:国家统计局:《2014—2019年农民工监测调查报告》。

---

① 国家统计局:《2019年农民工监测调查报告》,2020年4月30日,http://www.stats.gov.cn/tjsj/zxfb/202004/t20200430_ 1742724. html,2020年10月29日。

表6-3　　　　　　　　　　农民工分行业月均收入　　　　　　　单位：元

分行业	2014 年	2015 年	2016 年	2017 年	2018 年	2019 年
合计	2864	3072	3275	3485	3721	3962
制造业	2832	2970	3233	3444	3732	3958
建筑业	3292	3508	3687	3918	4209	4567
批发和零售业	2554	2716	2839	3048	3263	3472
交通运输、仓储和邮政业	3301	3553	3775	4048	4345	4667
住宿和餐饮业	2566	2723	2872	3019	3148	3289
居民服务、修理和其他服务业	2532	2686	2851	3022	3202	3337

资料来源：国家统计局：《2014—2019 年农民工监测调查报告》。

　　较低的文化水平和专业技能意味着农民工群体无法胜任复杂的专业技术工作，只能从事高风险、低收益、不稳定的工作，文化素质的低下和职业技能的缺失是农民工经济增权的首要障碍。因此，加强培训提高经济收益是农民工经济增权的第一需求。作为一个积极的劳动力市场因素，培训有助于增加农民工的就业机会和提高农民工的收入水平。根据人力资本理论，教育培训是增加劳动者人力资本、提高劳动报酬的主要途径。一些学者通过数据模型测算了农民工教育投资收益率，罗忠勇（2010）测算珠三角农民工的平均教育收益率为4.4%，接受培训的农民工可以比未接受培训的农民工多获得6.1%的工资回报。研究表明，农民工群体的"教育培训"与"劳动收入"之间存在因果关系。[①] 而调研资料也显示，农民工对教育培训有着较强的参与意愿。关于"是否愿意接受教育培训"这一问题，88.3%的农民工愿意参加教育或培训，11.7%的农民工表示不愿意接受教育培训。在愿意接受教育培训的群体中，52.6%的农民工偏向"学历教育"，47.4%偏向"技能培训"，数据说明农民工群体更偏向学历教育。虽然农民工参与意愿较强烈，但调研数据也显示当前农民工实际接受培训情况不容乐观，80.4%的受访农民工没有接受过职业（工作技能）培训，8.6%的受访农民工只接受过零星培训，11.0%的受访农民工接受过系统

---

　　① 罗忠勇：《农民工教育投资的个人收益率研究——基于珠三角农民工的实证调查》，《教育与经济》2010 年第 1 期。

培训，可见农民工的培训意愿并没有得到有效满足。

多种原因造成农民工培训意愿没有得到有效满足，第一，教育培训信息宣传力度不足。为了满足产业升级带来的技术劳动力需求，我国政府近些年对农民工技能培训投入了一定比例的财政资金，推出了一批面向农民工群体的免费培训项目。由于政府对有关教育培训政策方面的宣传力度不够，往往只是在网站、报纸、文件上加以宣传，并没有将培训宣传工作深入农民工聚居区和工作场所，致使许多农民工错失免费培训机会。第二，培训项目与培训需求脱节。市场工作需求变化较快，政府指定的培训机构往往根据以往经验开设一些传统的培训项目，农民工渴望的技术含量高、市场需求量大的培训项目却较为缺乏，导致其参加教育培训的积极性减弱。第三，教育培训方式不当。农民工往往希望通过培训，学习到较为实用的技能，这些技能能够及时在工作中得到运用。但是受限于教学设施，很多培训机构在培训课程设置方面存在重理论轻实践的情况。培训教学仍然以课堂教学为主，实践教学为辅，导致理论与实践相互脱节，参加培训的农民工不能提升实际动手操作能力，在较大程度上影响了培训效果。第四，培训管理方式较为死板。为了便于教学管理，培训机构会对学习时间及出勤情况做出整齐划一的规定。加强教学管理的确能够提升培训效果，但由于大部分农民工是边工作边学习，很难完全按照培训机构统一的时间参加培训。一些有教育培训意愿却无法保证培训时间的农民工就放弃了培训机会。[①] 因此，对于农民工而言，获得免费且有效的教育培训是其经济增权的另一需求。

五 争取合理社保，避免经济困境

从概念上而言，社会保障是指国家通过立法将社会财富进行再分配，一方面保障劳动者在不幸遭受工伤、失业、生育、患病、年老等社会风险情况下能够维系基本生活；另一方面保障遭遇自然灾害或丧失劳动能力的无收入或低收入群体的生存基本需求。社会保障的基本水平取决于国家社会经济发展基本情况，在国家经济社会的发展水平不断提升的前提下，整

---

① 谢传会：《新生代农民工培训意愿高参与率低的悖论分析》，《湖北经济学院学报》（人文社会科学版）2014 年第 9 期。

个国家的社会保障水平也能同步增进，国民社会保障项目的广度和深度都能得到提升。改革开放以来，我国经济社会的发展水平逐步提升，国民社会保障体系也逐渐完善。随着农民工群体人数的不断增多，农民工群体的社会保障问题也逐步得到学界及政府部门的关注。农民工群体的社会保障从无到有，其发展过程大致可以分为三个阶段。

1. 1978 年至 1991 年：改革开放初期，随着我国经济体制改革的不断推进，城市社会经济发展的活力被激发，社会经济呈现快速增长的趋势，呈现旺盛的劳动力需求。与此同时，农村经济体制改革使大量农村劳动力从农业劳动中释放出来，农村劳动力开始进城转型为工业及服务业劳动力。农村劳动力源源不断地输入城镇，形成了庞大的群体——农民工群体。由于改革开放初期的户籍管理制度仍旧相对严格，农民工群体也从未有扎根城镇的意愿。他们最初进城的目的就是获取经济收入，然后回户籍所在地生活，因此并没有产生社会保障意识。就社保部门而言，由于农民工群体的户籍仍在农村，因此城镇社保系统并未考虑农民工群体的社保需求。

2. 1992 年至 1999 年：在 1992 年邓小平南方谈话之后，我国沿海的改革开放举措得到了中央肯定，沿海地区的经济发展获得了强有力的政策支持，经济发展也直接导致了沿海劳动力需求的进一步释放。1993 年党的十四届三中全会指出，"鼓励和引导农村剩余劳动力逐步向非农产业转移和地区内的自由流动"。在全会精神的指引下，我国公安部门对流动人口的管理有所放松，劳动部门也修改了流动人口劳动就业的诸多限制。在政策宽松的背景下，农村剩余劳动力进城务工的人数不断增加，农民工到 1998 年进城总数已达到 1 亿人左右。进城农民工在沿海地方经济发展中发挥了重要作用，小部分农民工开始萌生社会保障意识。他们希望能够享受同城镇职工一样的社会保障权利，全面融入工作的城镇，通过安家落户成为城镇的正式人员。但是，城市社会对农民工的社会保障需求存在矛盾态度，一方面城市希望农民工为地区发展贡献劳动力；另一方面城市又不愿承担农民工的社会保障责任。同时，由于整体社保资金压力，我国社会保障体制改革的各类思路仍旧立足于户籍制度之上，农村户籍的广大农民仍旧实施以土地保障为核心的家庭保障，除了极少的社会救济项目外，农村基本上不存在医疗、养老等社会保障项目；城市居民的社会保障项目及水平也因个体职业身份的不同而存在巨大差异，社会保障的不公平状况在当时极其严重。

3. 2000 年至今：2001 年 11 月召开的党的十六大在报告中明确提出，"农村富余劳动力向非农和城镇转移，是工业化和现代化的必然趋势"。党的十六大提出大力推进以户籍制度为中心的改革，打破城乡二元的制度结构，引导农村劳动力合理有序流动，建立统一有效的劳动力市场。自此，农民工的市民化问题成为政府部门的重要议程。2002 年至今，我国出台了诸多与农民工群体社会保障相关的文件，详见下表。

表 6-4 农民工社会保障文件梳理表

时间	政策名称	颁布单位	险种
2003 年 1 月	《关于做好农民进城务工就业管理和服务的通知》	国务院办公厅	医疗保险
2004 年 6 月	《关于农民工参加工伤保险有关问题的通知》	劳动和社会保障部	工伤保险
2006 年 3 月	《关于解决农民工问题的若干意见》	国务院	养老、工伤、医疗保险
2006 年 5 月	《关于开展农民工参加医疗保险专项扩面行动的通知》	劳动和社会保障部	医疗保险
2009 年 2 月	《农民工参加基本养老保险办法》	人力资源和社会保障部	养老保险
2010 年 10 月	《中华人民共和国社会保险法》	全国人民代表大会常务委员会	养老、工伤、医疗保险
2014 年 2 月	《城乡养老保险制度衔接暂行办法》	人力资源和社会保障部、财政部	
2017 年 11 月	《失业保险条例（修订草案征求意见稿）》	人力资源和社会保障部	失业保险

资料来源：政府文件。

2006 年 3 月，国务院颁发了《关于解决农民工问题的若干意见》。该意见涉及农民工劳动就业、教育技能培训、公共服务、社会保障、土地权益等方面的诸多事项，并指出，必须依据农民工的需求，分类推进农民工群体的工伤、医疗、养老等社保问题。随后，农民工社会保障改革产生了两种思路，一是为农民工群体建立独立性社会保障制度，二是将农民工群体纳入职工社会保险制度，两种改革思路均进行了地方性试点工作，最终依据试点效果选择了第二种方案，第二种方案更有利于解决农民工的工伤保险、医疗保险和养老保险等社保项目的转移接续问题。2009 年 2 月 5 日，人力资源和社会保障部就《农民工参加基本养老保险办法》向社会公开征求意见，农民工的社会保障制度开始了新的里程。2010 年 10 月 28 日《中华人民共和国社会保险法》颁布实施，社会保险法将农民工纳入了保险范围，保障了农民工的社会保障权益，但也使部分农民工面临不能选择性参保和重复参保问题。为了解决这一问题，人力资源和社会保障部、财政部 2014 年联合发布《城乡养老保险制度衔接暂行办法》，就不同就业途径的农民工群体的养老保险衔接方法做出了明确说明，企业就业、自由就业的农民工群体可以按照相关规定分别参加企业职工基本养老保险或城乡居民养老保险，厘清了农民工群体养老保险的基本参保思路。2017 年 11 月人力资源和社会保障部出台《失业保险条例（修订草案征求意见稿）》，在制度上实现了失业保险制度的城乡统筹和公平。依据草案的基本精神，农民工和城镇职工将在失业保险方面享有同等待遇，即农民工和城镇职工参保缴费和待遇享受办法一致，失业农民工也能按月领取失业保险金，根据自身情况参加再就业培训或获取创业资金补贴。

　　根据上述农民工社保制度回顾可见，我国政府对农民工社保问题的重视程度随着时间不断提升，一系列法律制度和政府文件的颁布与实施加大了农民工社会保障的力度。通过社会保障制度的不断改革，社会保障的城乡统筹性得到了提升，农民工群体日常生活获得了一定保障。但是，由于制度设计的不严密性、经济发展的不平衡以及农民工的低收入，农民工参与社保的积极性仍旧较低。首先，农民工的高流动性与社保异地转移困难之间存在矛盾。由于农民工社保制度在各个地区存在巨大差异，农民工因工作地点迁徙难以维持社会保险缴纳的连续性。同时，农民工户籍所在地缴纳的社保制度与工作地区的社保制度也不尽相同，导致返乡农民工无法将其在工作所在地激动的个人社保费用迁徙至户籍所在地，造成农民工群体的资金损失。其次，农民工的工作稳定性差，大多数农民工处于短期且临时性的雇佣状态，大多数雇主不愿意为临聘性质的农民工缴纳社会保险费用，往往选择隐瞒雇佣关系以逃避社保费用。再次，低收入的农民工无力承担高缴费率。对于多数农民工来说，由于他们的收入水平较低，并且收入多数用于家庭开支，剩余部分也无力支付较高的社会保险开支。因此，为了解决当下的生存问题，农民工往往不愿支付各种保险费用。[①] 由于上述原因，农民工参与社保的积极性较低。调研数据显示，79.9%受访农民工没有参加社会保险，仅有20.1%的农民工办理了社会保险。由于农民工群体的社会保险福利普遍缺失，当他们遭遇伤残、疾病和生活困难的时候，容易陷入经济困境。

最后，各地农民工社会保障制度均忽视了农民工群体的社会福利和社会救助项目，流入地政府往往将社会福利和社会救助的对象定位为本地户籍的低收入人群，将外来农民工群体排除在社会福利、社会救助的常规供应对象之外。

第二节　农民工自组织经济增权的实现方式

针对农民工群体多样化的经济增权需求，农民工自组织可以开展相对应的经济增权行动，如构建信息平台提高农民工就业机会，加强教育培训提高经济收入，调解劳资纠纷获取合理收益，开展社保宣传预防经济困境。

一　构建信息平台　增加就业机会

从农村进入城市，农民工对都市新环境有个适应过程。农民工学历水平较低且社会网络欠发达，导致他们处于信息不对称的状态中。

针对农民获取信息难的问题，通过农民工自组织的组织平台力量，农民工自组织应建立真实性高、信息量足的农民工就业信息服务系统，利用农民工自组织的社会资源，为农民工群体获取充分、即时、真实的市场用工信息，进而争取合理的报酬待遇，破除信息不对称给农民工就业带来的障碍。依靠组织化的信息平台，农民工自组织可以有效充当农民工与市场间的信息中介，改变农民工群体在劳动力市场中的信息弱势地位，使农民工群体获得公平的就业机会和就业待遇。同时，农民工自组织可以成为农

---

① 樊晓燕：《农民工社会保障制度的困境与出路》，《现代经济探讨》2015年第2期。

民工群体与用人单位之间的信息沟通中介，减少信息传递中的信息失真现象，避免因信息误读造成的劳资冲突。此外，农民工自组织可以培养农民工获取信息的能力，增强农民工在劳动力市场中的谈判地位，维护劳动力市场的公平、公正秩序。

首先，农民工自组织可以在网站、出版物、微信公众号等信息平台发布就业政策及就业岗位信息。农民工自组织具有信息灵通、联系广泛的特点，自组织通过社会资源可以广泛收集用人单位的工作内容、工作时间、工作强度、工作待遇、工作保障等信息，为农民工提供就业咨询和就业推荐服务，协助农民工群体快速、充分、有序地就业。比如 XXN 互助热线在门户网站上设置了一个版块——工友世界，版块内存放的是企业的招聘信息和农民工的求职信息，通过"工友世界"这一信息平台，企业和农民工能够获取各自所需的职业信息。此外，农民工自组织的就业信息平台可以链接城市的劳动力市场信息网络，在全国建立和完善农民工就业网络平台和人才服务网，从而及时、准确地反映劳动力市场的供需情况。

其次，农民工自组织可以组织各类聚会活动，让农民工之间增加就业信息交流的时间和频率。进城务工的农民工脱离了原有乡村社会交往关系，城市里陌生的生活环境、过长的工作时间使他们缺乏信息互动的机会。社会交往理论认为，"同一个阶层的人有着共同的社会经验、角色以及相似的属性和态度"。农民工群体内部成员的家庭背景、经济基础、社会地位相近，上述属性的同质性使来自全国不同地区的农民工易于建立彼此的信息互动关系，信息提供方乐于分享工作信息，信息接收方愿意接收信息，良好的信息互动行为可以改变农民工群体信息弱权状态。

最后，农民工自组织可以培养农民工获取信息的能力。在当前信息化的社会中，社会群体的信息获取能力直接影响了群体的分配效应，只有不断缩小数字鸿沟，才能提升农民工群体的经济收益。因此，农民工自组织应当在农民工信息化教育方面做出更多贡献，具体措施可以从提升信息意识、培训技术能力两方面入手。第一，在提升信息意识层面上，农民工自组织要通过各类宣传路径提高农民工的信息意识，增强农民工获取信息、识别信息、发布信息的思想意识。第二，在培训技术能力层面上，农民工自组织可以开展信息类的专业培训，使农民工群体掌握互联网的使用技巧，能够通过互联网的电脑端和手机端获取信息，丰富群体的信息储备。

二 整合社会资源 开展教育培训

农民工急需提高自己的文化素质和技能水平，以便帮助他们提高劳动收益。农民工自组织理应承担培训责任，提供他们所需要的知识和技能，此项职能对我国农民工自组织而言尤为重要。为了应对产业转型带来的技术劳动力紧缺问题，我国政府十分重视农民工的培训工作，在政策、资金、培训内容、机构设置等方面都加大了支持力度。然而，由政府主导、推动的农民工培训项目实施效果却不尽如人意，并不能使农民工群体的培训需求得到有效满足。农民工自组织在整合社会资源开展教育培训方面具有较强优势。首先，农民工自组织在培训宣传方面具有天然优势，可以依靠农民工群体进行内部自我传播，树立农民工群体对教育培训的正确认识，提高农民工群体参与培训的主动性。其次，农民工自组织提供的教育内容更具针对性。由于农民工自组织的主要工作人员均来自农民工群体，他们了解农民工的培训需求，在培训课程设置方面更具实用性和针对性。最后，农民工自组织的培训属于免费性质。农民工群体的收入水平较低且家庭负担重，他们对教育培训的需求强度和支付能力呈反比。而农民工群体自组织能够凭借发达的社会网络系统构建免费的教育培训机制，如农民工自组织可以聘请志愿型退休人员、专业人士为农民工开展培训，减少教育培训方面的人力成本支出。再如，农民工自组织可以争取基金会、政府的项目资金，免费为农民工提供专业技术培训。通过教育培训，农民工自组织不仅能够提高农民工的文化素质和专业技能，增加他们在劳动力市场的竞争资本，而且可以培养农民工群体的组织意识，让他们自觉参加组织活动，这对农民工自组织的可持续发展也有一定的促进作用。

在教育培训方面，案例组织北京 GY 之家创办的创业培训中心有突出表现。培训中心凝聚社会各界资源，为农民工群体提供免费的学习和培训机会，主要开设职业技能和公民教育等方面的培训课程，为培训合格的学员推荐工作岗位，并为学员提供长期的支持和帮助，表 6 – 5 展示的是培训中心所设置的培训课程。

表6-5 培训中心的课程设置

课程设置	课程介绍
电脑艺术设计 （学期半年）	艺术设计基础理论，电脑美术基础，电脑设计软件；网页设计，广告设计，平面设计，包装设计，图形与标志设计，图像处理；三维立体设计；印刷工艺。
电脑维修 （学期半年）	电脑硬件与系统的基本认识；电脑主要组件和设备的故障定位以及维修方法；掌握维修工具的使用方法；电脑软件系统的维护，常用软件应用；熟练组建互联网络、局域网组建与维修；电脑硬件市场的熟悉与电脑组装销售。
特色课程	
影像编辑与制作	摄影器材的熟悉与掌握；影像拍摄基本理念与技巧；视频剪辑技术与流程；影视制作与工艺。
打工者社会工作	介绍打工者社区的特点，培养在打工者社区开展社会工作的方法与技巧，包括调查分析、组织与开展活动，社会资源的协调等，并组织参加社工资格考试。
公民权益基础	介绍与公民权益相关的各项法律知识，培养学员的公民意识和法律维护权益的能力。
社会企业基础	社会企业基础知识与理念，社会企业的经营与运作，经济合作社的基本知识和特点，掌握开展合作社的方法和技巧。
文艺戏剧基础	乐理知识、歌曲、诗词创作，吉他弹唱、戏剧创作与表演。
基础课程	
社会实践	与课堂学习结合，熟悉社区工作环境，锻炼社会活动能力，增强责任心，开阔视野。
电脑办公软件	简单计算机知识，办公软件 Word、Excel、PPT。
体育	篮球、乒乓球、晨跑等体育锻炼及户外活动等
社会基础	基本社会知识的介绍，认识社会，认识自身，开阔视野。

资料来源：组织网站。

此外，农民工群体维护自身的合法权益，需要借助一定的法律知识。由于我国对农民工群体的法制教育方面严重不足，所以农民工群体缺乏一定的法律常识。调研数据显示，在法制教育方面，我国政府仍存在较大的工作空间。受访者回答"政府及相关部门有没有进行过法制教育"这一问题时，33.0%的农民工表示从未接受法制教育，另有57.7%的受访者表示不清楚。

表6-6　　　　　　　　　　　农民工接受法制教育的频率　　　　　　　　　单位:%

	频率	有效百分比	累积百分比
经常进行	22	3.1	3.1
有时进行	44	6.2	9.3
从不进行	236	33.0	42.3
不清楚	413	57.7	100.0
合计	715	100.0	

资料来源：根据问卷调查整理而得。

　　针对农民工群体缺乏法律常识的现状，我国一些农民工自组织开展法制教育和法律咨询，增强农民工的维权意识。法律教育活动主要是开设法制讲座、发放宣传资料等形式，如由自组织工作人员、律师志愿者、高校志愿者为农民工讲解法律知识，内容包括劳动权益法律知识、家庭婚姻法常识、道路交通安全法和民法通则常识等，帮助农民工群体规避一些法盲行为。法律咨询活动则可分为现场咨询和非现场咨询两类，现场咨询是农民工自组织专门设置固定办公场所接收农民工的上门咨询活动，非现场咨询是农民工自组织通过网站、微信等网络平台接收农民工的咨询。永康XXY劳工服务部在法制教育、法律咨询服务方面颇有建树。永康XXY劳工服务部在门户网站上设置两大板块——法律法规、典型案例等教育材料供农民工学习，还自写自编自印了1万册《职业安全手册》，免费发放给农民工群体。此外，永康XXY劳工服务部还为农民工群体开展法律咨询服务。XXN互助热线也在法制教育方面做出了诸多努力。为了防止维权纠纷，XXN互助热线派发手册帮助农民工了解劳工权益及维权路径；对农民工进行维权技能培训，如如何签订书面合同、如何收集维权证据等，让他们能够更好地保护自身权利；也在受益农民工中发展志愿者，让受益者在农民工群体中开展同伴教育，对同伴进行城市融合和法律支持的教育。

三　构建安全保障　避免经济困境

　　尽管我国农民工已经被纳入社保体系，但由于国家社保制度仍不够完善、企业社保缴费低意愿及农民工参保不积极等原因，农民工群体仍旧容易因疾病、事故而陷入经济困境。因此，农民工自组织需要为农民工群体构建安全保障网，使农民工避免陷入经济困境。

第一，农民工自组织应当在农民工群体中开展职业安全教育。自组织可以利用网站、微信公众号建设网络教育学堂，利用网络便捷性、互动性、低成本的优势，运用视频、动画、漫画、图片形式，开展在线安全教育活动，激发农民工学习兴趣。同时，农民工自组织可以运用志愿者资源，深入农民工聚居区，开展职业安全宣传活动。第二，农民工自组织应大力宣传社保重要性，引导农民工群体积极参加社会保障。农民工自组织应开展各类政策倡导活动以推动全国性农民工社保制度的构建工作。当前我国政策制定过程中已经出现了群体博弈现象，尽管出现了一定数量的农民工人大代表，但农民工群体在政策博弈过程中仍缺乏足够的发言权，往往容易成为制度博弈的牺牲品。农民工自组织需要凭借组织力量影响社保政策的改革进程，最大可能地保障农民工的社保权益。第三，农民工自组织可以建立爱心基金，运用社会资源筹集资金，为陷入经济困境的农民工提供一定资金援助，使其摆脱经济困境。

四　调解劳资纠纷　获取合理收益

作为劳资关系中的弱势方，农民工群体一般可以通过工会、个体等路径调解劳资纠纷。但从实践效果来看，工会调解面临着严峻的依附困境，个体维权需要较多的时间成本和经济成本。工会的依附困境来自两个方面：一方面，企业工会对政府具有很强的依附性，缺乏行政独立性。《中华人民共和国工会法》规定，工会是在中国共产党领导下职工群众自愿结合的群众组织，同时接受同级党委和上级工会的领导，并以同级党委领导为主。这一规定决定了基层工会无法独立于上级工会而自主开展工作，缺乏组织独立性。另一方面，企业工会的经济基础、人事制度依附于企业。首先，依据《中华人民共和国工会法》规定，"企业、事业单位、机关工会委员会的专职工作人员的工资、奖金、补贴，由所在单位支付"。上述工会经济方面的规定就决定了工会工作依附于企业。依附性决定了企业工会组织不能为了农民工的权益与政府的行政意识、企业的资本力量抗衡。对工会维权的失望促使农民工群体走上个体维权的路径，个体维权可以分为以司法途径解决诉求的理性维权方式和以过激行为谋求制度外解决的非理性方式。司法途径维权需要昂贵的资金成本和漫长的等待时间，过激维权则对农民工、企业、社会稳定带来极大的负面影响，还有可能在社会舆论的放大作用下成为其他群体性事件的导火索，在一定程度上扰乱正常的社会秩序。

当劳动权益受到侵害时，作为劳资关系中的弱势方，农民工群体与强势企业雇主间难以形成良性平等对话，进而可能演变成暴力型劳资冲突。相比较而言，农民工自组织在劳资纠纷的调解过程中具有较大优势。一方面，农民工自组织可以成为农民工群体与企业间协商的第三方机构，农民工在自组织专业力量的支持下，实现农民工群体与企业雇主的力量平衡，从而改变农民工的原始弱势地位，促进利益分配的合理性。另一方面，通过与农民工自组织合作，企业雇主可以降低农民工个体的不确定性，节约交易成本以实现共赢，最终建立雇主、农民工及农民工自组织之间的长期信任关系，实现劳资双方的良性互动。

XXN 互助热线在劳资纠纷调解方面有较为突出的表现。从 1999 年 6 月成立至 2015 年年底，北京、深圳、沈阳、重庆四地互助热线办公室，累计接听各类求助电话 193973 个，累计接待来访人员 119910 人次，累计通过劳资调解要回被拖欠工资及各类赔偿、补偿金额总计 2.79 亿。2004 年 9 月 24 日，经北京市东城区司法局批准，XXN 互助热线成立了北京首家维护在京打工者权益的调解机构——XXN 人民调解委员会。与官方的法律调解机构相比，XXN 互助热线在劳资纠纷调解方面具有程序简单、工作高效等特征。首先，程序简单。XXN 互助热线在接受案件时，不需要农民工提供证明自身与用人单位间劳动关系的任何证据，只要农民工有劳资纠纷调解的需求，XXN 互助热线就会给予受理。另外，工作效率高。农民工通过政府司法机构解决劳资纠纷需要花费大量的经济成本和时间成本，而 XXN 互助热线劳资调解工作效率高。工作人员在了解农民工维权的基本情况后会立即组织调解工作，通过高效的团队组织服务解决劳资双方的劳动争议问题。简便、高效的工作特点使 XXN 互助热线获得了农民工群体的高度认同。XXN 互助热线的劳资纠纷调解基本步骤如下：热线接听或接待来访、电话调解或现场调解、调解失败后收集资料至法律援助中心，等待劳动仲裁处理；或通过律师志愿者代理诉讼事宜，通过诉讼流程解决纠纷问题。为了劳资纠纷得以有效解决，XXN 互助热线还会邀请媒体关注典型案例，通过新闻报道形成舆论压力，助力劳资冲突的解决，最后整理资料入档，具体流程详见下图。

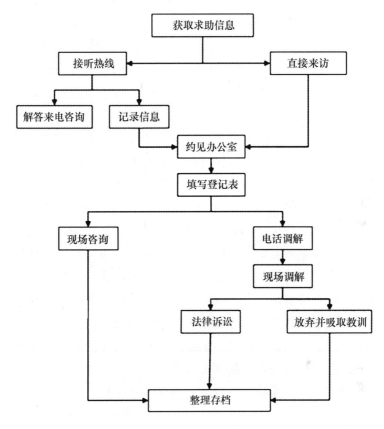

图 6-1　劳资纠纷调解流程图

　　农民工群体是我国产业工人不可或缺的重要组成部分，他们为我国经济发展创造了大量财富，为我国现代化、城市化发展做了杰出贡献，理应获得合理的经济收益。然而，农民工群体在现实生活中却面临严峻的经济权益问题。保障农民工的经济权益是实现城乡统筹发展的必然要求，也是农村富余劳动力有序转移、提高我国城市化水平的经济动力。就目前而言，我国城市化水平远远低于工业化和现代化水平。中国城市化发展经历了三个阶段：第一阶段是缓慢发展的城市化阶段。从 1950—1978 年的 28 年，城市化率由 11% 增加到 18%，增加了 7 个百分点，年均提高 0.28 个百分点。这主要是由于我国自 1958 年起实行严格的户口改革，限制农村人口进城，导致城市化进程缓慢。第二阶段是稳定发展时期，城市化从1978—1998年进入稳定发展时期，1998年城市化率达到33.35%，年均提高0.77个百分点。第三阶段是快速发展期，城市化从1998—2008年进入快速发展时期，城市率提高到45.7%，年均增加1.24个百分点，城市人口达到6.07亿。[①] 第四是加速发展期，城市化从2009—2016年进入加速发展时期，城市率提高到57.35%，年均增加1.66个百分点。根据国家统计局2020年的数据显示，2019年末，我国常住人口城镇化率达到60.60%，比上年末提高1.02个百分点。据此可见，中国城市化正处于加速发展期，大量农村人口将向城镇迁徙。农村人口能否真正落户城市，关键因素是经济因素。城市生活需要巨大的经济成本，包括住房成本、教育成本、交通成本、社交成本等。农民工群体如果没有获得合理的经济收益，自然无法负担城市生活的经济成本，最终将因经济因素返回乡村。面对农民工群体的经济权益诉求，农民工自组织可以成为农民工群体经济诉求表达、经济利益纠纷调解的有效平台。通过组织化的有序运作流程，保障农民工群体的合理经济权益，有效提升农民工群体在劳动力市场中的博弈能力，从制度层面改变农民工群体经济弱势的制度动因，从实践层面降低农民工群体陷入经济困境的风险系数。组织化运作的有序性能够大大降低农民工群体与其他社会群体的冲突概率，维系社会的安定团结局面，为我国市场经济的长期、稳定、可持续发展奠定基础。

---

① 欧阳椿陶：《我国快速城市化过程中的农村剩余人口转移问题》，《特区经济》2010年第6期。

第七章 农民工自组织的
文化增权功能

依据马斯洛的需求层次理论，人的文化需求是人的全面发展的需要，高于生理和安全需求层次。"最初的、从动物界分离出来的人，在一切本质方面是和动物本身一样不自由的。但是，文化上的每一个进步，都是迈向自由的一步。"① 农民工的文化需求同样是全面发展的必然要求，他们和城市人一样享有平等的文化权益。文化权益是人们满足精神需求的权利，包括文化创造权、文化享有权、文化传播权、文化选择权等。农民工的文化权益主要是希望政府和社会能够通过各种有效措施满足他们日益增长的文化需求，主要涵盖如下几项权利。第一，接受教育和培训权。即农民工更新知识结构、提高劳动技能以适应社会发展、产业升级需求的受教育权益。第二，享受公共文化服务权。即农民工可以与其他市民一样平等地享受政府各类公共文化设施及各种文化艺术产品的权利。第三，参与文化生活权。即农民工可以参加社会文化生活、享受文化服务、开展文化创造。

基于农民工文化权益现状的调研数据，本章节分析当前农民工文化弱权的具体表现，进而从"自组织增权理论"视角分析农民工文化增权的提升路径。农民工自组织的文化增权功能主要是指通过组织行动维权农民工的文化权益，满足农民工的各类文化需求。如开设文化培训机构，为农民工或农民工子弟提供免费的文化教育及技能培训，维护其教育和培训权；开展政策倡导活动，让政府部门面向农民工开放更多的公共文化设施，满足农民工的公共文化服务需求；组织各类文娱活动，丰富农民工的文化休

---

① 李宗佰：《论农民工文化需求在和谐文化建设中的地位》，《新课程：教育学术版》2009年第4期。

闲生活，满足农民工的文化生活参与需求。通过农民工自组织的文化增权活动，让农民工群体在繁重的工作之余，也能享受文化盛宴。

　　农民工文化权益对于我国经济发展和就业问题的解决具有重要的现实和理论意义，学术界对农民工文化权益研究是一个逐渐深化的过程，我国研究者从农民工文化教育、文化适应、文化消费、文化休闲方式等方面分析农民工的文化权益问题。在农民工文化教育方面，研究者从教育功能、教育回报、教育支持网络等角度开展了内容丰富、层次多样的研究。朱德全等（2018）从精准扶贫角度阐述了职业教育对于农民工群体在缩小物质贫困、消解能力贫困和消弭精神贫困等方面的巨大价值。[1] 王建（2017）比较了正规教育和技能培训等两种人力资本培训对农民工正规就业的相对效果，认为技能培训是影响农民工正规就业更为直接和有效的人力资本要素。[2] 王静、武舜臣（2015）研究表明农民工职业间教育回报率存在差异，受教育水平是制约新生代农民工向高教育回报率职业流动的重要条件。[3] 孙天华（2017）认为新生代农民工在培训信息、资金、人脉、教育等社会资源的获取上处于不利地位，教育培训的社会支持网络较为薄弱。因此，需要在实践上构建政府、企业、院校和培训机构四位一体的外部社会支持体系。[4] 在农民工文化适应方面，研究者从文化适应困境、影响因素等角度进行了研究。黄志强等（2011）分析了农民工城市文化适应过程中所存在的生活方式、思维方式、人际交往、心理等方面的主要困境。[5] 孟利艳（2016）认为农民工的文化适应主要受文化资本、社会资本、政治资本的影响，其中经济资本对农民工文化适应的影响不大。[6] 在文化消费方面，

---

　　① 朱德全、吴虑、朱成晨：《职业教育精准扶贫的逻辑框架——基于农民工城镇化的视角》（社会科学版），《西南大学学报》2018 年第 1 期。

　　② 王建：《正规教育与技能培训：何种人力资本更有利于农民工正规就业？》，《中国农村观察》2017 年第 1 期。

　　③ 王静、武舜臣：《教育回报率的职业差异与新生代农民工职业流动——基于 2010 年流动人口动态监测数据分析》，《教育与经济》2015 年第 6 期。

　　④ 孙天华：《新型城镇化进程中新生代农民工教育培训的社会支持体系研究》，《职业技术教育》2017 年第 28 期。

　　⑤ 黄志强、容溶：《城市农民工文化适应问题探析》，《广西师范学院学报》（哲学社会科学版）2011 年第 1 期。

　　⑥ 孟利艳：《新生代农民工的文化适应偏好与影响因素——基于河南省 18 个城市的调查》，《中国青年社会科学》2016 年第 6 期。

占绍文等（2014）认为农民工因生存压力较大而普遍关注物质消费，导致文化消费呈现消费内容贫乏、消费水平低下、消费实际满意度低等特点。[1] 甘宇等（2015）认为农民工收入水平和自身文化水平都对文化消费产生显著的正影响。[2] 在农民工文化休闲方面，张忠凤等（2007）认为农民工群体受到时间、经济及设施所限，文化休闲方式层次不高。[3] 甘满堂、王亮（2018）研究表明，以手机为平台的移动互联网丰富了农民工的休闲生活，使得他们可以通过社交软件的使用实现虚拟社区中人际关系的建构，却造成其过度依赖手机的情形。[4]

学界已有研究为自组织视角下农民工文化权益研究提供扎实的基础，有利于进一步深化农民工自组织研究的广度和深度。综观现有研究，大部分农民工文化权益研究主要涉及两方面：一方面是从主体角度探讨农民工的文化需求、文化消费能力；另一方面是从客体角度探讨农民工文化权益的影响因素、主要功能，现有研究缺少农民工文化增权的组织化研究成果。本书意图使用"组织增权"理论分析农民工自组织对农民工文化增权的正向作用。农民工自组织可以为农民工文化增权提供组织平台，组织各类活动激发农民工的文化需求、减少文化消费成本、丰富文化休闲方式、增强文化适应能力，使农民工群体能够有效控制文化资源，缩短"文化堕距"，减少"文化震惊"，进而有效地防止其边缘化，加速其市民化的进程。

第一节　农民工文化需求的发展性

远离故土的农民工精神文化生活单调，文化需求的突出问题主要表现在文化水平层次低、技能培训参与度差、文化休闲方式单一、文化消费能

---

① 占绍文、杜晓芬：《农民工文化消费现状调查》，《城市问题》2014 年第 5 期。
② 甘宇、赵驹、宋海雨：《农民工文化消费的影响因素：来自 1046 个样本的证据》，《消费经济》2015 年第 2 期。
③ 张忠凤、袁锡宏：《石家庄市农民工休闲文化需求状况研究》，《商场现代化》2007 年第15 期。
④ 甘满堂、王亮：《农民工休闲方式新动向：手机使用与网络休闲》，《福州大学学报》（哲学社会科学版）2018 年第 1 期。

力较低、社会交往呈封闭性、文化适应能力欠佳、文化需求认知偏差、文化产品定位不准确等方面，农民工的文化需求随着社会变革不断呈现发展性，其表现的问题也逐渐多样化。

一 文化水平层次低 技能培训参与度差

由于城乡二元结构，我国城乡教育在教育经费、师资力量、教育理念等方面存在显著差异，导致农民工在文化教育方面与城镇居民无法享受同等的机会，造成了农民工群体受教育程度低的客观事实。

我国城乡教育水平差异极大，在教育经费、师资力量、教育理念等方面存在显著差异，进而影响了农民工群体的受教育水平。首先，我国义务教育经费投入体制先后经过了三个阶段的变迁。第一阶段是 1978 年以前，义务教育经费由中央统一负责划拨；第二阶段是 1978 年至 2001 年，义务教育经费由乡镇自行负责。由于我国财政紧张导致义务教育经费不足，我国在 1986 年开始实行"地方负责，划分收支、分级管理、以乡镇为主"的义务教育财政体制，由乡镇政府筹集义务教育所需经费。1986 年《中华人民共和国义务教育法实施细则》第三条规定："实施义务教育的学校新建、改建、扩建所需资金，在城镇由当地人民政府负责列入基本建设投资计划，或者通过其他渠道筹措；在农村由乡、村负责筹措，县级人民政府对有困难的乡、村可酌情予以补助"。我国乡镇财政收入严重不足，导致农村义务教育经费难以筹集，影响了农村义务教育的质量。第三阶段是 2001 年至今，由于义务教育经费的乡镇自筹体制具有明显的城乡差异性。自 2001 年开始，我国将义务教育经费的筹集责任方变更为县级政府，开始实行"地方负责，分级管理、以县为主"的农村义务教育财政管理体制。但是囿于各县的经济发展水平，目前我国农村义务教育的经费投入仍旧具有极大差异性。另外，城乡教育师资力量存在巨大差异。教师是影响学生教学效果的关键，在乡村学校教学硬件资源相对贫乏的情况下，优秀的师资力量在某种程度上可以弥补硬件资源的不足，但是就目前而言，农村师资力量在年龄结构、专业知识、学历水平、收入水平上均远远落后于城镇教师。从年龄结构上看，乡村小学的教师年龄偏大，"老龄化"问题十分突出；从专业知识来看，乡村教师获得培训机会较少，专业知识更新率较低；从学历水平看，现在绝大部分城镇地区的教师学历为本科及以上，但乡村教师的学历可能仍旧是中专、中师等水平；从收入水平来看，虽然城乡教师的基本工资基本相同，但两者在津贴、福利等隐形收益方面差异极大。缺乏一支年龄结构合理、专业素质优良、学历水平较高的乡村教师队伍，提升乡村教育质量难度很大。

城乡教育资源分配不均及家庭经济收入不足等因素使农民工无法在文化教育方面与城市居民享受同等的机会，造成了农民工群体受教育程度低的客观事实。本书的调研数据显示，受访农民工中初中及以下文化程度的占 53.2%，高中及中专文化程度的占 34.0%，大专以上文化程度的只占 12.8%。

为了进一步了解农民工群体中受教育水平的性别差异，本书运用相关性分析，发现性别与受教育水平关系不显著，详见表 7 - 1。

表 7 - 1　　　　　　　　　　农民工学历与性别因素的回归分析

		性别	年龄	受教育程度
性别	皮尔逊相关性	1	- 0.015	- 0.019
	Sig.（双尾）		0.752	0.696
	个案数	715	715	715
受教育程度	皮尔逊相关性	- 0.019	- 0.339 **	1
	Sig.（双尾）	0.696	0	
	个案数	715	715	429

** 在 0.01 级别（双尾），相关性显著。

资料来源：根据问卷调查整理而得。

依据数据分析可见，虽然农民工群体平均受教育水平低于城市从业人员，但是性别差异度并不显著。文化水平在一定程度上影响了农民工的就业和社会融合，较低的学历教育水平影响了农民工的就业收益和社会融合，农民工急需提高自己的文化素质和技能水平，帮助他们提高劳动收益，加快城市融入的进程。同时，农民工群体是我国产业工人的重要组成部分，农民工的专业技能水平直接影响我国产业的国际竞争力。由于缺乏一定创新型劳动技能，大量农民工一般从事体力劳动，劳动强度大且收入水平低；随着国家产业的转型升级，劳动密集型产业逐渐被科技创新型产业所替代，缺乏创新型专业技能的农民工将逐渐被市场所淘汰。

面对经济增收的心理期望及产业转型带来的技术门槛，农民工产生了专业技能的教育需求。调研资料显示，75.5%的农民工希望接受新技能培训，他们渴求通过继续学习和深造，从而获得新型技能以提升收入水平。为了满足农民工的专业技能培训需求，提高农民工的专业技能水平，保证农民工群体在非农产业的稳定就业，我国农业部、教育部等部门曾多次发文强调农民工专业技能培训的重要性。如2003年农业部、教育部等六部委颁发的《2003—2010年全国农民工培训规划》，国家也启动了"农村实用技术人才培训工程"和"农村劳动力转移培训'阳光工程'"等举措，适应我国产业转型的技能型劳动力需求。2010年5月5日，国务院常务会议审议并通过《国家中长期教育改革和发展规划纲要（2010—2020年)》，明确指出对农民工进行免费劳动预备制培训，突出了农民工教育培训的战略意义。在国家文件指导下，各级各层次的劳动力培训机构和用人单位也开展了各式各样的农民工培训，取得了一定成效。

虽然我国政府十分重视农民工的继续教育及技能培训工作，在政策、资金、培训内容、机构设置等方面都加大了力度，但由于农民工培训的培训方式、培训内容缺乏实效性，农民工培训工作仍然进展缓慢，尚不能有效满足农民工群体的技能培训意愿。调研数据也显示当前农民工实际接受培训情况不容乐观，80.4%的受访农民工没有接受过职业（工作技能）培训，8.6%的受访农民工只接受过零星培训，只有11.0%的受访农民工接收过系统培训，可见农民工的培训意愿并没有得到有效满足。

二 文化休闲方式单一 文化消费能力不足

休闲文化是日常生活的重要组成部分，有效的休闲能够对劳动力的再生产起着修复和促进作用。休闲时间的有效使用能够使个体实现自我的全面发展，个体可以利用休闲时间在艺术、科学、体育等方面进行各类活动，拓展自身的社交网络、提升智力水平。

农民工的日常时间主要用于生产劳动，休闲时间的文化生活品种较为贫乏，质量普遍不高。调研数据显示在"平时文化休闲方式"这一选项上，36.9%的受访者选择了上网，19.7%选择了电视电影，17.8%选择了打牌，12.3%选择了逛街，6.9%选择了去迪厅、歌厅，6.4%选择了看书。为了进一步了解不同年龄段农民工群体娱乐方式的差异性，本书对农民工娱乐方式进行了年龄段的区分研究。分段数据说明，30岁以下新生代农民工的文化休闲生活以网络娱乐活动为主，网络游戏、网络视频等虚拟性娱乐活动逐渐成为新生代农民工群体的主要娱乐方式。

表 7 - 2　　　　　　　　**不同年龄段农民工群体娱乐方式分析**　　　　单位:%

年龄	迪厅歌厅	电视电影	打牌	上网	看书	逛街
60 岁以上	0.00%	30.00%	20.00%	10.00%	35.00%	5.00%
41—60 岁	8.50%	40.70%	15.30%	11.90%	17.40%	6.2%
31—40 岁	11.40%	33.30%	19.00%	24.80%	7.30%	4.2%
21—30 岁	9.30%	31.70%	14.70%	34.90%	6.00%	3.4%
16—20 岁	10.30%	27.60%	17.90%	35.60%	5.30%	3.3%

资料来源：根据问卷调查整理而得。

　　造成农民工文化休闲生活单调的原因是多方面的。第一，公益性文化休闲产品提供不足。企业缺乏提供文化休闲产品的动力，企业生产的最终目的是获得利润，而利润的高低取决于投入与产出的比例，农民工的劳动时间长短是获取高额利润的一个重要决定因素。因此，企业不愿意将资金投入农民工的文化休闲活动中，而更倾向于增加农民工的劳动时间。政府公益文化产品的供应布局存在不均衡性，随着我国经济实力的增强，政府不断增加公共文化产品的供应量。公益性公园、博物馆、图书馆、社区文体中心等公共文化机构的数量不断增加，文化机构开展了各类公益性文化演出、展览，极大丰富了文化市场。但是大部分公共文化设施都位于城镇核心区域，远离农民工日常生活区域，在农民工生活区域缺乏便捷、实用的公益文化产品。第二，付费性文化休闲产品缺乏购买力。除去公益性文化产品，近些年我国市场性文化产品的提供量也在急剧增长，市场性文化机构提供文化产品的目的是获取经济收益。就农民工群体而言，受自身的经济收入、消费理念、闲暇时间等主体因素影响，我国农民工群体主要关注日常物质生活消费，文化消费意愿较低。调研数据显示，农民工群体平均月文化消费支出 100 元以下的占 48.5%，月支出在 100—200 元之间的占 28.5%，月支出在 200—500 元之间的占 13.5%，月文化消费支出在 500 元以上的仅占 9.5%。

表 7 – 3　　　　　　　农民工群体平均月文化消费支出情况　　　　　　单位：%

消费金额	频率	有效百分比	累积百分比
100 元以下	347	48.5	19.7
100—200 元	203	28.5	32.0
200—500 元	97	13.5	38.4
500 元以上	68	9.5	56.2
合计	715	100.0	63.1

资料来源：根据问卷调查整理而得。

　　农民工文化消费意愿弱与经济收入、消费理念、闲暇时间等主体因素相关。首先，经济收入和社会商品经济的发展是文化消费的物质基础。社会商品经济越发达，个体的经济收益就越高，个体才会对文化消费产生强烈的需求。改革开放以来，我国经济的快速发展提升了农民工群体的经济收入，但农民工的大部分经济收益是用于满足物质生活。马斯洛需求层次理论表明，只有当个体的基本生存和安全需求得到满足，才可能产生基于生理和安全需要之上的较高层次的需求。农民工群体的生存需求在很大程度上抑制了文化消费需求，他们收入水平较低，缺乏基本的生活保障，沉重的家庭压力使其难以摆脱生活压力。只有提高农民工的收入水平，解决农民工的生存和安全保障问题，才可能激发这一群体的消费动机，并使其最终转化为购买力。其次，个体的消费理念对文化消费行为发生重要的影响作用。文化消费需求的产生、文化消费产品与服务的选择、文化消费产品与服务的售后评价都受个体消费理念的影响。一般而言，个体文化素养越高、兴趣爱好越广泛，其文化消费理念就越积极，文化消费的产品数量和品质也就越高。而农民工群体的文化水平层次总体较低，也直接影响了文化消费理念的形成。受我国传统节俭消费观念的影响，农民工群体对文化消费并没有上升到必须消费的重要位置。用于学习技能培训的自我发展型的消费较低，文化消费仅限于花钱不多或根本不用花钱（无偿消费）的有限项目。最后，个体的闲暇时间是文化消费的必要保障。个体在拥有充分休闲时间的基础上，才可能开展各类文化消费活动。通过不同形式的文化消费活动，劳动者才能获得身心愉悦的生活品质，扩大个体的生活空间。而农民工的劳动时间过长、劳动强度过大，日常休息时间都难以保障，因此严重缺乏休闲时间。

三　社会交往呈封闭性 文化适应能力欠佳

由于地方文化背景的差异，农民工群体与城市居民在文化认同上存在一定差异，成长于乡村文化背景下的农民工群体对城市文化较为陌生，他们处于城市文化与农村文化、现代文明与传统习俗的双重文化压力之下，他们成了文化"双重人"。从主观意愿上而言，作为农村人口中的精英群，大部分农民工群体希望积极学习城市文化，克服身份认同危机；然而，从客观现实而言，农民工群体徘徊在被农村文化和城市文化双重边缘化的尴尬境地，乡土文化的"根"文化意识使农民工群体在城市中产生了无法克服的"无根"意识，而城市文化的"现代性"特征又使农民工群体对乡村产生了一定程度的"排斥"意识，回不去的故土，留不下的都市，农民工群体成为文化认同领域的流浪者。出于文化认同危机感，意欲城市化的农民工希望更好地了解城市文化，获得城市本土文化教育的机会，完成从农村乡土文化向城市现代文化的过渡，使其在文化心理上融入城市。但是，农民工的社会生活圈较为狭窄，基本局限于老乡、同事、亲戚和同学等熟人关系之内，与城市社区居民的沟通交流极少。因此呈现文化交流封闭性，导致文化适应能力较弱。

农民工社会交往的封闭性，导致群体文化交流呈现内卷化，增加了他们城市文化适应的难度。文化交流的内卷化是源于内外两类原因，内因是农民工群体自身文化素养的局限性，由于与城市居民交往过程中存在文化困难，导致其只能选择具有相同生活背景、相同文化层次的"圈内人"交往、形成相对封闭的文化生活圈。而外因是一种城乡有别的社会心理，这种心理是由城乡二元结构经过长期的积累演化而形成的意识形态，包括不同的价值观、态度、惯例、符号以及认知的网络。由于现阶段城乡壁垒尚未完全突破，城市居民对农民工群体仍旧存在部分歧视，城市文化的"现代性"特征又使农民工群体对乡村产生了一定程度的"排斥"意识。而农村文化的"乡土性"特征使农民工群体在城市中产生了无法克服的"自卑"意识，出于自卑心理，农民工群体文化的交流对象也局限于和他们身份、地位相近的个体。

四　文化需求认知偏差 文化产品定位不准

随着时间流逝，农民工群体内部也出现了代际分化趋势，第一代农民工逐渐被新生代农民工所替代。与第一代农民工相比较，他们呈现"四高"的群体特征，四高指的是学历水平提高、就业期望提高、薪水报酬期望高、文化需求要求高。新生代农民工的社会生活目标也从生存型目标提升为发展型目标，在满足基本的物质需求基础上，新生代农民工需要不同类型的文化产品满足多元化的精神文化需求。然而，城市偏向的文化供应制度造成了农民工多元化文化需求难以满足的现实窘境，现实原因涉及认知偏差、政策保护及定位不清等原因。首先，社会对农民工的文化需求存在认知偏差。如重物质而轻精神，认为当前只需要提高农民工的经济收益，经济收入高了，农民工的文化生活自然就好了；再如重城市轻农村，认为当前公共文化服务体系应以满足城市居民的文化需求为主，忽略农民工这一特殊群体的精神文化生活的需求，导致部分地区公共文化服务体系建设的均等性不强，致使农民工享受到的文化服务严重不足，也导致农民工的文化参与程度不够，其文化权益得不到应有保障。其次，文化政策的地方保护主义。作为城市本地居民的利益代表者，城市政府必然要维护本地居民的文化产品供给利益，优先解决好市民的公共文化需求问题，最终制定了偏向本地居民的公共政策，用政策"屏蔽"了部分城市公共文化资源，直接造成了农民工群体文化供给的匮乏和文化生活的边缘化。最后，文化产品的供应定位不清。"城乡边缘人"的社会角色定位决定了农民工所需求的文化既不会是农村文化的翻版，也不会是城市文化的简单仿制，它应当是符合农民工物质生活条件和社会地位的文化，当前部分为农民工群体提供的文化产品不符合农民工日常生活实际及文化层次。

第二节　农民工自组织文化增权的实现方式

受到时间、经济、组织和制度因素的限制，农民工文化权益呈现弱权状态。如果农民工文化需求得不到有效回应，必将对农民工的个体发展、社会的和谐稳定、企业的可持续生产产生不良影响。农民工在超强度劳动过后，精神文化生活空虚，如果没有积极、充分的文化生活填补精神空虚，农民工群体就有可能出现随意放纵自我的现象，如酗酒、赌博或观看低俗作品。低俗的文化产品会诱使部分自制力较差的农民工做出社会越轨行为，影响城市的社会治安；反之，高雅的文化产品会改善农民工的文化鉴赏水平，引导农民工群体做出合规的社会行为，减少社会治安隐患。正是出于这样的背景，农民工自组织的文化增权功能才彰显其重要性，农民工自组织通过各类文化活动，积极回应农民工的文化需求，保障农民工的文化权益，促进农民工的城市融入。

一　整合社会教育资源　提升群体文化层次

文化水平低下不仅影响了农民工群体的个人基本素质，也影响农民工家庭教育水平。农民工自组织理应承担文化教育培训责任，整合社会资源，积极开展教育培训，丰富农民工的知识，提升农民工的学历、技能水平，既能够帮助农民工群体更好地融入城市文化，也能够应对产业转型带来的技术劳动力紧缺问题。

农民工自组织在整合社会资源开展教育培训方面具有较强优势。首先，农民工自组织在培训宣传方面具有天然优势，可以依靠农民工群体进行内部自我传播，树立农民工群体对教育培训的正确认识，提高农民工群体参与培训的主动性。其次，农民工自组织提供的教育内容更具针对性。由于农民工自组织的主要工作人员均来自农民工群体，他们了解农民工的培训需求，在培训课程设置方面更具实用性和针对性。最后，农民工自组织的培训属于免费性质。农民工群体的收入水平较低且家庭负担重，他们对教育培训的需求强度和支付能力呈反比。农民工自组织能够凭借发达的社会网络系统构建免费的教育培训机制，如农民工自组织可以聘请志愿型退休人员、专业人士为农民工开展培训，减少教育培训方面的人力成本支出；再如，农民工自组织可以争取基金会、政府的项目资金，免费为农民工提供专业技术培训。就目前而言，各地农民工自组织在这一方面都有一些实践成果。

1. 技能教育

各地的农民工自组织都为农民工开办了各类具有实用性的教育培训活动。如东莞蓝衣公益服务中心为农民工开办了免费电脑培训班，帮助农民工学会电脑操作，享受网络生活。为了解决电脑来源问题，东莞市蓝衣公益服务中心在 2014 年 3 月 5 日联合东莞时报发起了主题为"捐赠二手电脑，支持蓝衣公益免费为外来工开办电脑知识学习班"的公益活动。这一公益捐赠活动经过新闻媒体的报道后，得到社会热心人士的积极响应，获得了多台电脑。2014 年 9 月的第一期免费电脑培训，有 15 位农民工学习完全部课程。截至 2016 年 8 月，东莞市蓝衣公益服务中心总共开设了四期免费电脑培训班，为 59 名农民工提供电脑知识的培训，具体培训课程内容如下：

表 7-4 电脑网络应用班课程表

课次	课程内容	学习方法	收获
第一节：新媒体的应用	网络查资料、网购火车票、网络购物、网投简历、支付宝、微博、微信、QQ 等互联网新媒体技术的使用	一人一台电脑，互相学习、互相帮助	认识一批热爱公益的志愿者和老师，学会电脑网络知识
第二节：自我认识与成长	表达与沟通、语言与礼仪、自我觉察、团队合作、成长小组	以自我成长小组形式互相学习、互相帮助	职业生涯规划、情绪管理余压力舒缓

资料来源：互联网。

杭州的 CG 之家也在农民工培训方面做出了诸多努力，曾经先后组织过读书看报（免费借书、举行朗诵比赛、演讲比赛等活动）、电脑培训（免费开设电脑基础培训、组装维修和网络工程管理等课程，提高工友的电脑操作技能）、CG 大讲堂（邀请各行业专家、成功人士及工友自我主讲等主题讲座）等教育培训活动。

2. 家庭教育

家庭教育是指家长按照一定的培养目标，通过自身的行为举止、文化修养对孩子产生的持续性教育影响。家庭教育早于学校教育，在孩子的成长过程中具有极其重要的影响，其教育水平高低直接影响孩子未来人生的发展方向。农民工群体的学历水平、就业层次均处于社会中下层水平，较低的就业层级使他们无法拥有广泛且丰富的社会资源网络，进而无法为子女提供优越的学习环境和重要的学习资源；较低的学历水平使他们无法给孩子提供文化知识方面的辅导，进而影响了家庭教育中的权威性和有效性。此外，农民工群体的劳动地点不稳定、劳动时间过长、劳动强度过大，导致其投入家庭教育的时间和精力也严重不足。调研数据显示，农民工子女与父母生活在一起的仅有 68.7%，还有 31.3% 的农民工子女与祖父母、外祖父母或其他亲属一起生活。

由于上述原因，农民工对子女的家庭教育是心有余而力不足，近几年农民工子女教育问题也特别多，因此他们也特别需要农民工自组织提供家庭教育支持服务。农民工自组织不仅为农民工提供各类教育活动，同时也为农民工开展家庭教育支持活动。为了改善农民工的家庭教育条件，提高农民工子女的教育水平，农民工自组织在农民工家庭教育培训和农民工子女课余管理方面做出了较大努力。如 TXXW 家园创办了妇女儿童中心，针对社区妇女开展家庭教育培训活动，共同探讨适合农民工妇女和儿童的教育模式。妇女儿童中心所在的社区是一个典型的城乡接合部，本地居民有2000 多人而外来务工者 15000 多人，共 4000 多户外来工家庭，每户平均拥有 2—3 个孩子，家庭分工为传统"男主外女主内"式，孩子的教育由母亲负责，而多数母亲文化程度较低，不懂家庭教育的方式和方法。因此，妇女儿童中心举办讲座和讨论活动向妇女传授一些家庭教育理念，提高家庭教育水平。2009 年 9 月，TXXW 家园又在儿童活动中心开办免费幼儿园，孩子们周一至周五均可在这里学习和游戏。更为巧妙的是，妇女儿童中心还将部分农民工妇女培养成"妈妈老师"，让她们通过一定的培训后成长为幼儿园的老师，教孩子们做手工、游戏和舞蹈。现在，她们从农村妇女转型为"妈妈老师"，并逐渐成长为幼教工作中的骨干人员。

北京 GY 之家也一直关注农民工子女的教育状况，为了解决农民工子女的入学问题，北京 GY 之家创办了一所打工子弟学校，还开设了流动儿童活动中心、家长学校、少年艺术团等机构，丰富流动儿童的课余教育内容。流动儿童活动中心主要为农民工子女提供课外学习和社会实践的场所，培养孩子们的组织合作能力，增强孩子们的社会参与意识。家长学校则为农民工家长提供教育支持，如针对孩子的教育问题开设《家庭教育课堂》，定期邀请教育领域的专家志愿者为农民工群体举办家庭教育讲座，开展家长与孩子的亲子互动活动，组织家长成长互助小组活动，构建农民工家长的教育支持网络系统，为农民工子女的成长提供科学性的教育支持。少年艺术团主要开设有合唱队、舞蹈队、书法班，为孩子们提供兴趣培养的机会，通过文艺活动展现农民工子女的良好形象。星星家园社会工作服务中心也在农民工子女教育方面倾注了大量心血，为农民工及其子女提供学习服务平台，设立"爱心小屋"，为农民工子女提供学习场所、开展兴趣培训、组织娱乐活动。深圳的蓝衣公益服务中心自 2013 年 5 月开始为农民工子女开办了"四点半学堂"和"假期训练营"，"四点半学堂"学堂采取了"社工 + 义工"的模式，招募大学生志愿者为农民工子女开展课堂作业辅导、课外知识学习及不定期的兴趣小组活动，迄今为止，已有692 名外来工子女接受了"四点半学堂"的服务。"假期夏令营"主要为寒暑假无人照料的农民工子女提供服务，夏令营活动一般持续一个月时间，提供军训、美术、手工、音乐、话剧、故事会等兴趣活动；而冬令营一般为五天左右时间，提供艺术、体育、文化教育等多种课程。假期训练营一方面解决了农民工子女假期无人照料的问题；另一方面也拓展了农民工子女的知识面，提升了素养，陶冶了情操。"四点半学堂"和"假期训练营"的志愿者主要是深圳的中学生，而杭州 CG 之家也推出了"蒲公英计划"，蒲公英计划由"蒲公英夏令营""蒲公英补习班"等项目组成。"蒲公英夏令营"以课业辅导、第二课堂活动、安全教育、生活体验为四大活动主题，让孩子们在愉悦的心情中学会知识和技能，感恩父母，感恩生活。"蒲公英补习班"这项服务主要是由大学生志愿者对农民工子女开展免费课外辅导，包括兴趣活动、生活技能、第二课堂、学习辅导等。

二 增加公共文化资源 丰富文化休闲方式

因经济收益低、劳动强度大，农民工群体的文化休闲方式单一、文化消费意愿弱是不争事实。通过政策倡导、社会募集、宣传引导等方式，农民工自组织可以引导政府、企业增加面向农民工群体的公益性公共文化资源，降低该群体的文化消费支出。面向政府，农民工自组织应积极与政府部门沟通，为农民工聚居区提供更多可供使用的公共休闲文化娱乐资源，为他们接触先进文化提供基础条件。如政府可以面向农民工开展"送文化"服务，定期到农民工集中的工地、企业、社区，通过播放电影、送图书、举办农民工夜校等活动，改善他们的休闲文化娱乐生活。面向企业，农民工自组织应积极传播企业社会责任观，引导企业适当提高农民工的福利待遇、安排合理的劳动时间、适当组织文化活动，这样才能使农民工有足够的物质条件、时间去享用休闲文化娱乐资源，同时能够凝聚企业员工的凝聚力，提高劳动生产效率。面向社会群体，农民工自组织应组织社会公益资源，如高校、社会文化机构为农民工提供公益性的文化培训活动。面向农民工，农民工自组织应当引领文化休闲层次，杜绝"黄赌毒"、沉迷网络等不良休闲方式在农民工群体中的蔓延，积极引领健康、文明的休闲方式。

三　精准定位文化需求　提供适宜文化产品

农民工自组织的成员本身就是农民工，因而农民工自组织能够准确把握农民工的身份定位，了解他们文化需求的特殊性。"城乡边缘人"的社会身份决定了农民工所需求的文化既不会是农村传统文化的翻版，也不会是城市文化的简单模拟，它应当是符合农民工物质生活条件和社会地位的文化，它具有历史的特殊性。[①] 为农民工群体提供文化产品的定位不宜过高或过低，它应该是一种适合于农民工的文化启蒙运动、适合于农民工实现城市化过程的文化内容，要以正面积极、通俗易懂的文化内容激发农民工群体对美好生活的信心。依据农民工群体特定的文化需求，农民工自组织可以提供符合农民工审美需求、贴近农民工日常生活的文化产品。

首先，农民工自组织可以加强文艺人才建设，培养农民工文化人才。农民工自组织在打造农民工文化创作团队方面也做出了许多有益的尝试，形成了一些初具规模、素质较高、结构合理的农民工文化人才团队，农民工文化团队也创作了一批符合农民工审美需求、贴近农民工日常生活的文化产品。北京的 GY 之家在农民工文化人才及文化团队培养方面有着杰出表现，先后创办了农民工新工人艺术团、打工文化艺术博物馆、工友图书室、新工人剧场、工友影院等文化品牌。10 多年来，新工人艺术团先后出

---

① 郑月琴：《农民工文化需求定位及其实现路径》，《农村经济》2005 年第 3 期。

版了7张歌曲唱片，分别是《天下打工是一家》《为劳动者歌唱》《我们的世界，我们的梦想》《放进我们的手掌》《就这么办》《反拐》和《家的故事》。除了歌曲，艺术团还自编自演了两部分别名为《我们的世界、我们的梦想》和《城市的村庄》的话剧、一部名为《流动的心声》的音乐剧及两部名为《顺利进城》和《命题人生》的故事片。此外，GY之家在2014年9月成立了文学小组，为有文学兴趣的农民工群体开设文学课程，讲解文学名著和写作技巧，使具有文学理想的农民工获得了写作提升的机会，其中组员范雨素因一篇《我是范雨素》的作品而成名。

其次，农民工自组织可以为农民工群体开展定期和非定期的文艺聚会及文艺比赛活动，农民工借助文艺平台充分表达和交流个体的情感和思想，部分偏激思想能够在群体文化交流中得以发现和纠正，有效减少过激行为的发生。如每周举行主题文艺活动，通过歌曲、笑话、演讲等形式，农民工群体在舞台上表达自己对主题的理解和看法。再如农民工自组织在中秋节、元旦等特定节日举办联欢晚会，满足农民工群体节日思亲的情感需求。各地农民工自组织在组织文艺活动方面均有突出表现，温州WX之家定期和非定期举办文艺聚会及文艺比赛活动，满足农民工休闲及社会交往的情感需求。如每周举行有主题的"温馨舞台"活动，这种活动形式不仅锻炼了农民工群体的表达能力，也使大家聚在一起交流生活体验，舒缓心理压力，纠正一些偏正思想。杭州的CG之家在农民工文化休闲活动组织方面也颇有成就，如每周一次K歌、看电影活动，不定期组织乒乓球、羽毛球、棋类等各种文体活动，同时在一些节庆日组织大型文艺活动，如春节联欢、中秋吃团圆饭、五四庆典等。

最后，农民工自组织建设农民工群体专属的公共文化休闲设施。政府部门投资的公共文化设施往往集中在市中心地区，难以辐射至农民工聚居区。因此，农民工自组织自行筹资在农民工聚居区建设文化场所。如GY之家在2008年租下一家废弃的厂房创办了"打工文化艺术博物馆"，以"农民工进城务工的历史"为主题，收集了与农民工有关物件、媒体报道、政策文件。博物馆总共200平方米左右，分为农民工群体的流动历史、儿童展、女工展及打工者居住状况专题展，通过图片、文字、实物等形式记录了农民工城市艰难的城市化过程。GY之家还创办了GY图书馆、GY影院、社区活动中心和新工人剧院，GY图书馆每天晚上7：00至9：00面向农民工群体免费开放，农民工可以免费看书和借阅书籍；GY 影院在周四、周五和周六晚上 7：00 为农民工免费放映电影；社区活动中心每天晚上 7：00—10：00 免费开放，供农民工群体唱歌、跳舞、打乒乓球、看电影、看书学习；新工人剧场设有 K 歌比赛、公共论坛及知识讲座。GY 之家每年会举办一届"新工人杯"乒乓球大赛和"新工人杯"K 歌大赛，GY 之家 2009 年至 2011 年期间先后在新工人剧场举办了三届工人文化艺术节，全国各地十几家农民工自组织参加艺术节，通过各种文艺形式反映农民工的生活现状。

四　深化城乡文化交流 促进城乡文化适应

农民工市民化不仅指人口的空间迁徙，更为关键的是农民工的文化适应，文化移民的顺利完成是农民工市民化的根本。农民工与城市居民原有的生活场域存在巨大差异，不同场域下形成的文化素养也截然不同，进城农民工与城市居民如果没有形成共同文化场域的话，那么就直接影响两者的文化交流频率，影响城乡文化适应的进程。而农民工自组织以组织身份与城市文化机构、城市社区组织对接，让农民工群体参与各类文化活动，通过文化参与活动增进与城市居民的文化互动频率，加强彼此了解以消除文化鸿沟，帮助农民工尽快适应城市文化，促使农民工尽快完成城市化进程。如农民工自组织可以与城市各类居民文化组织合作，共同参加城市文化公益事业，前往儿童福利院、敬老院开展文化演出活动，关爱残障人士、孤寡老人及儿童，在公益活动中促进城乡文化交流；农民工自组织还可以引导农民工积极使用社区文化设施，如社区图书馆、社区市民学校、社区青少年活动中心、社区多功能活动室等等，提高农民工群体的社区文化设施使用频率，增加与城市居民的文化交流机会；农民工自组织还可以邀请志愿者为农民工开展城市文化讲座，帮助农民工认知城市文化，获得社会公众认可。

"文化作为共同体的主观精神和创造力的历史凝聚与积淀，对每一个人都具有施加影响的功能，能够让他们接受共同体的规范及生活方式。"[1]作为社会新兴群体，农民工的文化生活直接影响他们的性格、情操、心理

---

[1]　张平：《文化建设与人的全面发展》，《中国文化报》2006 年 4 月 1 日第 3 版。

等精神素质，精神素质又直接影响这一群体的工作状态及生活水平。由于历史及现实原因，我国政府在公共文化服务供给方面优先考虑城镇居民，在农民工群体的公共文化服务的提供方面缺乏充分的政策保障和制度安排，所以导致农民工的公共文化消费品供给的部分短缺。农民工群体无法充分、平等的享受城市提供的各种文化服务产品，也无法获得符合其文化水平的文化产品，造成农民工人均享有公共文化服务资源的水平较低、农民工文化生活相对贫乏、文化娱乐基本处于无序的现实状态。农民工自组织可以承担农民工群体部分文化产品供给、服务的职能，他们了解农民工文化需求，能够激发农民工的文化参与，积极创造条件使身处城乡二元文化断带中的农民工获得文化上"适当补偿"，最终顺利地融入城市生活。

第八章 农民工自组织的
社交增权功能

　　随着农民工群体入城人数的增多、定居意愿的不断增强，农民工市民化是不可回避的城市化发展问题。入城农民工的市民化进程，不仅是经济收入的增多、居住地点的变更，更为重要的是，能否通过有效的社会交往形成一定的社会网络，获取丰富的社会资源，从而与城市社会相互融合。社会交往，是指个人与个人、个人与团体、团体与团体之间为了满足某种需要而进行的相互作用、相互影响的活动。[①] 本章重点研究的是农民工群体的社会交往，包括农民工与城市居民、非城市居民之间的社会交往，涉及生活场域和职业场域。

　　随着农民工数量的不断增多，农民工社会交往活动也逐渐成为国内研究者关注的焦点，心理学、社会学、政治学、管理学等学科从不同研究视角就农民工社会交往开展了各类研究。有研究者从整体上对农民工的社会交往进行研究，刘建娥（2010）指出，农民工的社会关系从整体上应属于由亲属、老乡与工友组成的非正式网络，交往最多的为老乡和工友，而与城市居民之间属于"平行生活状态"，交往几率较少。但随着城市生活时间的增多，非正式支持网络的作用会逐渐减弱。[②] 周春发（2017）认为农民工与城市居民在社会交往中形成互补协调的共生关系，但它表现为一种偏利于城市居民的非对称性共生模式。若非对称性得不到有效调整，农民

---

　　① 郑杭生：《社会学概论新修》，中国人民大学出版社 2003 年版，第 89 页。
　　② 刘建娥：《乡城移民（农民工）社会融入的实证研究——基于五大城市的调查》，《人口研究》2010 年第 4 期。

工与城市居民的共生关系会逐渐消亡,进而影响社会稳定。[①] 也有研究者从某一角度对农民工的社会交往进行探究。在交往特征方面,叶鹏飞(2012)对农民工群体社会交往的特征进行了研究,农民工社会交往具有明显的内卷化特征,具体表现为交往行为的礼貌性、朋友身份的宽泛性和社区参与的有限性。[②] 张岳(2020)认为使用"内卷化"概念界定农民工群体的社会交往是不准确的。内卷化概念并不能完全概括农民工社会交往状况,在某种程度上遮蔽了农民工社会交往状况的实质。[③] 纪韶、李舒丹(2010)认为农民工的社会交往呈现明显的工具性,农民工与城市居民的交往以工具性交往为主,情感性交往较少。[④] 在交往作用方面,郭星华、才凤伟(2012)认为社会交往是影响农民工群体精神状态的重要因素,其中群体性交往尤为重要。研究结果表明农民工群体自发组织的群体性交往对缓解农民工群体的抑郁状态能产生积极作用[⑤]。在交往影响因素方面,研究者主要从内部心理和外部环境两个方面探究农民工社会交往的影响因素。金萍(2008)从内部心理视角分析了农民工心理状态与社会交往的相关性,结论显示农民工与市民的心理位差影响其社会交往。[⑥] 关信平、刘建娥(2009)从外部环境视角分析了农民工生活条件与社会交往的相互关系,认为居住条件恶劣、生活地区边缘化直接降低了农民工与城市居民的交往可能性和交往频率。[⑦] 闭伟宁、张桂凤(2018)从社会交换理论视角指出,受身份特征、工作性质、居住环境和时间分配等因素的影响,农民工与城市居民之间的交往存在不少障碍,加剧了他们在社会流动、社会参

① 周春发:《从冲突走向融合——农民工与城市市民的社会交往——基于共生理论的视角》,《福建论坛》2007 年第 12 期。

② 叶鹏飞:《探索农民工社会融合之路——基于社会交往内卷化的分析》,《城市发展研究》2012 年第 1 期。

③ 张岳:《农民工的社会交往内卷化了吗?》,《天府新论》2020 年第 1 期。

④ 纪韶、李舒丹:《北京市农民工生活方式五年间转变的实证研究》,《人口与经济》2010 年第 2 期。

⑤ 郭星华、才凤伟:《新生代农民工的社会交往与精神健康——基于北京和珠三角地区调查数据的实证分析》,《甘肃社会科学》2012 年第 4 期。

⑥ 金萍:《推动群际接触　实现群际和谐——武汉农民工与城市居民关系的实证调查》,《学习与实践》2008 年第 7 期。

⑦ 关信平、刘建娥:《我国农民工社区融入的问题与政策研究》,《人口与经济》2009 年第 3 期。

与、福利保障和身份认同方面的困境。①

上述研究成果能为农民工社会交往研究提供扎实的学术基础，本章借助内卷化概念分析农民工群体的社交弱权特征及实质影响，进而探讨农民工自组织如何通过组织平台开展各类活动，提升农民工群体突破社交内卷化的主体意识和行动能力，减少社交无权感，解除社会交往的内卷化状态，促进农民工群体的城市社会交往，实现社交增权。作为一个平台，农民工自组织可以为农民工提供社会交往的路径，为农民工的交流与互动提供信息平台，建立人际联系网络，促进农民工的社会交往，从而帮助他们建立一定的社会网络，建立城市社会的信任关系。充分的社会网络是农民工获取社会认同、真正适应和融入城市的根本路径。

第一节 农民工社会交往的内卷性

由于生活习惯、价值观念、生活场域及经济收益的差异，农民工与城市居民交往仍旧面临诸多障碍，因而农民工的社会交往对象偏向于群体内部成员，老乡、家庭成员与工友成为农民工主要的社会交往对象，呈现明显的内卷化，具有封闭性和内倾性的特征，处于社会交往的弱权状态。社会交往内卷化特征影响了农民工群体的社会认同，增加了他们城市融合的难度。"内卷化"最初出现在格尔茨《农业内卷化》一书中，格尔茨用内卷化分析印度尼西亚爪哇地区的农业生产问题，即一个既有形态因内部细节过分精细而使得形态本身获得了刚性，以说明印度尼西亚爪哇地区"由于农业无法向外延扩展，致使劳动力不断填充到有限的水稻生产"的现象。随后"内卷化"概念被黄宗智吸收，用以分析中国农村社会发展的一个概念工具，主要内涵是指一种文化模式达到某种程度之后，既不能转型到新的形态，又无法固定下来，只能在内部不断精细化、复杂化。② 此后，"内卷化"概念从农业领域向其他领域扩张，延伸至国家内卷化、制度内卷化、文化内卷化。本书借助这一分析概念，主要指农民工因城乡文化、

---

① 闭伟宁、张桂凤：《从社会交往特点看农民工社会融入的困境与出路》，《中南民族大学学报》（人文社会科学版）2018 年第 2 期。

② 黄宗智：《长江三角洲小农家庭与乡村发展》，中华书局 2000 年版，第 77 页。

经济差异，无法与城市居民建立一定社交网络，从而在群体内部不断扩展社交网络，导致难以融入城市社区的社交弱权状态。社会交往标志着农民工群体对城市社区的融入状态，农民工的社会交往是内卷还是外延，主要衡量标准是农民工社会关系网能否有效突破内部群体。因此，审视农民工社会交往弱权状态，需要从交往对象、交往时间、交往空间等维度对农民工与城市居民的社会交往行为进行考察。从交往对象维度考察农民工社会交往的广度问题，从交往时间维度考察农民工社会交往的深度问题，从交往空间维度可以考察农民工社会交往的场域问题，下文将结合调研数据依次分析农民工群体的社会交往弱权状态。

一　农民工社会交往内卷性特征

1. 社会交往的广度——社交对象范围狭窄

通过对农民工群体社交对象的数量测量，可以观察农民工社会交往范围的扩展程度。根据调研，42.5%的受访者表示社会交往对象主要为同乡群体，27.1%的受访者表示社会交往对象主要为同事，8.1%的受访者表示朋友主要来自家族成员，仅有11.3%的受访者表示朋友来自城市居民，此外还有11.0%的受访者表示自己没有什么朋友。数据表明，农民工群体的社交范围大部分局限于群体内部，同乡和同事成为农民工群体的主要交往对象，他们与城市居民的社会交往程度偏低。

表 8-1　　　　　　　　农民工社交对象分析　　　　　　单位:%

对象	频率	有效百分比	累积百分比
家族成员	58	8.1	8.1
同乡	304	42.5	50.6
城市居民	81	11.3	61.9
同事	194	27.1	89.0
没有朋友	78	11.0	100.0
合计	715	100.0	

资料来源：根据问卷调查整理而得。

2. 社会交往的深度——社会交往时间有限

由于劳动时间较长，农民工群体的社会交往时间较为有限，交往时间的有限性直接影响了农民工群体的社会交往深度，劳动时间对农民工社会交往与社会融入有显著负影响。根据调研数据显示，27.0%受访农民工表示劳动强度很大，39.1%受访者表示劳动强度比较大，经常性的加班导致农民工群体缺乏休息和休闲时间，劳动时间的增多和劳动强度的加大降低了农民工社会交往的时间，进而影响农民工与城市居民建立互动关系的可能性。劳动时间过长，就会导致农民工的社会交往囿于农民工群体内部，在城市生活中呈现"自愿性隔离"状态，出现社会交往的"内卷化"特征，使农民工难以融入城市社区。[①] 只有当农民工与城市居民具有充分的交往时间，才可能了解并接受彼此的生活方式，实现文化接纳和行为适应，构建新的社会网络关系。

表 8 - 2　　　　　　　　　　农民工劳动强度分析　　　　　　　单位:%

劳动强度	频率	有效百分比	累积百分比
强度大，经常加班	193	27.0	27.0
强度比较大，偶尔会加班	280	39.1	66.1
一般，每天八小时	130	18.2	84.3
强度小，很轻松	112	15.7	100.0
合计	715	100.0	

资料来源：根据问卷调查整理而得。

3. 社会交往的空间——社区参与的有限性

社会交往发生在一定场域，"场域"源于 19 世纪中叶的物理学概念，后经法国社会学家布迪厄引入社会文化活动的研究领域，布迪厄以场域、惯习、资本等概念为基础构建了社会学研究的理论范式。他认为，共同场域塑造共同习惯，共同习惯反过来又影响共同场域。而社区生活是农民工

---

① 潘泽泉、林婷婷：《劳动时间、社会交往与农民工的社会融入研究——基于湖南省农民工"三融入"调查的分析》，《中国人口科学》2015 年第 3 期。

与城市居民开展社会交往、构建社会网络的最好场域，通过"社区"这一场域，农民工与城市居民保持持续互动、深入交流，农民工将获取更多"城市特质"，城市居民也会理解农民工群体"乡村特性"，改变对农民工群体的固有看法和态度，逐步走向和谐共融，社区参与的充分性对于农民工社会交往范围的扩张具有重要意义。

然而事实上，农民工对城市社区生活的融入程度极其有限，自主性的社区参与整体上也比较薄弱，他们缺乏对城市社区的认同感和归属感。调研数据也验证了这一判断，农民工群体对所在社区活动的参与情况较为一般，22.4%的受访者表示经常参加社区活动，37.5%的受访者表示偶尔参加社区活动，40.1%的受访者表示几乎不参与社区活动，低水平的有限参与意味着农民工不能与社区居民形成一定的社交关系，无法拓展自己的社会网络，获取一定的社会资源。

二 农民工社会交往内卷性的实质影响

依据上述调研数据可见，尽管农民工群体正尝试在城市生活中拓展自己的社交范围，改善群体的社会网络资源。但由于生活习惯、价值观念、活动场域、时间因素等方面的影响，导致农民工群体难以融入城市居民的社交圈。在社会交往弱权的状态下，他们转而在群体内部发展社交关系，呈现"社交内卷化"的社交弱权状态。农民工社交内卷化会产生积极、消极两种影响，积极影响是产生内部共同体——内部"抱团"；消极影响是对外部世界的否定——外部"抵触"。

1. 产生内部共同体——内部"抱团"

马斯洛需求理论说明人的需求具有层次性，在满足生理和安全的低级需求层次后，会有情感和归属需求的产生。人类渴望群体生活来消除孤独感、增加安全感，因而人类具有群集性的本能属性。当遭遇恐惧情景时，个体便会寻求群体帮助以应对恐慌情绪。背井离乡的农民工群体在城市生活和工作中会遭遇各种制度性或非制度性困境，他们极易产生恐惧、抑郁、孤独等负面情绪。调研数据显示，8.4%的农民工在城市生活和工作中会经常性产生负面情绪，47.9%的农民工有时会产生负面情绪，20.4%的农民工较少产生负面情绪。

而积极的、广泛的社会交往有利于减少个体的孤独感，缓解个体的恐惧感，降低抑郁情绪，从而使农民工群体获得肯定性的自我认同。由于城乡隔阂的存在，农民工群体较少与城市居民建立广泛的社会交往，较少从城市居民群体中获得认同和帮助。因此，他们转向群体内部寻求自我认同和帮助，形成集体排他性的内部共同体集团。社会交往理论认为，"交往是建立在一定的经济基础和社会地位之上，相近社会位置的人们之间的交往比其位置相差大的人们间的交往要普遍些"[1]，"同一个阶层的人有着共同的社会经验和角色以及相似的属性和态度"[2]。从某种意义上而言，农民工群体内部成员的家庭背景、经济基础、社会地位相近，而且他们外出务工的经历、城市生活的境遇也颇为相似，上述属性的同质性使来自全国不同地区的农民工易于建立彼此的社会交往关系，形成内部抱团，产生认同感和归属感，形成与城市社会隔离的独特内部共同体。农民工可以通过共同体满足自我认同、社会交往、抵御外部风险等基本功能，老乡会、工友群等自发共同体成为满足农民工群体性生活需求、维护个体权益的有效途径。调研资料显示，农民工内部抱团现象较为普遍，如"在遭遇不公待遇时，找谁调解冲突"，仅有5.3%的受访者表示会向政府部门寻求帮助，而47.4%的受访者选择找父母、亲友、老乡、朋友等解决问题，呈现出"抱团"维权倾向，"抱团维权"正是农民工群体社交内卷化的一种外在表现。

2. 对外部世界的否定——外部"抵触"

受限于文化水平、认知能力，农民工群体因社交弱权而形成的内部共同体层次较低，集体认知水平有限，不能正确认知外部世界，容易对外部世界产生否定性认知，进而产生集体行动的扭曲、变形。农民工的内部抱团是一种被动选择的结果，本来他们意图通过社会交往融入城市主流社会，但由于在日常生活中遭遇了城市主流社会的排斥和歧视，最终使他们转向内部群体寻求认同了。调研资料显示，56.3%的农民工表示在城市中会受到歧视，详见表8-3。

---

① 刘精明、李路路：《阶层化：居住空间、生活方式、社会交往与阶层认同——我国城镇社会阶层化问题的实证研究》，《社会学研究》2005年第3期。

② 赵树凯：《边缘化的基础教育——北京外来人口子弟学校的初步调查》，《管理世界》2005年第5期。

表 8 - 3 城市歧视频率分析 单位:%

歧视频率	频率	有效百分比	累积百分比
经常	60	8.4	8.4
一般	155	21.6	30.0
偶尔	188	26.3	56.3
没有	312	43.7	100.0
合计	715	100.0	

资料来源：根据问卷调查整理而得。

城市社会的歧视必然会影响农民工对城市社会的肯定性认同，转而产生了不明确或不稳定的否定性认知。当具有否定性认知的农民工聚集在一起时，内部交往会进一步强化对外部社会的否定心态和抵触情绪，甚至会外化为某种过激性群体行为，直接影响社会的和谐和稳定。因此，群体性事件在农民工聚集区域内时有发生。

第二节　农民工自组织社交增权的实现方式

正如上文所述，农民工群体社会交往内卷化会产生积极、消极两种影响，积极影响是产生内部共同体——内部"抱团"，消极影响是对外部世界的否定——外部"抵触"。因此，农民工一方面应提升内部交往层次以满足心理需求；另一方面应拓展外部交往以增加外部认同，农民工自组织可以在上述方面发挥组织平台的重要作用。农民工自组织可以为农民工的交流与互动提供信息及活动平台，开展社交技巧讲座，促进他们与群体内外成员的交流互动，帮助他们建立良好的人际关系，积极拓展良好的社交领域，获取丰富的社会资源，顺利融入城市社会。

一　组织内部聚会　调解心理状态

在城市务工及生活过程中，农民工会面临社会规范、城乡文化、价值取向、行为选择等各类冲突情景，冲突容易造成他们的心理焦虑和角色紧张，多数农民工自组织都会组织各类的聚会活动调解农民工群体的心理状态。如组织 AA 制集体出游活动，根据时节组团出游以缓解农民工群体的生活工作压力，增加内部成员的感情；组织交友相亲活动，为大龄农民工未婚青年设置的交友相亲项目，解决农民工群体的婚配问题；组织集体生日活动，通过"生日派对"丰富农民工群体的社交生活；组织节庆活动，逢春节、中秋节、端午节等重大节日，农民工自组织开展联欢活动，让在外工作的农民工感受家庭温暖。调研数据显示，农民工自组织组织活动的频率不高，经常组织活动的仅占 9.6%，偶尔组织活动的占 42.3%。活动组织频率不高与农民工群体工作时间较长、社交资金有限等因素相关，但是频率不高的聚会活动也是农民工疏解紧张情绪、相互沟通的良好平台。各类聚会活动能够使具有相似家庭背景、生活经历的农民工分享生活、工作经历，同伴教育可以使农民工熟悉城市社会的生活情境，帮助他们改变价值观念，树立市民意识，获得适应城市社会、应对工作压力的能力，消除孤独感和心理压抑感，重塑农民工的"熟人社会"。如杭州 CG 之家组织每年都会开展集体出游活动，根据时节组团出游，实行 AA 制消费，缓解农民工群体的生活工作压力，增加内部成员的感情；"寻梦同路人"活动是为大龄农民工未婚青年设置的交友相亲项目，解决农民工群体的婚配问题；"生日派对"活动是精心策划的集体生日活动。而 XXN 互助热线组织户外之旅，组织农民工与志愿者组团户外活动，通过自我介绍、户外游戏活动增进认识。同时，每逢春节、中秋节、端午节等重大节日，XXN 互助热线都会组织联欢活动，让在外工作的农民工感受家庭温暖。

表 8 - 4 农民工自组织的活动频率 单位:%

	频率	有效百分比	累积百分比
经常	69	9.6	9.6
偶尔	302	42.3	51.9
很少	275	38.5	90.4
没有	69	9.6	100.0
合计	715	100.0	

资料来源：根据问卷调查整理而得。

二 参与社会活动 提升群体社会形象

因城乡二元体制，农民工与城市居民的生活场域具有较大差异性，从而使生活习惯、价值理念、文化素养迥然不同。进城后的农民工如果依旧与群体内成员进行互动，而鲜少与城市居民互动的话，也就无法与市民形成共同场域，进而塑造共同习惯。就目前而言，农民工与城市居民在职业场域的交往日渐增多，然而由于居住空间的隔离（多数农民工居住在工地、厂房、单位宿舍或城乡接合部地区），多数农民工与城市居民在生活场域的交集很小。农民工自组织以组织身份与相关机构对接，让农民工群体参与各类社会活动，通过社会参与活动增进与城市居民在生活场域的互动频率，加强彼此了解以消除偏见。如农民工自组织可以与慈善公益组织合作，组织农民工群体参加城市社会公益事业，前往儿童福利院、敬老院开展公益活动，关爱残障人士、孤寡老人及儿童，塑造农民工群体热心公益的正面形象；农民工自组织还可以与政府机构合作，组织农民工群体积极参与环境保护、交通疏导、社区服务等方面的社会治理事务，塑造农民工群体遵纪守法的正面形象。通过多领域的社会参与行动，农民工自组织可以增进农民工群体与城市居民的交流频率，塑造农民工群体的良好形象，获得社会公众认可。如温州的WX之家就多次组织成员参加社会公益活动，多次带领农民工群体前往温州市儿童福利院、敬老院开展公益活动，关爱残障人士、孤寡老人及儿童，塑造农民工群体热心公益的正面形象。同时，WX之家还与政府合作，积极引导农民工群体参与温州市环境保护、交通疏导等方面的社会治理事务，如协助温州市环保局开展环保知识宣传大型公益演出活动，与温州市龙湾区交警队联合开展交通违规行为劝导工作等等。通过多领域的社会参与行动，WX之家使组织成员获得温州当地居民的认可，塑造农民工群体的良好形象。而XXN互助热线也积极组织农民工参与外部活动，增进与城市居民的交流，提升自身形象。如XXN互助热线在2015年4月11日组织农民工志愿者参加共青团市委组织的"我和春天有个约会"大型植树活动，与来自北京各个单位、社区的志愿者一起美化城市环境。

三 举办社交培训 提高群体社交能力

农民工群体的城市生活环境普遍较差，由于社会环境、社会歧视等因素的影响，这个庞大的群体可能会出现不同程度的社交焦虑，即对社会交往产生紧张、忧虑、恐惧的消极情绪。社交焦虑会产生许多不良后果，使农民工的社交生活受到影响，使他们对正常的社会交往活动采取回避态度，使他们难以在社交活动中获取愉悦感觉，症状严重者甚至不能与人正常交往。因此，为了缓解农民工群体的社交焦虑情绪，提升社交技巧，农民工自组织一方面可以邀请一些专家型志愿者开办讲座，传授农民工群体人际交往的原则和方法，提升语言表达能力，尽快适应城市生活环境，学会与城市居民的沟通技巧，获得良好的社交体验；另一方面也可以组织农民工开展内部分享会，探讨他们在人际交往过程中面临的主要问题以及问题产生的原因。一个人在城市务工感到很孤独且无助，当农民工以独立的个体身份面对社会，心理抗压能力较为微弱；当他们以团体身份聚合在一起时，心理抗压能力就会得以增加。通过相互间的沟通和交流，可以释放农民工群体在人际交往中的心理压力，进而有利于农民工群体的个体发展，也缩短农民工融入城市社会的进程。

农村人口向城镇大量转移的趋势短期内不会改变，而农民工的城市融合是我国城市化过程中的重要问题。城市社会融合不单指生活、工作空间的转变，更为核心的是农民工群体能否通过积极的社会交往融入城市社区，与城市生活有机结合。通过农民工自组织的组织化运作，农民工群体能够有效提升社会交往效率，扩大社会交往范围，提高社会交往的技能，从而增强农民工群体获取社会资源的能力，加快其城市融合的进程。同时，组织化运作的有序性能够减少农民工群体社会交往的冲突性，使社会运行趋于稳定，促进社会团结。因此，我国政府应积极促进、合理引导农民工自组织的有序发展，有效提升农民工自组织的社交增权功能。

第九章　农民工自组织的
组织增权优势

　　由于城乡发展差异，进城务工的农民工群体会因地域歧视遭受差异化待遇，在政治、经济、文化、社交等方面无法享受市民的同等待遇。制度缺陷、群体歧视和资本力量等多种因素造成了农民工群体权益受损的现实困境，也造成了农民工维权行为频发的社会现实。本书调研数据显示，当前农民工维权主要通过政府、工会及个体维权路径，从实践效果来看，上述三种维权方式都存在一定弊端，在上文已做专门论述，此处不再赘述。在社会群体利益分化日趋严重的社会背景之下，农民工的增权行动处处碰壁，行动效能较低。而农民工自组织凭借组织化平台，可以极大增强劳方——农民工群体的维权效能。农民工自组织维护农民工的政治、经济、文化、社交权益，可以避免政府维权的资本干扰，摆脱工会维权的依附困境，降低个体维权的昂贵成本。农民工自组织通过有序对话、协商调解的方式，可以化解部分劳资冲突，有效保障农民工群体应有权益。

第一节　避免政府维权的资本干扰

　　为了保护农民工群体的劳动权益，从中央到地方，各类法律法规、政策文件不断制定、出台、完善，形成了一套相对完备的劳动保护制度体系，然而农民工群体的生存环境仍旧窘迫，形成了制度悖论。究其原因是制度文本与制度实践之间存在的巨大差异，中央及省级政府负责制度的文本制定，地方基层政府负责制度的实际执行，两者间不同的执政目标产生了理论与实践的巨大差异。就执政目标而言，从促进经济发展、保障社会稳定的角度出发，地方基层政府应当积极承担保障农民工权益的职责。但是，在现行财税体制和官员晋升机制下，地方基层政府事实上在农民工权益维护方面缺乏主动性和积极性，导致了政府维权的资本干扰。为了尽可能地提高 GDP 增长率，大幅增加政府的财政收入，换取自身的晋升资本，地方政府需要吸引大量的投资和廉价劳动力。而在我国资本稀缺、劳动力充足的现实情况下，地方政府理性选择了资方利益。因此，当地方企业与农民工群体间发生劳资冲突时，地方政府出于资本优先的考虑会忽视农民工权益保障工作。反之，如果地方政府强调农民工群体劳动权益保护，资本就会因投资环境不良而转投其他地方，进而影响地方政府的经济增长目标的实现。农民工权益的政府维权路径存在明显的资本干扰，难以完全承担农民工群体的权益保障工作。

一　财税制度下的经济利益最大化

为了激励地方政府的创新型行政行为，我国中央政府实施政治集权下的经济分权制。中央政府的 GDP 绩效考核标准激励地方政府想方设法发展地方经济，从而为自身换取政治发展的绩效资本。财税制度在经济分权中扮演重要角色，与地方政府的切身经济利益紧密相关。因此，我国财税制度的历次变革都直接影响了地方政府的执政行为，地方政府执政行为变化的核心理念是实现地方政府自身利益最大化。我国财税体制大体上经历了三个阶段。第一阶段是改革开放前的计划财政体制，我国在 1978 年前实行与计划经济体制相匹配的高度集中的计划财政体制，主要实现形式是统收统支体制。即地方政府的财政收入统一上缴中央，地方财政支出也由中央政府统一拨付的高度集中的预算管理体制。统收统支体制的优点是能够实现财政收支平衡，集中财力建设大型公共项目；弊端是收支不挂钩，难以激发地方政府的积极性，地方经济缺乏活力。第二阶段是党的十一届三中全会后的财政包干体制，调整了中央和地方的财政分配关系，1980—1987 年先后经历了"划分收支，分级包干""总额分成，比例包干""划分税种，核定收支，分级包干"等包干方法，1988 年开始实行包括"收入递增包干""总额分成""总额分成加增长分成""上解递增包干""定额上解"和"定额补助"六类包干方法，不管何种包干方法，其基本目的都是激发地方谋取财政收入的积极性。中央政府与地方政府形成了委托—代理关系，地方获得了与中央政府博弈的机会，激发了地方的经济活力。

但财政包干体制弱化了中央政府的财政宏观调控能力，减少了中央财政在新增财税收入中的份额。第三阶段是我国自 1994 年在全国范围内推行分税制财政体制，中央与地方政府按照税种划分中央与地方收入范围，消费税、关税等属于中央税，如营业税、土地增值税等属于地方税，属于分成合同性质有增值税、企业所得税和个人所得税，分设中央和地方两套税务机构，建立政府间转移支付制度等。由于地方政府第一大主体税种是营业税，增值税和企业所得税是地方政府的税收收入中的第二和第三税种。为了获得足够地方税收入，地方政府必须实现工业投资的不断增长，这也就激励地方政府积极开展招商引资工作，吸引企业落户当地。为了增加财政收入，保障分税制下自身税收利益的最大化，地方政府对部分企业的侵权行为会有纵容的态度。因此，当农民工群体与企业间产生劳资纠纷时，一些财政实力较弱的地方政府往往会维护企业资方的利益，牺牲农民工群体的合理利益，从而保障地方的财政收益。

二 官员晋升机制下的经济利益短期化

现有官员晋升机制偏重地方官员的经济治理绩效，致使地方官员偏重经济指标的短期提升，忽视地方社会的整体协调发展，用短期快速的经济治理绩效为职场晋升换取政治资本。改革开放以来的诸多政治学研究表明，地方政府官员的晋升概率与地方经济绩效呈现正相关关系，在官员晋升的考核体系中，国内生产总值、地方财政收入、新增固定资产投资、合同利用外资额等经济指标在指标体系中占较大比重。同时，改革开放以来，为了能够快速升迁，部分地方官员将大量执政精力投诸招商引资，为企业提供各种优惠政策，甚至于偏袒企业资本利益，对侵害农民工权益的行为放任不管。当农民工与地方企业发生劳资纠纷时，企业以"搬迁"挟持地方政府，某些地方官员以"行政权力"管制农民工群体，农民工群体最终成为三方博弈的牺牲品，形成了资本压榨劳动力的不良社会效应。

第二节 摆脱工会维权的依附困境

工会组织是属于工人阶级的群众组织，我国的工会组织诞生于 1840 年鸦片战争后的资本主义萌芽时期。鸦片战争以后，外国资本、民族资本和官办资本开始兴办各类实业，最初的产业工人得以形成，工人阶级与资产阶级的劳资纠纷也不断加剧，各类罢工运动层出不穷。工人阶级在与资产阶级的斗争中意识到了组织化的重要性，1920 年 8 月，江南造船所锻工李中受中共上海发起组委托，联合上海造船厂、电灯厂、厚生纱厂、东洋纱厂和恒生纱厂等工人，发起组织上海机器工会。在上海机器工会发起组织的推动下，1920 年 11 月 21 日下午，上海机器工会在凤阳路 186 号上海公学举行成立大会，这是我国第一个现代意义上的工会组织。随后，广州、北京、武汉等地各类工会组织纷纷成立。1925 年 5 月 1 日，中华全国铁路总工会、汉冶萍工会、中华海员工业联合总会和广州工人代表会等当时最具影响力的四个工会组织在广州召开第二次全国劳动大会上宣告成立中华全国总工会。工会组织在革命年代成为工人运动的组织平台，在阶级斗争过程中发挥了重要作用。1949 年新中国成立后，工会的组织体系更加完善，实现了行业的全覆盖，也实现了地域全覆盖，从省、市、县都成立了地方总工会。回顾我国工会的发展历程可以发现，工会是劳动关系的必然产物，其作用是为了调解劳动过程中可能发生的劳资纠纷。劳动契约中的双方是企业与个体劳动者，分散的个体劳动者难以凭借自身力量抗衡企业的侵权行为，只有处在同等地位、具有相同维权诉求的个体劳动者通过工会平台联合成目标一致的联合体，才能形成与企业抗衡的劳动者力量，从而制衡资本力量，平衡劳资关系。因此，工会的天然职能是保护劳动者权益，而农民工群体是现代产业工人的重要组成部分，工会理应承担为农民工维权的职责。为了加强农民工权益保障的组织力量，我国政府引导农民工群体加入工会组织，中华全国总工会及其下属的地方各级总工会加大了在私营企业、外资企业、乡镇企业中建设工会组织的力度，希望将大量农民工吸纳到工会组织中，意图通过工会的组织平台维护农民工的合法权益。

然而，现实情况是农民工加入工会的比例并不高，究其原因是工会维权面临严峻的依附困境，不能有效地维护农民工的权益。工会的依附困境来自两个方面，一方面是企业工会对政府具有很强的依附性，缺乏独立性。《中华人民共和国工会法》规定，工会是在中国共产党领导下职工群众自愿结合的群众组织，同时接受同级党委和上级工会的领导，并以同级党委领导为主。这一规定决定了基层工会无法独立于上级工会而自主的开展工作，缺乏组织独立性。同时，多数工会领导由上级党委或工会组织委派。工会干部的升迁任免受基层工会所在单位行政力量的影响，这种方式极易使工会产生行政化倾向。另一方面，企业工会的经济基础、人事制度依附于企业。首先，依据《中华人民共和国工会法》规定，"企业、事业单位、机关工会委员会的专职工作人员的工资、奖金、补贴，由所在单位支付"。"工会经费来源包括工会会员缴纳的会费；建立工会组织的企业、事业单位、机关按每月全部职工工资总额的百分之二向工会拨缴的经费。"上述工会的经济来源决定了工会对企业的依附性，企业依靠经济资源控制了工会的职能，工会无法充分履行为劳动者维权的职能，成了缺乏独立性的企业附属品。因此，工会必须拥有独立性质的资金来源，摆脱企业的经济控制，才能获得组织独立性。另外，工会还需获得独立的人事权。虽然，《中华人民共和国工会法》规定"各级工会委员会由会员大会或者会员代表大会民主选举产生，企业主要负责人的近亲属不得作为本企业基层工会委员会成员的人选"，但现实情况是，很多企业没有经过选举产生的工会领导成员，而是由企业主自行委任工会领导成员，工会领导小组完全成为企业主的傀儡，丧失了工会组织最重要的独立性。

当下，工会组织对政府的行政依附性和对企业的资金、人事的依附性决定了工会维权的弱效应。企业工会组织不能为了农民工的权益与政府的行政意识、企业的资本力量抗衡。

第三节　降低个体维权的昂贵成本

对政府维权、工会维权方式的失望促使农民工群体走上个体维权的路径。个体维权有两种路径——司法理性途径和非理性途径，两种都会使农民工付出大量的时间成本、经济成本和情感成本。依据我国现行的劳动法规，农民工群体在遭遇劳动权益侵害行为后，可以向劳动监察大队举报或向劳动争议仲裁委员会申请仲裁，然而不管是何种形式，完成所有法定程序需要漫长的等待时间，劳动监察大队的劳资纠纷处理时限是 60 个工作日，劳动争议仲裁委员会的劳资争议处理时限也是 60 日，人民法院一审的处理时限是 3 个月至 15 个月，二审的处理时限是 3 个月至 6 个月，执行阶段的处理时限是 6 个月至不确定。一件劳资纠纷案件的处理流程极其漫长，较长的时间流程会使处于流动状态的农民工放弃烦琐的司法维权路

径，转而采取过激行为谋求力量和支持。农民工群体在个体维权过程中遭
遇挫折，会导致认知情感发生变化，容易产生人格受辱的压抑感，并因没
有特定指向的内心冲动产生过激行为动机。当过激行为动机得到有效引导
或排解，心理的焦虑情绪能得到有效控制，逐渐平和情绪。反之，如若缺
乏外界的正确引导，焦虑、矛盾心理日趋严重，就可以导致个体情绪失控
下做出非理性的过激行动，农民工群体的"过激维权"就属于此类。所谓
"过激维权"是指权益遭受侵害的农民工群体因无处维权，采取自残或残
他的不理性行为表达维权需求，进而吸引公众关注，形成社会舆论压力，
迫使侵权者修正侵权行为，维护自身合法权益。近些年，此类过激维权行
为频频见诸报端。过激维权行为的实施并不能带给农民工群体所预期的维
权效应，反而对农民工或侵权人家庭、社会稳定带来了极大的负面影响，
还有可能在社会舆论的放大作用下成为其他群体性事件的导火索，在一定
程度上扰乱了正常的社会秩序。

作为我国城市化、现代化过程中出现的一个新群体，农民工已经成为
我国产业工人重要的组成部分，为经济发展、社会进步做出了较大贡献。
当前，我国农民工权益遭受侵害的现象仍普遍存在，农民工群体的维权之
路遭遇诸多困境，政府维权因资本干扰而缺乏主动性，工会维权因资金、
人事问题呈现依附性，个体维权因低效率而导致过激性，劳资博弈中的失
衡状态导致农民工的权益难以得到有效保障，这也激发了农民工对自组织
维权的迫切需求。正如上文分析所见，就目前而言，农民工自组织发挥了
一定的维权作用，它能够整合、引导政府关注农民工合理表达诉求，督促
企业改变任意侵权的不良行为，促进工会提升维权积极性。但是，农民工
自组织在农民工增权行动方面也存在一定问题，制约了农民工自组织的增
权行动效能，下一章节将对此进行详细剖析。

第十章　农民工自组织的
组织增权困境

　　农民工自组织通过各种活动、方式增进农民工在政治参与、经济收益、权益维护、文化教育、社会交往等方面的能力。然而，农民工自组织的发展面临诸多困难。调研数据显示，自组织发展面临困难依次分别是没有资金、维权能力太弱、不能注册、管理人员水平差、服务项目太少，详见表10－1。组织资金的短缺、人力资源的缺乏、组织治理能力不足、组织合法性缺失、组织制度环境不佳、服务项目不足等问题都严重制约农民工自组织的持续稳定发展。

表10－1　　　　　　　　**农民工自组织发展的障碍性因素**　　　　　　单位:%

障碍性因素	频率	有效百分比	累积百分比
不能注册	173	24.3	24.3
没有资金	229	32.0	56.3
管理人员水平差	56	7.8	64.1
服务项目太少	56	7.8	71.9
维权能力太弱	201	28.1	100.0
合计	715	100.0	

　　资料来源：根据问卷调查整理而得。

第一节　组织法律合法性问题

　　一个组织的发展需要获得一定合法性。"合法性"是一个内涵非常复杂的概念，它的形容词 legitimate（合法的或具有合法性的）有七条基本的义项：根据法律的，符合法律的；合法婚姻所生的；以继承权的原则为依据的；与既定的规章、原则、标准相一致的；符合推理规则的，有逻辑的，并因而有效力的；正当的；正常的或通常类型的。"合法性"概念被用来表明具有这些属性，概括地说，"合法性"表明某一事物具有被承认、被认可、被接受的基础，至于具体的基础是什么（如某种习惯、某条法律、某种主张、某一权威），则要看实际情境而定。"合法性"概念在社会科学（社会学、政治学等）中的使用还存在广义和狭义之分，广义的合法性概念被用于讨论社会的秩序、规范或规范系统；狭义的合法性概念被用于理解国家的统治类型，或政治秩序。合法性概念无论在广义还是在狭义的用法中都包含着同一要旨：由于被判断或被相信符合某种规则而被承认或被接受。[①] 本书引用高丙中在《社会团体的合法性问题》一文中的论述，拟把合法性分解为社会合法性、法律合法性、政治合法性和行政合法性，农民工自组织可以通过凭借其活动的正当性、积极响应国家的政治号召以及一定的行动策略来赢得社会、政治和行政上的合法性。由于现行法规的约束，它们却往往难以通过自身努力来获得政府部门的注册以获取法律上的合法性，法律合法性的严重不足影响农民工自组织在组织管理、资源获取和服务供应等方面的行为效果。农民工群体也较支持组织进行合法注册，78.8% 的受访农民工认为农民工自组织需要在政府部门注册，接收政府管理以获得法律合法性，使农民工自组织发展得更好。

　　然而，我国实行的是业务主管单位和登记管理机关双重负责的社会组织管理体制，受双重管理体制所限，现实中农民工自组织难以获得合法身份，进而决定其不能以合法身份参与社会公共事务。依据《社会团体登记条例》第十条规定，成立社会团体应当具备下列条件：有 50 个以上的个人会员或者 30 个以上的单位会员；个人会员、单位会员混合组成的，会员总数不得少于 50 个；有规范的名称和相应的组织机构；有固定的住所；有与其业务活动相适应的专职工作人员；有合法的资产和经费来源，全国性的社会团体有 10 万元以上活动资金，地方性的社会团体和

---

① 高丙中：《社会团体的合法性问题》，《中国社会科学》2000 年第 2 期。

跨行政区域的社会团体有 3 万元以上活动资金；有独立承担民事责任的能力。同时，申请成立社会团体应当经其业务主管单位审查同意。[①] 业务主管单位主要指国务院有关部门和县级以上地方各级人民政府的有关部门、国务院或者县级以上地方各级人民政府授权的组织。由于业务主管单位要承担相应的管理责任，很少有单位愿意充当农民工自组织的主管单位，为它们承担经济风险或政治风险。受历史经验影响，部分政府官员会将"农民工自组织"等同于具有政治色彩的"农会"，认为农民工自组织的发展存在一定的政治风险，拒绝与其发生关系以规避风险。就农民工自组织而言，要想找到一个主管单位非常困难，案例中各类农民工自组织都在建立之初遭遇此类难题。"XXN 互助热线"最初以"互帮互助、公益社会"的宗旨取得了某区团委的官方认可，使其成为"XXN 互助热线"的业务主管单位，并由此获得了合法的身份。但当"XXN 互助热线"开始增加农民工维权行动时，业务主管单位很快就解除了与它的挂靠关系，以避免政治风险。[②]

难以满足登记注册的基本条件，农民工自组织只能以两种方式继续存在，一种以不登记不合法的形式存在，缺乏法律合法性会影响农民工自组织的社会认可度，也使其无法获得经济资源、人力资源，进而影响组织的规范性、持续性发展，也不利于为农民工群体提供持续和稳定的服务；另一种是采取工商注册方式获取独立运行的资格，但这样又会在一定程度上影响或降低自组织的公益性特征，使农民工自组织在争取捐赠和税收优惠时遇到制度障碍。目前，大多数农民工自组织都以上述两种方式存在，仅有极少数农民工自组织以社会组织身份得以注册。由于大部分农民工自组织游离于社会组织之外，因而政府无法通过社会组织双重管理体制对大部分农民工自组织加以管理。小部分农民工自组织已在工商部门登记注册，但工商部门对农民工自组织的管理一般也只限于报税、年检等事务，根本谈不上其他方面的管理，长期无人主管的局面不利于农民工自组织的长远发展。因为农民工自组织的自我管理能力尚

[①] 详见《社会团体登记条例》（2016 年修订）。

[②] 陈菊红：《国家—社会视野下的流动人口自我管理研究》，博士学位论文，中共中央党校，2014 年。

不成熟，在组织目标、活动项目、资金筹集等方面都需要政府的指导和
监管，否则容易产生偏差行为。

第二节　组织的治理能力不强

一　治理精英化

制度化治理是一个组织实现持续稳定发展的重要基础，即以详细制
度规范协调组织或集体行为。然而，农民工自组织基本采用的是精英治
理模式，即依靠精英人物管理组织的所有事务，确定组织的发展方向。
农民工自组织的精英人物主要指在组织发展过程中发挥引领作用的个体，
如自组织领导层的核心人员。核心人员的个人能力、社会资源直接决定
了组织的发展前景，形成了农民工自组织的精英治理模式。农民工自组
织形成精英治理模式的原因主要涉及如下几方面：第一，农民工自组织
的基本属性决定了精英在组建时期的发起者角色。农民工自组织是由农
民工群体基于维护群体利益的共同诉求而自发、自建、自治的民间公益
组织。作为农民工群体中的精英，他们因自身良好的素质及相对丰富的
社会资源而成为组织发起人，通过个人社会网络为初创时期的自组织提
供资金、人力等重要资源，依靠个体精英形象扩大自组织的社会影响力。
第二，农民工自组织的组织治理特征决定了精英治理的可行性。农民工
自组织的组织治理主要依靠"关系合约"，所谓关系合约是指组织行动
者之间的合作不是依据双方签订的正式规则，而是依赖于双方的相互信
任。基于信任形成的"关系合约"使双方的合作过程简单化，降低了组
织行动的交易成本。

基于上述原因，初创时期的精英治理模式成为农民工自组织的必然
选择，精英治理解决了农民工自组织在成立初期面临的资源贫乏和集体
行动难的困境。根据调研资料显示，农民工自组织的工作人员数量较
少，组织的运行和发展主要依赖少数精英人物。农民工自组织的管理人
员数量在 1—3 人的占比 46.2%，管理人员数量在 4—6 人的占比
30.8%，详见表 10 - 2。

表 10－2　　　　　　　　农民工自组织的管理人员数量　　　　　　单位:%

数量	频率	有效百分比	累积百分比
1—3	330	46.2	46.2
4—6	220	30.8	87.0
7 人及以上	165	23.0	100.0
合计	715	100.0	

资料来源：根据问卷调查整理而得。

　　作为组织管理的核心力量，农民工精英是农民工自组织的主要管理者，他们在组织发展早期承担发展组织成员、获取社会资源、加强组织建设等大量事务。但是，随着自组织规模的扩大和组织事务的不断增多，自组织发展的风险和不可控因素会明显增多。精英治理模式面临极大挑战，精英治理伴随的寡头治理现象会对组织的规范管理、有序运作带来不良影响。

　　第一，精英治理易导致组织发展危机。组织精英的个人因素在农民工自组织初创时期提供了根本性的支持作用，组织精英的公益理念和价值诉求也成为推动组织发展的重要引领，组织精英自然也成为农民工自组织的标签。但是，随着组织的进一步发展，过于浓重的个人色彩会限制农民工自组织的行动能力与发展前景。精英的个人时间、个人知识和个人能力均是有限的，精英治理使自组织的精英工作负担过重。一些农民工自组织的主要负责人均是肩负多重职责，如组织日常管理、组织外联工作、组织财务监管等等，部分职能已经超出了他们的能力范畴。在调研中，84.5%受访农民工认为自组织管理人员的工作能力需要提升。多重性质的工作容易导致精英角色冲突，降低了工作效率，也影响了组织精英的生活职能。如果组织发展程度超出精英的知识及能力范畴，精英治理就难以维系。一旦精英组织管理不善，组织就无法正常运转。因此，经过初创期的精英管理模式后，农民工自组织应在组织后续发展中尽快建立制度化的管理模式，确保组织发展民主化、规范化。

　　第二，精英治理易诱致组织营利倾向。作为一种具有自愿性、自主性的非营利性组织，农民工自组织不存在利润分配制度，即农民工自组织可以开展部分营利性项目和有偿性服务，项目及服务所得不能以红利方式发放给组织成员，所得利润只能用于维系组织的发展运营。农民工自组织精英往往凭借社会责任感投入组织工作，自愿兼职不领取薪酬或仅领取少量报酬，从而获得良好的社会声誉和精神激励。然而，轻物质重精神的声誉激励机制的作用是具有边界线的。随着组织规模的不断扩大，组织的各类资源会日趋丰富，各种利益诱惑会不断增加，精英治理模式下组织精英的过大权力可能使其迷失方向，产生营利倾向。

总之，农民工自组织在组建初期实施精英治理是有一定的现实必然性，具有良好个体形象、无私公益理念、相似价值取向的农民工精英，对农民工群体具有极大的吸引力，对自组织成立之初的良好运作产生积极性作用。但是，对精英治理的长期依赖会导致自组织的民主管理模式无法得到有效运行，导致内部制度化的监督机制无法有效运转，精英的个体意志和价值偏好会影响农民工自组织的集体利益，经常凌驾于公共利益之上，此即组织发展壮大后的"精英悖论"。因此，农民工自组织在发展过程中应当规范组织基本管理制度、设置民主议事机构、实现资源来源多样化，通过多种措施来矫正精英治理模式，减少对组织精英的过度依赖，以推动组织的民主治理。

二　治理机构不完善

农民工自组织的治理能力不足还体现为治理机构的不完善，农民工自组织的治理效率取决于治理结构的完整性。农民工自组织属于非营利组织，而我国目前尚无专门的法律对非营利组织治理结构模式进行明确的规定，只有相关行政管理条例中提及治理结构，如《社会团体登记管理条例》第10条规定成立社会团体的条件之一是"有相应的组织机构"，第14条规定应该"召开会员大会（或者会员代表大会），通过章程产生执行机构、负责人和法定代表人"，第15条规定社会团体的章程应该包括"民主的组织管理体制、执行机构的产生程序、负责人的条件和产生、罢免的程序"；《民办非企业单位登记管理暂行条例》第六条规定，成立民办非企业单位应该有必要的组织机构，组织章程应明确法定代表人或者负责人的产生、罢免的程序；而《基金会管理条例》的规定则较为具体，第三章对"组织机构"进行了专门界定，明确规定基金会需要设立理事会和监事会，并规定了理事和监事的任职资格限制与职责，对基金会的议事程序和监督规则也有明确规定。回顾与农民工自组织相关的行政管理条例可见，除了《基金会管理条例》之外，已有条文只是要求非营利组织需具备一定内部的管理程序和规则，但是没有明确利益相关者的权力与职责问题。与《中华人民共和国公司法》规定公司治理结构的"三会四权"相比，非营利组织治理结构的法律规定缺乏效力，因此农民工自组织此类非营利组织往往容易出现治理机构不完善的问题。

结合非营利组织的基本特征，一般认为我国非营利组织治理结构的基本框架应当包含以下两部分：组织内部机构的设置和组织机构运行的规范。组织内部机构应当包括权力机构、决策机构、执行管理机构以及监督机构等四部分；组织机构的运行规范主要指组织内部的决策、协调、合作的规范机制和组织外部利益相关者的监督机制，外部相关者主要指政府部门、组织的捐赠人、受益者以及社会公众。[1] 据此来观察农民工自组织的治理结构，可以发现理事会和监事会在农民工自组织治理结构中的缺席和虚化现象较为普遍。就目前而言，大部分农民工自组织没有设置此类决策和监督机构；有些农民工自组织虽然设置了理事会和监事会，但却没有真正发挥应有职能。就理事会而言，部分农民工自组织的理事仅仅出现在每年度的理事会上，平时并没有关心组织的发展事宜，并未真正对组织的发展战略起到指导或决策作用，真正对组织发展战略发挥决策作用的仍旧是组织的少数精英，其决策的科学性难以保证。就监事会而言，设置监事会的目的是为了监督自组织的各项工作，防止自组织出现行为偏差，但事实上监事会成员因事务繁忙而较少主动发挥监督职能。由于自组织一般都聘请资深专家、高校学者、律师、会计师等社会专业人士担任监事会顾问，这些专业人士平日工作繁忙且身兼数职，一般都是在自组织邀请下发挥被动监督的职能，如果自组织缺乏自我监督的主动性或有意隐瞒的话，监事会就可能形同虚设。治理机构的不完善，容易导致农民工自组织的发展缺乏有效的远景规划，也容易滋生组织贪腐现象。

---

① 程昔武：《我国非营利组织治理结构的特征及基本框架》，《中国经济问题研究》2008年第3期。

三　治理制度不健全

作为非营利组织，农民工自组织的基本治理制度包括管理层的决策制度、执行层的工作制度和非营利组织道德规范制度。第一，决策制度主要指农民工自组织的理事会制度建设，理事会是治理结构中最重要的组成部分，因此农民工自组织必须明确理事会（或董事会）的制度建设。第二，执行层工作制度主要涉及农民工自组织的各个部门的内部制度建设，包括岗位责任制度、会议制度、资产管理制度、财务管理制度等。岗位责任制度应明确各个职能部门的具体职责，会议制度包括会员大会、理事长会议、办公会议、部门工作会议。根据非营利组织的相关法律法规和行政规定，农民工自组织年会和理事长会议是在一定时期按一定规程召开的法定会议，而其他会议属于处理日常工作的经常性会议，由农民工自组织依据自身情况制定相关会务制度。资产管理制度涉及农民工自组织的固定资产、办公用品的购置程序，已购设备和用品登记、保管、盘点，固定资产和办公用品的赔偿机制等内容。财务管理制度主要涉及农民工自组织的收支登记、财务核算、财务规范、财务公开等方面。依据《社会团体登记管理条例》第二十九条规定，农民工自组织应当将接受、使用捐赠、资助的有关情况，以适当方式向社会公布。第三，道德规范制度。作为非营利组织，农民工自组织的道德规范建设也是非常重要的，道德规范制度建设应当包括奉献、公开、博爱、包容、尊重、平等、遵法等基本道德要素。重视道德规范制度建设，才可以使农民工自组织避免出现不良行为。

依据上述非营利组织制度建设的标准，农民工自组织的制度建设还存在较大空间。大部分农民工自组织在财务管理、工作人员绩效考核、志愿者管理、会员管理等方面没有设置任何成文的规章制度。少部分农民工自组织虽然制定了部分规章制度，但也没有覆盖组织管理的方方面面，多数制度不太健全且运作不规范。调研数据也显示，仅有14.4%的农民工自组织拥有严格的规章制度，50.0%的农民工自组织设置了简单的规章制度，35.6%的农民工自组织没有规章制度。由于缺乏科学的管理制度，组织成员的行为往往无章可循。组织内部也难以实施民主协商，大部分组织事务由自组织内部的少数精英决策，民主的实质意义在农民工的自我管理中大打折扣。

表 10 – 3　　　　　　　农民工自组织的规章制度建设　　　　　单位:%

建设情况	频率	有效百分比	累积百分比
严格的规章制度	103	14.4	14.4
简单的规章制度	358	50.0	64.4
没有规章制度	254	35.6	100.0
合计	715	100.0	

资料来源：根据问卷调查整理而得。

第三节　组织的制度环境不佳

诺斯认为，制度是影响人类行为的一系列规则或规范，是决定人们相互关系的系列约束。[①] 社会制度分为正式制度和非正式制度两种类型，均对人们的日常行为产生约束作用。法律、法规、政策、规章、契约等是成文的正式制度，人们任意违反正式制度将接受相应的法律制裁；而风俗习惯、伦理道德、文化传统、价值理念、意识形态等是不成文的非正式制度，人们任意违反非正式制度将遭受社会公众的舆论谴责。关于制度环境与组织发展的关系问题，理论界普遍承认制度环境对组织发展产生深刻影响，但对于两者之间的作用机理，学者们的认识是一个逐步深化的过程。早期在组织与环境的关系上，理论界更多地将环境对组织的作用视为单向过程，认为组织对环境产生不了任何影响，组织需要向环境妥协，才能获取生存和发展。现代组织理论则认为针对外界环境的复杂性与不确定性，组织也具有能动性，它会有意识地采取各种缓冲技术和桥梁战略，保护或调整其与环境的边界，将一些环境因素吸纳到自身的结构中，以提高技术上的组织安全性，为组织发展谋求合法的制度支持。[②] 作为社会治理的行动者，农民工自组织无时无刻不在和周围的环境发生互动。作为法人行动者，农民工自组织生活在特定的社会环境中，并在特定的制度环境中本能地做出一种适合自己的行动选择，即特定情境下的适应性社会行动。

---

① 邓保国：《农民工民间组织发展的制度环境分析》，《安徽农业科学》2009 年第 24 期。
② ［美］W. 理查德·斯格特：《组织理论——理性、自然和开放系统》，黄洋等译，华夏出版社 2002 年版，第 195 页。

本章所言的制度环境主要是指国务院及其所属部委制定的关于民间公益组织的相关法令、条例、准则、规定及规章，以及党的各项涉及民间公益组织的决定、通知、意见、办法及指示。它们形成一个完整的制度环境，影响农民工自组织的发展，这些制度的集合体决定了农民工自组织的生存发展。当前农民工自组织的制度环境主要包括《社会团体登记管理条例》《民办非企业单位登记管理暂行条例》《基金会管理条例》《中华人民共和国慈善法》等，这些制度的不完善影响了农民工自组织的发展空间，并生成了权力寻租的空间。

一　注册制度：准入条件过高，公益注册困难

作为民间公益组织，我国农民工自组织应当以社会团体或民办非企业单位注册，但我国《社会团体登记管理条例》所设置的注册条件均较高，导致农民工自组织难以注册。依据条例，农民工自组织要获得合法登记必须满足会员数量、活动场所、合法资产、经费来源、主管部门等方面的诸多条件，其中主管单位和注册资金成为农民工自组织注册中遇到的两大障碍，尤其是主管单位这一条件。因为《社会团体登记管理条例》《民办非企业单位登记管理暂行条例》《基金会管理条例》均对业务主管单位的资格做了相应限定——政府相关部门或政府授权的组织。而政府部门出于承担责任的考虑，往往不愿意成为农民工自组织的主管单位。近乎苛刻的准入条件使我国农民工自组织难以获得合法注册，进而因无合法身份难以进行有效运作。

二　管理制度：行政干预不当，多头管理较混乱

由于农民工自组织的服务者和服务对象主要为农民工，而我国对农民工的管理涉及多个部门，导致农民工自组织也受到政府部门的多头管理。农民工自组织的服务内容较为丰富，涉及范围也非常广泛，涉及教育、文化、劳动权益、社会交往、生活服务等领域，他们的组织活动与多个政府部门发生联系，因此自组织的日常工作也受到多个部门的行政干预。如北京 GY 之家开展的社区教育文化服务，与区教委、区文委、团中央等部门发生业务联系；TXXW 家园开展农民工子女的学前教育活动，与区教育局、社区发生一定业务联系；TXXW 家园开展女性农民工的服务，与妇联、社区会产生一定联系。

上述职能部门都有权限对农民工自组织开展管理工作，但是各个部门的管理目标和行政诉求又各不相同，难以对农民工自组织形成统一的管理制度或管理政策，没有一个明确的政府部门负责农民工自组织的管理工作。缺乏统筹管理平台，容易出现行政干预不当、多头管理混乱的局面，也使农民工自组织处于无所适从、忙于应付的尴尬境地。[①]

三 免税制度：免税条款失当，捐赠动力不足

回顾我国现有民间公益组织免税条例，不难发现我国现有免税制度对农民工自组织的引导能力稍显不足，难以刺激公众的捐赠意愿，具体表现为以下几方面。

第一，大部分农民工自组织不属于法定公益慈善免税对象。依据我国企业及个人所得税实施条例，公益性捐赠仅指向已经依法登记的公益性社会团体或县级以上人民政府进行捐赠活动。根据上述条例，向没有获得公益性社会团体注册资格的农民工自组织进行捐赠的企业或个体是无法享受免税待遇，这就抑制了企业或个体向农民工自组织开展大额公益性捐赠的积极性。第二，公益慈善免税申请流程复杂。依据相关法规条例，获得合法注册的农民工自组织必须分别经过民政、财政、税务三部门的联合认定，才可能获得公益捐赠免税资格。第一步，民政部门依据注册信息初步审核农民工自组织的公益性社会团体资格，第二步由财政、税务部门对农民工自组织的捐赠税前扣除资格进行联合复核。获取免税资格的审批流程较为复杂，对于人才储备不足的农民工自组织而言，具有较大难度。第三，我国公益慈善免税条款存在细节空白点。与我国农民工自组织免税相关的文件有二份，分别是《关于非营利组织免税资格认定管理有关问题的通知》（财税〔2018〕13号）和《关于公益性捐赠支出企业所得税税前结转扣除有关政策的通知》（财税〔2018〕15号），这两份文件是在财税〔2009〕123号文件、财税〔2009〕122号文件基础上修订的成果。上述两份文件在免税的申请条件、申请流程、免税额度、资格审核等方面均做

[①] 陈菊红：《国家—社会视野下的流动人口自我管理研究》，博士学位论文，中共中央党校，2014年。

出了细致说明，但在免税资格认定、免税的异地待遇等问题，存在细节空白点。如公益组织的资格认定问题，根据目前免税资格的法规条文，税务部门对于免税资格的审核重点在于公益性的判定，然而文件中并没有提供关于"公益性"的明确判断依据。基层税务工作人员往往将申请组织日常业务范围、社会影响或与政府的亲疏程度作为判断依据，缺乏硬性指标。

现有不良的制度环境使农民工自组织难以通过制度路径去谋取组织资源，而只能依赖组织精英的私人关系去谋求资源，这直接影响组织资源的获取能力和获取范围，限制了农民工自组织的服务能力。

第四节　组织的社会资源稀缺

由于社会网络不足及合法性缺乏，农民工自组织难以获取各类社会资源，如资金、人力等，这在极大程度上影响了农民工自组织功能。

一　资金来源不足

资金是农民工自组织开展自我管理及社会服务的物质基础，农民工自组织的资金筹集渠道主要包括以下几个方面：政府补贴、社会捐赠、会费、境外资源。根据调研数据显示，上述资金源中比重最多的是会费；其次是政府资助，作为服务于农民工群体的公益组织，农民工自组织承担了部分公共服务职能，减少了政府在农民工公共服务方面的行政支出，提高了农民工公共服务的实质效用。因此，部分政府愿意为农民工自组织提供一定的项目资金，以支持自组织拓宽服务领域、提升服务能力，进而进一步减少政府的社会管理负担；再次，社会捐赠也是农民工自组织的主要资金来源。随着我国经济实力的提升，公民的经济收入水平也在大幅增加，基于公益慈善理念的个人捐赠行为也不断普遍化，个体向农民工自组织的捐赠动机多数是对这一群体生活境况的同情，企业的捐赠动机主要源于如下两个方面。其一，农民工群体是我国企业劳动力的主要来源，关爱农民工群体可以为企业营造良好的社会口碑，激发员工的劳动积极性；其二，我国大多数企业已经接受企业社会责任概念，对公益组织进行捐赠也是企业履行社会责任的一个重要方面。最后是境外资金，经济全球化也促使了公益全球化趋势，农民工自组织可以面向境外筹集运营资金，境外组织或个人也通过国际筹资市场获取农民工自组织的资金需求，通过项目合作实现公益国际化的目的。但是，就目前农民工自组织的现实运行情况而言，上述四个资金路径都是难以获取且可持续性较差。

表 10 - 4　　　　　　　　农民工自组织的资金来源　　　　　　　　单位:%

资金来源	频率	有效百分比	累积百分比
会费	179	25.0	25.0
政府资助	110	15.4	40.4
境外资金	55	7.7	48.1
社会捐赠	96	13.4	61.5
不清楚	275	38.5	100.0
合计	715	100.0	

资料来源：根据问卷调查整理而得。

　　首先，会费水平低。由于农民工自组织在经济上处于弱势地位，他们基本上不可能缴纳较多的会费；而且农民工自组织属于民间公益组织，也不能收取过高会费。因此，农民工自组织不可能仅仅依靠会费来维持组织运营。其次，政府资助少。虽然近些年我国政府加大了对民间公益组织的资助力度，但政府资助的重点对象往往是具有一定官方背景的大型公益组织，而农民工自组织此类的草根公益组织一般很难得到政府长期、大量资金的持续性支持，草根公益组织很难成为政府购买服务项目的采购对象。再次，从国内社会捐助来看，存在资源配置的结构失衡。社会捐赠一般都流向政府部门以及有政府背景的大型公益组织，农民工自组织能从中获得的捐赠机会微乎其微。而国内社会上个人和企业对农民工自组织的直接捐助，也因缺乏适当的制度和政策支持，呈现金额较小且极不稳定的特征。最后，从境外资金援助来看，农民工自组织要获得国外资金资助也不容易。国外机构的资金多以项目方式予以支付，资助方对受助方的组织资质有较高要求，一般会对组织的项目经历、组织的服务性质、组织的专业水准提出较高要求，这对农民工自组织而言，极其具有挑战性。同时，国外资金一般采取项目形式，资金随项目结束而终止，时间较短难以满足自组织长期发展需求。

总之，各种资金获取渠道的不稳定性使农民工自组织始终存在一定的经济危机，影响组织的可持续发展。农民工自组织的合法性不足及筹资能力较弱，导致农民工自组织普遍存在资金短缺的现象。本书分析的个案组织几乎都曾遇到过或正在面临着资金问题。因为资金紧缺，北京 GY 之家在发展早期难以解决组织成员的交通成本，组织成员需要用其他收益来维持组织运行成本。现在北京 GY 之家虽然因项目获取了一些资金来源，但随着项目的结束，资金问题再次凸显。在 2004 年前，XXN 互助热线的运行成本全部由创办人一人承担，经常面临资金断供的危机。近几年资金来源仍旧不稳定，导致组织人员因工资待遇问题流动频繁，农民工自组织难以留住人才。

二　人力资源匮乏

规范、合理、高效的人力资源构成是非营利组织完成工作任务、达成组织目标的重要保障。农民工自组织存在人力资源匮乏的问题，人力资源匮乏主要体现在工作人员流失率高、专业性不高、志愿者队伍建设不够等方面。

首先，工作人员流失率高。农民工自组织是为农民工群体提供公共服务、争取合法权益的非营利性组织，组织不可能为员工提供丰厚的物质待遇，这一特征决定了农民工自组织的工作人员需要具有强烈的奉献精神和社会责任意识。但是，从人性角度而言，长期缺乏物质激励的员工难以保持工作热情。我国大多数农民工自组织难以为员工提供充分的物质激励，精神激励方面也缺乏有效手段，致使许多工作人员在繁重的工作压力、强烈的社会差异下失去工作认同感，使许多员工在钱少事多的工作压力下，逐渐动摇在农民工自组织内进行长期工作的打算。一旦获得更好的工作机会，就选择放弃自组织的工作，导致农民工自组织工作人员的流失率比较高，严重影响了组织日常活动的开展。

其次，工作人员专业性不足。农民工自组织属于民间公益组织，工作人员应当具有从事公益服务的专业技能。由于农民工自组织工作待遇较低、社会保障不足、组织合法性不充分，农民工自组织难以吸引专业人才。因此，大部分农民工自组织的工作人员来自农民工群体。虽然他们的工作热情较高，但是专业素养相对较低，难以策划或实施一些难度系数较高的服务项目。农民工自组织可以对工作人员加以培训以提升专业素养，然而职业素养的养成需要付出时间成本，难以获得速成。面对服务对象数量的日益增长和服务范围的不断拓展，农民工自组织工作人员专业性不足的问题日趋明显。

最后，志愿者队伍建设不够。志愿者是农民工自组织开展自我管理、社会服务的重要人力资源，在农民工自组织的志愿团队中经常看到学生、律师等志愿者的身影。他们不仅能为农民工自组织带来丰富的无偿劳动力，而且能够链接广泛的社会资本。农民工自组织的人力资源有限，志愿者能够为组织提供多样化的人力资源，帮助自组织解决本身无法克服的各种行动困难，节约组织管理成本，然而，许多农民工自组织对志愿者团队的管理维护工作做得不够，对零散的志愿行为缺乏登记、反馈，对潜在的志愿者缺乏招募行动，不少志愿者甚至找不到恰当的志愿参与途径，这些因素都会影响志愿者效用的最大发挥。[1]

第五节　组织的行动越轨风险

社会学领域对越轨现象的研究具有较长历史，也产生了诸多理论成果。虽然不同理论对越轨概念作出了不同界定，但各种界定综合起来也具有一致性的认知，即越轨是对社会认可的正常行为的不同程度偏离及引发的社会问题，表现为社会中特定行动者对特定规范的不遵从、对抗行为。越轨的实施主体可以是个体，也可以是集体。本书主要关注的是农民工自组织的集体越轨行为，集体越轨是指社会群体以集体行动方式表达对现行社会规范的不认可和反抗，集体与个体越轨并无本质差异。[2]

就目前而言，大部分农民工自组织都是为了维护群体利益诉求、改善群体生活条件而成立的。虽然组织目标具有合理性，但是由于农民工自组织的组织化水平不足，管理能力不够或因缺乏正规引导，可能采取不理性

---

① 陈菊红：《国家—社会视野下的流动人口自我管理研究》，博士学位论文，中共中央党校，2014年。

② 李贺楼、曹峰：《组织化水平与集体越轨：一种新的解释框架》，《国外理论动态》2016年第6期。

的诉求方式和路径，从而产生聚众闹事、罢工围堵、打架斗殴、暴动游行等组织越轨行为。

一　缺乏引导——导致易多发群体事件

虽然人口基数庞大，但农民工群体在中国现实社会中仍未有能真正代表群体利益的全国性合法正规组织。一旦利益受损，农民工会寻求老乡会、亲友团等非正式的农民工自组织的帮助。农民工的求职路径主要依靠亲戚、老乡一对一的介绍，所以同一区域或同一企业中往往聚集了某一地区的大量农民工，共同的地域性促生了地缘性农民工自组织——同乡会。但是，此类农民工自组织多数没有得到合法登记，缺乏有效监管和引导，容易产生群体事件。当群体成员遭受城市的排斥、歧视以及企业方的剥削、克扣，内部凝聚力会使农民工采取群体维权行为，由于农民工天然的弱势地位，采用谈判、协商方式与企业沟通时，难免遭到企业的冷遇。部分农民工自组织没有与企业方抗衡的专业实力，也缺乏与政府的制度化沟通路径，使原本可以通过合法路径解决的事情事态严重化、手段非法化，很可能集体采取一种较激进的行为，激进维权方式中不可避免地包含了威胁、破坏和暴力，导致群体性事件发生，进而威胁社会的稳定。①

二　缺乏工作——导致谋取非法收益

由于城乡差距过大，当农民工在城市无法获取工作时，他们会因留恋城市生活而不愿意回归故里。当他们无法依靠诚实、合法劳动获取经济收益时，就可能加入帮派型农民工自组织，谋取非法收益，帮派型农民工自组织的存在对于农民工的组织化进程而言无疑是不利的。

首先，帮派型自组织成为一些城市和工厂骚乱事件的主要组织力量。其次，帮派型自组织成为谋取资本、社会权力的平台。帮派型的农民工自组织会依靠组织影响力控制某一产业的生产、经营活动，形成垄断获取资本暴利。再次，帮派型自组织还可能从事黄赌毒等非法产业来谋取利益。这一方面，唐晓容在《大城市外来农民黑帮化现象的社会学——珠江三角洲 S 区中湖北帮的个案研究》中有详细论述。帮派型自组织会以各种方式

---

① 孔一：《从同乡会到工会——农民工组织化维权的可能道路》，《法治研究》2010 年第 9 期。

参与性产业、赌博业和盗窃业。总而言之，帮派型自组织的存在影响政府及社会对农民工自组织的认知，使政府与社会质疑农民工自组织存在的必要性及作用，进而影响农民工自组织的合法化进程。

农民工自组织潜在的集体越轨风险需要引起政府管理部门的重视和正视，但预防集体越轨行为的关键还在于提高农民工自组织的组织化水平。因为，组织化水平决定了集体越轨行动的性质属性，无组织的集体越轨行为往往因"集体无意识"演变成暴力型冲突，所以高度组织化的越轨行为则可能采取非暴力的理性表达，有利于政府部门采取协商、调解等应对措施，避免引起社会动荡。

三 缺乏资金——导致易受境外影响

因组织缺乏发展资金，部分农民工自组织会接受境外团体或个人的资金援助，这从我国农民工自组织的发展历程中可以得到验证。境外资金关注中国农民工始于1994年，美国福特基金会资助了一批专注于农民工群体的研究项目，项目研究内容涉及了农民工就业、生活、健康、流动规模等多个方面。研究成果引起了国内外对农民工群体的关注，也使得这一群体成为境外基金的关注对象。随着公益组织概念在中国的不断传播，各类公益组织如雨后春笋般纷纷成立。在此背景下，1996年4月，《农家女百事通》杂志社成立了第一个为女性农民工服务的公益组织——"打工妹之家"。1996年，专门为女性农民工服务的"女性联网"与深圳南山区总工会合作成立了"南山区女职工服务中心"。上述两家为农民工服务的公益组织是目前公开报道中成立最早且仍在运作的农民工公益组织。它们的出现使农民工话题得到了更多的关注，一些由农民工自发成立的农民工自组织也开始出现，引起研究者、政府机构及公众的关注。但是一部分农民工自组织在接受境外资金援助后，受到境外组织的利用，易采取暴力行为扰乱社会秩序、破坏社会稳定。因此，依靠境外项目资金的运作模式会诱导农民工自组织做出某些越轨行为，影响农民工自组织的政治合法性。对待境外资金，农民工自组织还需要采取谨慎态度。农民工自组织应当积极向政府部门、国内企业和基金会申请项目资金，或者创办社会企业来维持机构运转，从而减少越轨行为产生的诱因。

正如本章节所分析，农民工自组织的发展面临诸多困难，组织难以获得合法性、组织治理能力不够、组织资源获取不足、组织存在越轨风险等等。但是，农民工自组织的产生具有一定社会基础——农民工群体意图通过组织力量表达群体诉求、聚合群体利益、保障群体权益。改革开放以来，社会主义市场经济快速发展，资方力量快速增长而劳方力量过于分散，作为劳动者中的主力——农民工的力量明显过于分散，一度在国家政策博弈过程中处于无声状态。组织化成为农民工群体面对市场经济发展的必然选择，个体力量在市场化面前毫无竞争性，唯有组织在市场竞争中能够争取组织成员的合理利益。市场的客观逻辑促使具有同一利益性质的农民工结合成一定组织团体，通过组织力量谋取个体无法获取的利益。农民工自组织能够有效地聚集资源、统一行动，从而极大地增强农民工群体影响外部环境的能力，有效获取群体利益。在经济领域，农民工自组织代表农民工群体与企业开展博弈，获取合理的劳动报酬和劳动保障；在政治领域，农民工自组织汇聚农民工群体的公共政策需求、引导农民工群体的合法政治参与，可以有效推动民主政治进程；在社会领域，农民工自组织引导农民工群体拓展社会交往，加快城乡融合；在文化领域，农民工自组织提供贴近农民工生活的文化产品，提升农民工群体的文化素养，上述功能可认定为农民工自组织的治理功能。

　　虽然农民工自组织有强烈的参与社会治理的意愿，也具备一定的治理功能，但是受人力和资源所限，目前农民工自组织也只是在局部领域内发挥一定的作用，满足了农民工群体的组织需求。如果要发挥农民工自组织在公共治理中的作用，还要进一步探讨农民工自组织的自身建设问题。历史上农会的政治功能影响了政府对农民工自组织的正确认知，认为农民工自组织的集体行动存在潜在的政治风险，因此政府对推动农民工自组织的发展仍存疑虑。农民工自组织应当规范自身行为，农民工自组织应以理性方式争取农民工群体的合法权益，保障农民工群体的话语权，在国家政策法规许可的范围内进行维权行动，以获得政治合法的官方认可。

第十一章　规范农民工自组织增权功能的路径思考

　　我国社会正处于"城市化"的社会变迁过程，大量乡村人口将转变为城镇人口，人口地域的迁徙往往伴随着社会矛盾的加剧和社会群体的分化，作为城市化进程中产生的群体——农民工群体面临着就业、社会保障、社会交往等系列问题，我国政府管理服务体系面临巨大挑战。妥善解决具有中国特色的城市化进程中的农民工问题，需要社会公共治理网络中的各个主体协同合作，农民工自组织应该在公共治理网络中发挥一定作用。为了有效承担公共治理的职责，农民工自组织必须加强自身建设，不断改进组织的管理机制，逐步提升组织的服务能力，规范自身增权功能，从而能够在农民工群体城市化过程中承担其应有的历史任务，帮助农民工群体有序融入城市生活，顺利完成城市化过程。下文将从政府、农民工自组织及其他社会组织等角度就农民工自组织增权功能的规范路径进行分析。

第一节　规范农民工自组织增权功能的政府路径

　　作为公共权力的代言人，政府拥有强大的资源动员能力。政府拥有农民工自组织发展所需的政治、经济资源。首先，政府天然拥有独一无二的政治资源。凭借各项法律法规、制度章程的制定权，政府获得了农民工自组织社会行动的控制权限。符合法律法规、制度章程的农民工自组织可以开展各类社会服务行动，实现为农民工群体增权的组织行动目标；反之，违反法律法规、制度章程的农民工自组织将被政府取缔社会行动的权限，失去组织存在的社会合法性。政府通过国家强制力量获得了对农民工自组织行动的控制权，农民工自组织非自愿地出让了控制权。同时，不借助国家强制力量，农民工自组织无法撤销政府对其行动的权威控制。① 另外，政府凭借经济体制改革获取了相对丰富的经济资源。1978 年以来，我国经济进入了快速上升通道，经济市场的繁荣也为我国提供了大额的财政收入，政府也通过资金补贴、项目扶持等方式在社会建设方面投入了一定资金。农民工自组织需要获取政府的资金项目维系社会服务，而政府也凭借资金在农民工自组织中树立了权威性。

因此，农民工自组织要破解组织发展中的障碍性因素，必须与政府开展良性互动，获得政府政策性支持，提升组织的增权功能。政府也应正面认识农民工自组织存在的积极作用，一方面，允许、引导及支持农民工自组织的发展。农民工自组织的工作不仅能够有效弥补政府公共服务的不足，还能提高公共服务的针对性和有效性。农民工自组织的工作人员了解农民工群体的现实需求，有着丰富的服务农民工群体的实践经验，能够更好地解决农民工的城市融合中的种种难题；另一方面，政府应当积极调研农民工自组织的制度环境，对不适宜的管理政策进行适当修正，为农民工自组织的可持续发展创设良好的制度环境。

一　主动修正认识　允许组织合法化

受制于对社会组织的传统管制思维，我国政府对农民工自组织的认识不够全面，部分政府官员担忧农民工自组织的组织化力量会对政府行政权力形成压力，这些认识需要得到修正。

首先，政府需要认识农民工自组织的积极作用。我国农民工人口数量巨大，农民工人口的需求也日益复杂和多元，涉及劳动就业、权益维护、社会保障、教育培训、精神生活等多方面。我国政府虽然在维护农民工权益方面出台了诸多政策，但由于农民工数量众多且需求多样化，政策在实施层面也无力满足全体农民工的所有需求，所以造成农民工群体权益得不到有效保障的现实问题。于是，部分生活在底层社会的农民工在激烈的社

---

① ［美］科尔曼：《社会理论的基础》（上），邓方译，社会科学文献出版社 1999 年版，第 194 页。

会竞争面前容易心理失衡，做出一些过激行为表达不满情绪，如采取破坏设备、攻击他人等"夜晚政治"的暴力形式，或个别农民工采用自残、自杀等形式维护自己的权益，这些行为影响了社会稳定。

农民工数量不断增多，地域分布广泛，大量原子化生存状态的农民工对我国社会治理提出了严峻的挑战，农民工自组织的自发生成就是对农民工群体利益诉求的回应，农民工自组织的出现无疑为政府提供了组织化管理的中介。作为组织中介，农民工自组织可以成为有效组织和管理农民工的组织载体。农民工自组织的服务者和被服务者都来自农民工群体，具有一定的群众基础和社会基础，是社会发展的必然产物。一方面，农民工自组织可以通过规章制度、社会服务实现农民工群体的自我管理，减少政府的管理工作量；另一方面，政府可以委托农民工自组织为农民工提供公共服务，提高服务效率。[①] 作为民间公益组织，农民工自组织在维护农民工合法权益、给予农民工社会支持、满足农民工服务需求等方面发挥了重要作用；作为组织平台，农民工自组织将企业、媒体、社会公众和其他社会组织链接成为农民工服务的社会网络，整合多种资源以支持农民工的城市融入，充分发挥了平台作用，有效地克服了政府服务能力不足的问题。

现有条件下的农民工自组织是社会协商、利益整合的社会服务组织。作为农民工利益诉求的组织平台，农民工自组织的组织行动目标是提供各类社会服务以满足农民工群体的服务需求，缓解社会冲突，减少产生对抗性矛盾的几率。正如特纳所言，随着社会群体内组织化和冲突群体间联系形式的提高，暴力性会因为群体目标的明确而下降。利益组织化与表达清晰化能够有效降低暴力性，竞争、议价和妥协使社会冲突的刚性减弱，从而减少社会动荡。从某种意义上讲，无组织的力量有时候比有组织的力量更为危险。[②] 所以，政府应该允许、支持农民工自组织的成立，通过组织化路径释放农民工的社会压力，使农民工群体的群体利益得以整合、表达，而不至于因沟通渠道不足引发社会矛盾，进而造成对抗性冲突。

因此，政府应转变观念，从严管到引导、培育农民工自组织，创造合

---

① 陈菊红：《国家—社会视野下的流动人口自我管理研究》，博士学位论文，中共中央党校，2014 年。

② 赵娜、赵国勇：《参与与发展——公共治理中的农民工自组织研究》，《法制与社会》2009年第 11 期。

适的外部条件引导农民工自组织的合法化，用法律形式明确农民工自组织的性质、地位、职能、权利和义务，完善社会组织登记管理的专项法规体系和资金筹集使用的专项法规体系，把农民工自组织纳入国家法制轨道，为公众参与农民工自组织的正常活动提供有力保障。

二　积极完善管理　引导组织规范化

为了促进农民工自组织的合理发展，我国应当依据社会发展修订社会组织的注册登记制度，降低社会组织的登记准入条件，强化社会组织的过程监管制度，为农民工自我管理的规范发展创造良好的制度环境。农民工自组织是农民工群体自发形成的民间公益组织，其核心管理层人员均来自农民工群体，个别农民工自组织管理人员的法制意识较为薄弱，存在产生越轨行为的风险。如在维护群体利益的过程中采取示威、罢工、围堵等集体违规行为；或者个别组织因接受国外资金而被境外反华势力所利用，造成社会动荡，影响社会稳定；或者个别农民工自组织与地方势力勾结，演变为非法组织，危害地方治安。

针对农民工自组织可能出现的越轨行为，政府应当完善管理制度，引导农民工自组织的规范性发展。首先，政府应当设计不同层次的准入制度，如低层次的备案注册制和高层次的登记注册制，满足不同发展水平及规模的农民工自组织的合法性需求。低层次的备案注册制是为处于发展初期的农民工自组织提供信息备案的制度，所有农民工自组织只需提供基本的组织信息，就可以通过备案获得基本合法性；高层次的登记注册制是为农民工自组织获取财政、税收优惠提供认证的制度，只有通过高层次的登记注册，农民工自组织才有申请、财政支持、税收优惠的资格，农民工自组织也应接受更为严格的过程监管。另外，政府应加强对农民工自组织的过程监管，依据监管结果予以奖惩，引导农民工自组织规范健康的发展。政府应完善规章制度，通过制度条文对农民工自组织的基本性质、服务范围、基本权利和相应义务做出清晰界定；并对农民工自组织的财务管理、组织管理、捐赠制度、评估体系进行过程监管，开展年度检查。注重过程监管不仅有助于增进政府对农民工自组织的认知和支持，也有助于政府对存在越轨行为的农民工自组织进行引导。对于部分不符合规章制度或存在越轨行为的农民工自组织，政府应当及时加以查处；对那些性质已经发生变质的组织，政府应当坚决予以取缔；而对于服务效能突出或社会影响良好的农民工自组织，政府则应该予以表彰及奖励，引导农民工自组织的优质发展。

三 加大政策扶持 提升组织专业化

政府应当加大对农民工自组织的引导和培育，着力帮助农民工自组织解决资金、能力等方面的问题。一般来说，政府可以通过以下路径培育农民工自组织。

首先，政府应派代表参与农民工自组织的决策过程，保证农民工自组织决策的专业性。如成为农民工自组织的理事会或监事会成员，参与农民工自组织发展的各项重要决策，避免一些决策失误或政治错误。正确的引导可以使农民工自组织避免出现越轨行为，影响社会稳定，不至于偏离社会主义制度框架。同时，政府代表可以成为农民工自组织与政府信息交流的中介，将农民工自组织的合理建议吸纳至政府决策层，将政府信息及时传递给农民工自组织。其次，政府应以购买项目形式给予农民工自组织以财政支持，保证农民工专业服务的资金源。政府购买就是政府向农民工自组织提供资金，使农民工自组织可以面向农民工提供社会服务，即"政府出钱、农民工自组织办事"的模式。农民工自组织与农民工有着天然联系，能快速、灵活地对农民工的需求做出反应，把社会矛盾消灭在萌芽状态。近年来，政府购买社会组织服务的项目日益增多，但由于农民工自组织的法律合法性和专业能力的限制，农民工自组织能够获得项目的机会比较少。因此，政府应该依据农民工自组织的实际情况，适当调低申报条件要求，重点考核农民工自组织的服务数量、服务效能，而不是工作人员的学历水平、社工资格证等硬性条件。虽然他们的学历水平较低且无社工证，但他们却了解农民工的需求，能够针对性地提供服务，达到良好的效果。此外，政府也可以针对农民工自组织设立专项购买项目，根据农民工自组织的特点及农民工群体的需求，设立一些具有针对性的服务项目，专门用于解决农民工自组织的服务资金问题，支持农民工自组织的专业化发展。

最后，政府应对农民工自组织工作人员开展培训，保障农民工实施专业服务的人力资源。如对农民工自组织的工作人员开展分层次分类别培训，一方面政府应对自组织的领导者进行培训，如法律知识、管理知识、财务知识等；提高领导者的管理水平，使他们能够更好地发挥对组织其他成员的引领作用，直接提升农民工自组织社会服务的专业水平；另一方面政府应对农民工自组织的工作人员开展培训。按照社工模式对自组织的工作人员进行培训，注重实际服务能力的培养，在提升他们工作能力的同时，促使农民工自组织向专业化和正规化发展。[①]

　　维护社会稳定是发展中国家的首要问题，处于转型期的发展中国家内部利益博弈尤其激烈，社会分化导致的群体利益冲突也日趋明显，急需社会力量保护弱势群体的基本权益，否则将会引发社会冲突。农民工自组织就代表此类维护弱势群体利益的社会力量，一方面，农民工自组织通过有效的社会行动满足农民工群体的权益需求，弥补政府公共服务的部分缺失，在农民工群体中重塑政府的合法性；另一方面，农民工自组织也可能受境外反华思潮影响，采取越轨性行为削弱政府权威。维护稳定还是破坏稳定，这在很大程度上取决于政府如何引导农民工自组织的发展。倘若政府积极引导、科学培育农民工自组织，与农民工自组织间建立信息交流、沟通协调的常态机制，农民工自组织能成为农民工群体不稳定因素的灭火器，维持社会的动态稳定。倘若政府简单施压，强行解散农民工自组织，依靠各种强制手段控制农民工自组织的组织行为，农民工自组织就可能成为社会矛盾的激发器。因此，政府应当培育扶持农民工自组织的规范化发展，积极发展政府与农民工自组织的"伙伴合作关系"，政府与农民工自组织协同合作，共同回应农民工群体的利益诉求，缓解社会张力，保持社会的动态稳定。

第二节　规范农民工自组织增权
功能的自组织路径

　　农民工自组织的产生是农民工群体保障群体利益的自助方式，他们意图凭借组织力量参与社会群体的利益博弈过程，预防群体利益被侵害，重

　　[①]　陈菊红：《国家—社会视野下的流动人口自我管理研究》，博士学位论文，中共中央党校，2014 年。

构社会群体的利益分配格局。各个社会群体在社会生活中存在资源依赖的关系，群体间通过协商来交换资源，协商结果取决于社会群体的参与程度、交换的基本规则及资源的稀缺程度。在解决农民工问题上，政府、企业及社会其他群体的参与、协商结果并没有有效解决农民工的生存困境，其原因在于协商过程缺乏最重要的群体——农民工群体的参与。

政府拥有农民工自组织所急需的政治合法性、资金等资源，企业也有农民工自组织所需的就业岗位、资金等资源；其他社会群体，如新闻媒体拥有宣传资源、其他公益组织拥有公益组织发展所需专业化资源；上述社会主体分散控制着解决农民工问题的各类必要资源，他们可以通过不同路径参与解决农民工问题的社会治理过程，共同组成解决农民工问题的公共治理网络。在这一自主网络中，农民工自组织应当承担引领者的角色，农民工自组织拥有其他社会治理主体所不具备的资源——准确地把握农民工的需求、拥有农民工群体的信任等资源，它可以成为农民工群体参与社会博弈的组织中介。它与政府在行政管理领域合作，承担政府的部分公共服务职能，满足农民工群体的公共服务需求；与企业在劳动领域合作，分担企业的协调劳资关系的重要职能，满足农民工的劳动需求；与新闻媒体合作，承担群体形象的宣传职能，塑造农民工的正面形象；与其他公益组织合作，学习公益组织的运营知识，提高服务的专业品质。

总而言之，农民工自组织应当在农民工问题的公共治理网络中占据一定地位，积极参与解决农民工问题的社会治理新模式的构建过程，才能保证解决农民工问题的集体行动的有效性。因此，现阶段农民工自组织应不断完善组织结构与制度，开拓组织的社会资源网络，提升组织服务能力，打造组织的品牌效应，塑造组织的良好形象。农民工自组织以解决农民工问题的突出贡献获取公共治理网络中的合法地位，与政府、企业、媒体、其他公益组织形成合作、协商的伙伴关系，从不同角度共同解决农民工问题。

一 完善组织结构 建设组织制度

我国农民工自组织的日常管理具有精英治理的明显特征，农民工中的精英分子依靠个人资源创立并运行农民工自组织，随着组织规模的不断扩大，组织成员的不断增多，组织服务的不断拓展，仅靠精英是无法维系组织的有序发展。因此，农民工自组织要进一步发展壮大，就必须加强组织的制度、机构建设，以应对组织内外的环境变化。

第一，健全监督机构，监管组织行为。组织成立之初，多数农民工自组织由精英人物全面负责各项组织管理工作，精英人物的个人能力直接决定了组织的发展水平。然而，随着组织事物的增多，精英人物的个人治理也存在诸多行为偏差的风险，可能会因个人私利或江湖习气使组织偏离原有的发展方向，向具有非法性质的帮派组织转变。因此，农民工自组织有必要健全组织的监督机构，监管组织行为。如设置理事会和监事会，吸引专业人士加入理事会和监事会，定期召开会议，让理事会成员和监事会成员对组织的发展战略、决策起到指导作用，避免组织决策发生重大失误。

第二，建立组织制度，规范组织行为。组织的良性发展依赖于制度化的运作机制，制度化是一个组织规范化、有序化的重要标志。在成立之初，农民工均属于松散型组织，日常管理松散化。大多农民工自组织没有成文的规章制度，即使有也未得到严格的执行，均靠组织成员的自我约束为主，导致很多日常事务的管理紊乱，影响组织运行的规范性、民主性和透明性。因此，提升农民工自组织增权效能就必须重视制度建设，形成科学合理、切实可行、执行有力的制度性运行机制。

首先，加强制度规范化建设，必须建立人事制度的选拔机制。目前大部分农民工自组织都还处在精英治理的阶段，组织的众多事务都由组织创办人决策和实施，这给组织发展带来一些不确定因素。组织创办人的个人信念、品质及能力成为组织可持续发展的最关键因素，这不仅给组织创办人带来无限压力，也使组织发展存在精英继替的问题。解决这些问题，农民工自组织需建立制度化的人才选拔和更替机制。自组织应当依据本组织的实际情况，对人才的选拔、培养和晋升作出规划。一方面，通过选拔机制吸纳一些能力强的管理精英进入组织的管理层，减轻组织内精英领导者的工作压力，也可以使农民工自组织规避精英管理的随意性和垄断性，促进决策的民主化和科学化，防止出现家长制的情况；另一方面，通过人才选拔和晋升机制也可以激发组织成员的工作积极性，发挥一般组织成员的才干，提高自组织的工作效率。

其次，加强制度规范化建设，必须健全组织的监督机制。社会公众的信任和支持是农民工自组织赖以生存和发展的基石，自组织应该通过严格的自律监督机制,确保组织的廉洁、高效。具体而言,农民工自组织可以构建内外监督机制:一是构建有效的内部监督机制。自组织可制定一套自我评估和监督的指标体系和自查流程,由组织内的工作人员对组织行为进行定期自查,在组织内形成自下而上的民主监督功能。同时,需要真正落实理事会、顾问团或监事会等职能,发挥这些机构的决策和监督职能。二是构建透明的外部监管机制。自组织应通过各种媒介定期公开组织人员、财务、项目信息,塑造公开、透明的组织廉洁形象;或者可以邀请社会公众担任监督员,对组织项目、财务的执行情况进行监督,促进自组织良性透明运行。①

最后,加强制度规范化建设,建立组织成员的激励制度。农民工自组织还需要通过建设一定的激励制度,激发组织成员的服务积极性。如何构建合理适用的激励机制,促进农民工自组织的工作人员积极工作以实现组织目标是值得深思的一个问题。农民工自组织应当适当运用需要层次理论设计激励机制,当代心理学之父——马斯洛认为,个体有生理、安全、社交、尊重、自我实现需求五个层次的需求,运用需求层次理论进行激励管理应当设计一个循序渐进的制度。农民工自组织的管理者应当了解工作人员的需求层次,然后针对不同层次的需求设计不同的、适度的激励制度。具体可以采取如下方法。第一,设计激励制度,满足生理需求。如规范农民工自组织从业人员的工资管理制度。农民工自组织从业人员的工资应当不低于同地区社会工资的平均值,低于平均值的工资难以产生激励效果。第二,提供安全保障,关注安全需求。农民工自组织应当优化工作人员的办公条件,完善工作人员的社会保障制度、提供失业救助金、开展职业技能培训,让工作人员产生安全感。第三,创造和谐氛围,满足社交需求。农民工自组织应当为工作人员创建工作交流平台、营造友好的组织团队氛围,增加组织成员的交流频率,增强组织归属感。第四,提高社会地位,满足尊重需求。农民工自组织作为社会组织的一种组织形态,由于社会对组织本身的认可度还不高,导致工作人员的社会地位也相应较低,社会缺乏对工作人员的认可与尊重。因此,从长期来看,组织应不断参与社会活

---

① 陈菊红:《国家—社会视野下的流动人口自我管理研究》,博士学位论文,中共中央党校,2014 年。

动，加大社会宣传，营造良好组织形象，从而不断提高工作人员的社会地位；从短期来看，加强工作人员的素质培训，以技能娴熟、知识丰富获得服务对象的尊重，同时增强工作人员的相互沟通，在群体内部强化职业认同感。第五，注重精神激励，满足自我实现需求。农民工自组织是工作人员实现自我价值的组织载体，一般公益组织的工作人员都有利他的价值理念，希望通过社会服务实现自己的人生理念。因此，农民工自组织应当对工作人员加以精神激励，让他们在服务过程中体会成就感。如 2012 年元旦，TXXW 家园举办了一次年度表彰大会。为每一个组织成员都颁发了荣誉证书，依据特点在证书上写上表彰词语。如为烧锅炉的杨师傅夫妇颁发"劳动光荣奖"、为爱心司机黄师傅和刘师傅颁发"最佳奉献奖"；虽然没有实质性的物质奖励，但奖励证书却使组织成员感到自豪，激发组织成员的工作热情。如 XXN 互助热线设立的"XXN 伙伴增孝基金"就是一个很好的精神激励项目，对于在 XXN 互助热线工作满三年且顺利通过评估的组织成员，在该成员的每个入职纪念日，XXN 互助热线都会给他的父母邮寄 2000 元现金和一封慰问信。这种帮助组织成员回报父母的做法，对于满足组织成员自我实现需要的意义是不言而喻的。

二　构建社会支持，获取社会资源

农民工自组织的发展需要各类社会资源，社会资源内嵌于社会网络体系中。社会网络是社会行动者通过相互联系构建稳定的关系结构，社会的行动者可以是个体或组织，社会行动者通过社会交往获得各类社会资源。因此，农民工自组织必须通过积极的社会交往，构建强大的社会支持网络，才可能积累社会资本，获取并整合各类社会资源。下文将主要探讨以农民工自组织为核心的社会网络行动主体以及自组织整合这些主体资源的行动策略，主要涉及政府、企业、媒体、公众、志愿者等。

1. 争取政府支持，获取政策资源

虽然是自下而上成立的民间公益组织，但农民工自组织必须在国家政策和法律体系的框架下运行，农民工自组织的组织行为不能超脱于政府权力的管理。如果农民工自组织的活动不符合国家的管理规范，就会受到政府部门的管制，无法开展服务行动，影响组织的后续发展；反之，如果获得政府的认可和支持，则能为农民工自组织带来丰富的行政资源和经济资源。尽管面临相同的制度和政策环境，但由于组织的理解、运作方式和行动能力的差异，农民工自组织对政府资源的整合能力存有明显差异性。有的农民工自组织与政府保持疏离关系，很少主动争取政府资源；有的与政府进行较多互动，积极获取政府资源，保证组织发展的行政合法性；也有极少数农民工自组织与政府保持对立关系，从而遭遇来自政府的行政压力。下文将以案例组织为例，分析农民工自组织在获取政府资源方面应采取的策略行动。

（1）加强与政府互动，获取行政许可

行政合法性是一种形式合法性，其基础是官僚体制的程序和惯例，其获得形式是多种多样的，大致有机构文书、领导人的同意、机构的符号（如名称、标志）和仪式（如授予的锦旗），民间公益组织的行政合法性在于某一级单位领导以某种方式（允许、同意、支持、帮助、合作）把本单位的行政合法性让渡或传递给民间公益组织。[①] 农民工自组织的行政合法性就在于某一级领导的认可，他们的认可方式是多重形式的，可以是实际的活动参与，也可以是担任名誉会长这类符号式参与。获得了组织所在地行政官员的认可，农民工自组织也就获得了社会服务的行政许可。如XXN 互助热线在这方面就有较为成功的经验，该机构非常重视与政府部门间的互动，通过各类互动方式为自身发展谋取行政合法性。

创建初期的 XXN 互助热线因没有合法身份，在开展服务时遇到了很多阻力。为了获得政府的行政认可，XXN 互助热线的负责人给北京市政府主要领导写了封求助信，信中充分表达了 XXN 互助热线的服务工作与政府中心任务的一致性。随后，XXN 热线就获得了与北京市东华门司法所合作的机会，成立了"XXN 人民调解委员会"。"XXN 人民调解委员会"这一机构名称标志 XXN 热线获得了行政认可，有了行政资源的支持。后续发展证明，"北京市东华门司法所 XXN 人民调解委员会"的机构名称使 XXN 互助热线的维权行动更具实际效应。XXN 互助热线深圳办公室则是通过加入政府平台类组织获得行政认可，XXN 互助热线深圳办公室是第一批加入"广东省职工服务类社会组织联合会"的备案会员，广东省职工服务类社会组织联合会是由广东省总工会成立的职工服务类枢纽型社会组织，属于

---

① 高丙中：《社会团体的合法性问题》，《中国社会科学》2000 年第 2 期。

准政府类服务平台类组织。XXN 互助热线深圳办公室负责人表示加入联合会的目的，主要是联合会是组织与政府交流的一个中介组织，通过联合会能加强与政府的沟通，帮助组织获取一定的行政资源。

杭州 CG 之家以组织更名为条件获得了行政认可和合法注册，2010 年得到了杭州市总工会的行政认可，杭州市总工会愿意成为 CG 之家的业务主管单位，但是总工会提出了一个改名的要求——希望杭州 CG 之家在名称上做出一定的更改，最终更名为"GF 社区工会新杭州人志愿者服务站"。

（2）注重服务形式，获得政治合法性

为了缓解组织与政府之间无形的张力，农民工自组织尤其需要注意社会服务的政治敏感性，采取适当的服务形式，避免对抗性行为，消除政府所担忧的不确定性因素。比如大部分农民工自组织都有维权服务，这项服务采取形式不当，就可能引发社会冲突，引起当地政府对农民工自组织的消极判断。因此对于此类具有敏感性的服务项目，农民工自组织应当采取策略性行动，既能达成维权目标，又能避免剧烈冲突，XXN 互助热线在这一方面就做了极好的行动示范。XXN 互助热线主要以维权作为组织服务的首要任务，但他们与政府的关系处理得比较恰当。当有农民工遇到维权问题前来咨询时，工作人员会让他们先采取协商调解方式或直接出面调解劳资纠纷。如果调解协商不成，工作人员会引导求助者采取法律手段或直接转介给律师志愿者，对那些意图采取罢工、威胁手段维权的求助者进行劝阻。这类策略性的服务方式获得了政府部门的认可和信任，北京东城区司法局授权 XXN 互助热线成立了"人民调解委员会"，为其开展维权服务提供了行政合法性。

（3）找准政府需求，获取行政资源

政府是农民工群体公共服务的主导力量，而农民工自组织是农民工公共服务的协同力量，承担提供服务、反映诉求的职能。农民工群体需求多样化，仅凭政府提供公共服务已经无法满足他们需求，也难以缓解日益增多的利益冲突。只有两者协同合作，才能达到服务效果最优。政府将部分非核心的公共服务转交给农民工自组织，可以有效降低行政成本，也能遏制公共服务中的腐败问题。但权力思维使部分政府部门不愿意简政放权，这就需要农民工自组织找准政府需求，获得政府信任，进而获取行政资源，有利于后续工作的开展。北京 GY 之家曾协助社区开展计划生育的宣教工作，进而获得了街道及社区的认可。社区希望通过表演节目的形式宣传计划生育政策，听到这一消息，北京 GY 之家主动联系社区，帮助社区策划了一台文艺晚会，取得了良好的宣传效果。这件事情使街道、社区对北京 GY 之家有了全面的认识，开始认同并支持其系列活动。当北京 GY 之家为农民工表演时，街道和社区会提前跟城管联系，保障演出的正常进行。此外，街道、社区还愿意将一些与农民工有关的事项委托给北京 GY 之家。可见，农民工自组织如能找准政府需求，做出良好的服务效果，就能获得政治信任和行政资源。①

2. 获得企业支持，获取各类资源

企业是现代社会系统中不可或缺的行动主体，营利性企业能够为农民工自组织提供发展所需的资金、人力、技术等资源，农民工自组织凭借上述资源才能实现组织的行动目标。如资金支持，TXCY 培训中心建设教学楼的资金就来自企业；如物资支持，像腾讯、微软等公司都为其互惠商店捐赠衣物，也有企业为实验学校捐赠课桌椅、学生用品、儿童玩具等物资；如人力资源的支持，企业员工参与农民工自组织的志愿活动，提供免费的志愿者资源。为了持续获得企业支持，农民工自组织应当制定适宜的行动策略，促进农民工自组织与企业间的合作关系，提升组织的行动效能。

（1）宣传社会责任，激发企业行动

企业社会责任的认知是企业参与公益行动的基本前提，企业社会责任（Corporate Social Responsibility，简称 CSR）主要是指企业在谋取经济收益之外，应当有责任为社会公共福利做出相应贡献。企业社会责任已经成为全球共识，大部分国家将社会责任履行水平视为企业发展水平的重要衡量指标，甚至将其视为公司上市及投资的重要考核内容。

因此，农民工自组织应当向我国企业积极推广社会责任意识，如积极邀请企业参加有关企业社会责任的论坛及讲座，通过交流活动使企业理解社会责任感与企业经营效益间的直接关系，从而激发企业履行社会责任的内在动机和自觉行动；再如，农民工自组织也要通过媒介平台表彰履行社会责任感的优质企业，主动帮助企业塑造公益形象，使其获得社会公众认

---

① 陈菊红：《国家—社会视野下的流动人口自我管理研究》，博士学位论文，中共中央党校，2014 年。

可，获取产品销售方面的提升效应，进而激发其他企业的公益效仿行为，维持企业公益行为的可持续性。

（2）学习营销策略，争取企业资源

由于公益资源配置的失衡，大量资源流向官方背景的公益组织。[①] 为了获取公益资源，农民工自组织应积极学习组织营销策略，充分认识企业公益理念的变革。企业公益理念随着时代不断更迭，公益理念指导下的企业公益行为也不断转换形式。早期企业主个人资金捐赠的公益行为不断减少，公益营销的公益行为比例不断提升，企业越来越注重公益营销的投资回报率。因此，农民工自组织在设计公益项目时必须将组织的公益服务需求与企业的社会形象需求相结合，才能以良好的公益回报率吸引企业，进而获取企业的资金援助和人力支持。特色鲜明、合理运营、效果可期的公益营销项目能使农民工自组织及企业获得双赢结果。为了吸引企业对项目的关注，北京 GY 之家曾用项目资金聘请一名专职营销人员对企业进行电话公关，在拓展和整合企业资源方面取得了很不错的效果。

（3）加强风险控制，实现互利共赢

因目标及文化差异，农民工自组织与企业间的合作存在一定风险问题，因此民间社会组织与企业间应通过有效的风险控制机制以增强合作的共赢机率。

第一，农民工自组织应与优质企业合作。农民工自组织应在前期调研的基础上选择合作伙伴，一旦缔结合作关系，双方形象就存在捆绑效应，一荣俱荣、一损俱损。因此农民工自组织要对合作企业进行信誉调研，分析企业文化、企业行为与农民工自组织服务宗旨的契合度，最终选择合适的合作对象。公益营销项目的最终目标是促进组织服务宗旨的实现，如若企业理念、企业文化与农民工自组织的主旨完全不符，那么双方合作只会带来诸多摩擦。

第二，农民工自组织应与企业明确合作形式。双方的合作形式可以分为资金捐赠、产品推广、战略同盟等形式，农民工自组织应当与具有良好社会形象的企业选择合适的合作形式，并签订详细合同以应对合作中的各

---

① 孟志强、彭建梅、刘佑平：《中国慈善捐助报告（2011 年）》，中国社会出版社 2012 年版，第 12 页。

类风险，合同应关注细节问题以防止企业产生失信行为，避免合作纠纷的产生，最大限度地保障项目的实施效果。

第三，农民工自组织应关注过程监督。农民工自组织和企业应积极建设他律与自律相结合的过程监督机制，以降低合作过程中违规行为的产生概率。如农民工自组织加强信息公开制度建设，在固定的信息发布平台公布双方合作项目的基本性质、服务对象、实施步骤及进展情况。社会公众凭借信息能够对双方的合作行为做出及时、客观、公正的评价。借助社会公众的监督，可以实现他律。再如农民工自组织应当加强会议制度建设实现自律，通过定期或不定期地举行项目进程会议，农民工自组织不仅可以将项目实施的社会效益、经济效益及时传递给企业，使企业对项目合作产生持续性动力；还可以就项目实施中产生的各类问题进行及时修正，保障项目实施的效果。

3. 谋取媒体支持，获取声誉资源

媒体宣传是公益组织获取声誉资源的有效路径，农民工自组织可以借助高频、有效的媒体信息传播，塑造正面、积极的组织形象，获得社会公众的认可，获取良好的声誉资源。当前媒体发展的基本趋势是传统媒介影响力逐渐减弱，而新型媒体的传播能力逐渐增强。电视、广播、报纸、期刊等传统媒介具有社会公信力强、受众群体固定、理论色彩重、宣传覆盖面广等特征，农民工自组织借助传统媒介发布的信息，能够增强信息的可信度，获得公众认可。微博、微信公众号、网站、论坛、短视频等新型媒介具有传播形式多样化、传播速度快、交互性强等特征，农民工自组织借助新型媒体能够快速、有效、定向传递公益信息，以最小的成本获取最大的传播效应。

正如上文所述，媒体是发布信息、社会监督、舆论引导的重要工具。农民工自组织必须依托媒体传播组织的理念，争取更多社会资源。本书分析的案例组织都与媒体有着较好的互动关系，通过一定的策略以整合媒体资源。

（1）危机事件：展现组织的服务效能

重大危机事件是展示组织效能的最佳时机，危机事件是社会公众、社会媒介关注的焦点，农民工自组织如在危机事件中呈现优质公益服务技能，便可以在短时间内借助媒体传播扩大组织知名度和收获组织美誉度，为组织后续发展获取充分的公众人力资源和经济资源。

（2）公益品牌：公益领袖的形象投射

农民工自组织领导者的公益形象与组织的公益品牌间存在直接相关性，组织领导人塑造的公益形象一旦获得社会公众的认同和喜爱，公众自然将对领导者的认同投射到农民工自组织，公众会增强为组织提供资源的意愿。反之，组织领导者塑造的公益形象失败，公众也会因投射效应否定农民工自组织，拒绝为组织提供资源，组织将会遭遇发展困境。案例组织中的组织领导者都极其重视公益形象的塑造、维护工作。借助媒体报道、论坛讲座、政府表彰等形式，他们在社会公众心目中塑造了良好的公益卫士形象。

4. 取得公众信任，获取公众资源

（1）信息公开与传播：取得公众信任

作为非营利组织，农民工自组织也是一种所有者缺位和剩余追索权缺失的组织，这种产权性质使自组织管理者缺乏来自产权所有者的持续且全面的监督。因此，为了获得组织资源提供者、组织服务受益人、政府、社会公众等利益相关者的信任，农民工自组织必须重视组织信息公开及传播工作，从而保障农民工自组织的透明化运行。公益资源市场的竞争日趋激烈，农民工自组织应当采取各种方式主动向利益相关者传递组织消息，在利益相关者的心中塑造公开、透明、高效的组织形象来获得他们的认可，以获得更多的资金、物品及人力资源助力组织的可持续发展。农民工自组织一方面应当通过组织网站、组织微博、微信公众号等载体构成的信息平台主动公开组织内部管理信息，如组织人员、项目运行、财务状况等基本信息，从而获得公众信任。另一方面通过信息平台传播组织公益信息，如组织目标、组织项目等信息。通过信息公开的社会行动，农民工自组织塑造了公开、透明的组织形象。同时，在信息公开过程中，农民工自组织应注重信息审核工作。与组织有关的信息材料，在公开前应当经过严密审核流程，以防不实、不详或不利于组织发展的信息扩散，影响组织的公益形象。

农民工自组织在信息传播过程中会遇到各类问题：第一是宣传资金不足。不管是报纸电视等传统媒介还是互联网门户网站等新媒体都需要昂贵的宣传费用，农民工自组织一般没有资金支付媒介宣传费用。因此，农民工自组织必须在与媒体的互动中激发媒体的公益责任感,争取获得一些免费的时段或版面刊登组织宣传文稿。同时,利用互联网自媒体传播优势弥补资金短板。自媒体时代,农民工自组织应当积极开设组织微博、微信公众号、在线直播等自媒体宣传平台,借助互联网快捷、全面、生动的宣传特征扩大组织影响力。第二是宣传专业能力不足。有效的信息传播必须借助一定的传播专业技能,由于农民工自组织的主要工作人员均来自农民工群体,知识文化水平有限,宣传的知识储备不足,所以往往使得宣传效果事倍功半。因为组织经费所限,所以农民工自组织也不可能雇佣专业传播人才,只能寻找具有传播特长的志愿人员,利用志愿者的专业特长弥补组织传播专业性不足的短板。

(2)热心公益事业,谋得公众支持

对于农民工自组织而言,获得当地社会民众及一定群体的信任乃至参与,才能获得社会合法性。作为社会团体,农民工自组织的社会合法性来源主要建立在三种基础之上。一是地方传统,二是当地的共同利益,三是有共识的规则或道理。一个社团要在一个地方立得住,至少应该具有其中的一个根基。① 只有通过组织的社会行动获得上述基础之一,农民工自组织才能够获得社会公众的认可,进而获得社会合法性。

通过各类社会服务农民工自组织在传统、利益、共识方面获取公众的信任,进而使组织谋得公众支持。如温州 WX 之家多次组织成员参加社会公益事业,多次前往温州市儿童福利院、敬老院开展公益活动,关爱残障人士、孤寡老人及儿童。由于敬老爱幼、扶弱助残是各个地区的传统美德,农民工自组织策划此类公益活动,能够得到获得社会公众认可。同时,温州 WX 之家还与政府合作,积极参与温州市环境保护、交通疏导等方面的社会治理事务,如协助温州市环保局开展环保知识宣传大型公益演出活动,与温州市龙湾区交警队联合开展交通违规行为劝导工作等等。通过多领域的公益性社会行动,温州 WX 之家使组织成员获得公众认可,塑造农民工群体的良好形象。而 XXN 互助热线也积极组织农民工参与外部活动,增进与城市居民的交流,提升自身形象。2015 年 4 月 11 日,XXN 互助热线和农民工志愿者一起参加共青团市委组织的"我和春天有个约会"大型植树活动,与来自北京

---

① 高丙中:《社会团体的合法性问题》,《中国社会科学》2000 年第 2 期。

市各个单位、社区的志愿者一起美化城市环境。

（3）整合公众资源，增强社会资本

公众自身所拥有的社会资本对农民工自组织而言是一种重要的资源。社会学家齐美尔认为：当个人加入网络时，他不仅仅是这个网络中的一个点，也将其他网络关系带入了此网络。[①] 社会公众在参与农民工自组织的活动过程中，也将他们的社会关系网络带给了农民工自组织。农民工自组织的公众资源主要包括两类：普通公众资源和精英人士资源。

普通公众资源主要由高校大学生志愿者和社会志愿者构成，"志愿者"（Volunteer）一词的词源是拉丁文中"voluntas"，原意是"意愿"。在现代社会的语境中，志愿者是指那些具有志愿精神、能够不计报酬、主动帮助他人、承担社会责任的人。[②] 美国学者保罗·杰·伊尔斯利将志愿者行为划分为正规与非正规两类志愿行为。所谓正规志愿行为指为社会需要及组织所规定的需要服务，在组织的上下关系中以协调的方式进行，并且获得了心理上的满足及其他利益。非正规志愿行为则是对个人所理解的社会需要的一种自发的服务形式，表现自由（无组织约束）并且常常不考虑任何回报。[③] 社会公众加入农民工自组织就是志愿者通过组织提供志愿服务的一种重要表现形式，农民工自组织中的志愿者行为应当属于正规志愿者行为。他们主要依据组织设定的组织目标开展宣传、支教、募捐、法律咨询等志愿服务活动，发展较好的农民工自组织一般都整合了大量的普通公众志愿者资源。如北京 GY 之家吸纳大量普通志愿者，其实验学校就是由100 多名志愿者通过共同劳动建设而成，大量志愿者还主动参与了该校的教学、学生课外兴趣小组、夏令营等活动。TXXW 家园的互惠商店的衣物也是由各高校学生志愿者捐赠的，高校学生志愿者还积极参与了 TXXW 家园的图书角借阅管理和学校三点半活动。志愿者除了自身亲自提供志愿服务外，他们还会利用自己的社会网络为农民工自组织寻求所需资源，如有些志愿者向所在单位宣传自己所服务的农民工自组织，为该组织寻求所在单位的赞助和支持；当组织遇到困难时，有的志愿者还会调动自己的社会

---

① 周雪光：《组织社会学十讲》，社会科学文献出版社 2003 年版，第 114 页。

② 张霞等：《非营利组织管理》，山东人民出版社 2005 年版，第 200 页。

③ ［美］保罗·杰·伊尔斯利：《志愿者教育导论》，李桂福等译，河北教育出版社 1993 年版，第 6 页。

网络帮忙解决组织困境。

在整合公众资源的同时，农民工自组织还应当注重公众志愿者资源的常规性管理和维护。首先，注重志愿者的团队管理，如应当制定志愿者管理条例，对公众志愿者的义务和权利做明确说明，避免一些志愿服务过程中的风险因素；每年定期召开志愿者大会，依据自组织项目的开展情况和组织的服务需求，对志愿者开展志愿精神的认同性教育和服务方法的专业性教育，增强志愿服务的实际效用。其次，注重志愿者激励机制的建设。第一，关注志愿服务的匹配性。志愿者出于公益奉献精神加入农民工自组织，希望能够在助人的过程中获得精神层面的满足感。如果组织安排的志愿工作超出了他们的能力范畴，志愿者在志愿服务过程中可能精神体验受挫，打击了他们的志愿服务热情。因此，农民工自组织应当依据志愿者的个体差异安排匹配的服务任务，使组织目标得以顺利实现的同时，志愿者个人也能获得成功体验，进而保持志愿服务的可持续性。第二，及时认可志愿者的工作表现。志愿者参加公益服务的主要目的是获取精神层面的肯定，农民工自组织应通过颁发服务证书、评级评优、反馈项目进展、展示服务效果等方式给予志愿者肯定性回应，使志愿者对公益服务产生持续性认同，激发志愿者的服务热情，促进了自组织对志愿资源的整合；反之，如果自组织不能及时回应志愿者的工作表现，会影响志愿者的服务热情，丧失提供公益服务的后续动力。第三，给予志愿者必要的津贴补助。志愿者服务的目标是获取精神满足，而非物质报酬。但是，部分有资金条件的农民工自组织应当承担志愿者公益服务过程中产生的交通费、食宿、通信、保险等费用。津贴补助体现的是组织对志愿者公益服务的尊重和认可，并不违背"自愿参与、无私奉献"的志愿者精神。最后，加强志愿者的技能培训。为了使得志愿者能够长期、高效地为自组织提供公益服务，那么自组织还需对志愿者进行志愿理念、志愿服务技巧等方面知识的培训，满足志愿者在公益服务过程中自我提高的需要。培训内容应当涉及以下几方面：其一，更新志愿理念。当代社会的志愿服务理念有了重大转变，早期人们认为志愿服务就是为弱势群体提供各类慈善救助，如提供生活所需物品、资金或人力资源。进入当代社会，志愿服务的理念逐渐转变，从简单的帮助他人转变为多元的助人自助。即志愿者通过公益服务恢复、开发被服务对象的社会生存能力，使其积极应对生活和工作的各类问题，逐渐恢复服务对象的社会功能。农民工自组织应当向志愿者传播新型的志愿理念，使志愿者的公益服务行为更具有时代特征。其二，传授志愿服务技巧。农民工自组织的服务对象为农民工群体，依据年龄、性别、地域等要素，农民工群体的内部构成也较为复杂，因而农民工自组织志愿者的公益服务对象、服务内容也呈现多元化特征，这对志愿者的服务技巧也提出了要求。早期农民工群体的文化素养较低，志愿者只需提供热情、耐心的服务，就可以获得服务对象的好评；现在农民工群体文化水平提高、日常生活更为丰富，需要志愿者具有更高的文化知识、一定的专业服务技巧，才能得到服务对象的称赞。其三，提供自我教育。志愿者参加志愿服务的目的不仅是帮助他人，也希望通过公益服务拓展社会交往、增长社会阅历、体会自我成长。因此，农民工自组织应当举办一些志愿团队的自我成长教育活动，让志愿者在志愿团体的培训学习中获得人生成长的启示，更加正确地确定人生方向。

精英人士包括各个行业的精英人员，如学者、律师、媒体工作者等知识分子精英，再如官员、政协委员等政治精英，以及私营企业主、企业高管等经济精英。农民工自组织可以通过理事会、顾问团或私人聚会等多种形式汇集精英人士的社会资源，从而增强自组织的社会资本，为组织的可持续发展提供政治许可、经济支持及理念引领。

三 自我主动造血，实现稳定发展

大多数农民工自组织在创立之初都是采用传统的"给予—获取"的被动式资源整合方式，这种方式是外界直接对组织的"输血"，资源来源具有不稳定性。资源的不稳定性促使农民工自组织自我造血，逐步实现人力资源和经济资源的自我供应，保证组织的可持续发展。

1. 开办教育培训，实现人力资源的自我造血。

多数农民工自组织面临人力资源缺乏的问题，而这种缺乏主要体现在人员队伍的不稳定和人才的匮乏上。人力资源的缺乏已经严重束缚了农民工自组织的发展。自组织的人员补给主要有两个来源：一是从组织活动的主要服务对象——低收入农民工中培养人才，二是从社会上招聘具有一定学历水平的青年大学生。这两类人员各有优劣，低收入农民工工作人员与服务对象有共同的语言、相同的情感体验，在他们心里，这不仅是一份工作，更是一种自救行为，是自己在帮助自己。自组织的工作条件通常要好于一般企业，因而低收入农民工往往对自组织工作具有较强的认同感，能较长时间地坚守这份工作，但是他们的文化素质和专业能力一般要相对薄弱些，难以执行高要求的服务项目。相比较而言，从社会招聘的大学生工作能力较强，其综合素质整体上要高于低收入的流动人口，他们是自组织专业化和规范化发展不可或缺的人才。但是，大学生工作者往往更注重工作待遇和自身发展的空间，工作认同感较低，工作流动性大，在实际工作中还很容易滋生优越感和官僚习气，与第一种来源的工作人员之间容易产生隔阂，对农民工自组织的工作带来负面影响。

因此，农民工自组织可以多从服务对象中挖掘人才，积极选拔组织的服务人员。服务对象参加过农民工自组织提供的服务项目，因而对组织会产生一定的认同感，有利于保持农民工自组织人员的稳定性。对从服务对象中发展起来的人员应多给予鼓励、教育和锻炼机会，帮助提升他们的服务能力。从教育培训的形式来看，可以是组织的内部培训、外部培训、参观学习、实践学习等形式，自组织可以根据工作人员的实际需求和实际水平，为成员安排不同的学习活动。如北京 GY 之家就在这一方面进行了极其积极的尝试，北京 GY 之家建立了培训反馈机制，要求外出参加培训的成员必须开展内部分享活动。分享活动在激励培训人员的学习积极性的同时，也扩大了培训受益面。从教育培训的内容来看，农民工自组织可以在组织认同感、个人文化水平、专业服务能力等方面展开培训，提高他们开展社会服务的能力。

2. 创办社会企业，实现经济资源的自我造血

近些年，随着我国非营利组织数量的不断增多，公益资源的竞争日趋激烈，农民工自组织的运行资金难以获得稳定、持续的供应。因此，兼具公益目标和商业收益的社会企业成为农民工自组织发展的热点话题，为了实现经济资源自我供给，农民工自组织应在创办社会企业方面开展积极探索。

首先，社会企业能够为农民工自组织解决资金不足的问题。任何组织的发展都离不开资金，仅仅依靠捐赠等传统筹资渠道难以使农民工自组织获得充分的发展资金。因为大部分农民工自组织的合法性问题没有得到解决。所以，农民工自组织难以获得政府资金，又难以得到稳定的社会捐

赠。因此，农民工自组织应当通过有效的经营性行为谋取资金收益，实现资产的增值，实现自主"造血"功能，减少组织对外界资金的依赖，而创办社会企业是目前最合适一种尝试。其次，社会企业有助于培养农民工自组织的独立性。农民工自组织的捐赠不管来自政府、企业还是社会，都需在接受捐赠的同时受到一些附加条件的限制。部分附加条件会直接影响农民工自组织的组织行为，甚至使组织偏离原来的组织目标。社会企业则可以使农民工自组织拥有相对的组织独立性，通过稳定的可持续的经济资源给予组织财务自由，支持组织的独立性公益行为。最后，社会企业能够增强农民工自组织的竞争能力。农民工自组织创办社会企业必须参与营利性的市场竞争，开展公益服务必须参与非营利性的公益领域竞争，双重领域的竞争压力有助于农民工自组织提升组织治理能力，可以帮助自组织形成良好的治理结构，增强风险抵御意识。①

目前，农民工自组织创办社会企业形成了三种模式。第一种是整体转型模式，基于农民工自组织原有社会服务的商业性，将原本从事社会公益服务的农民工自组织整体转型为从事社会服务的社会企业，通过获取一定合理低利润维系组织的可持续发展，实现公益目标与商业效益的融合。第二种是业务关联模式，基于现有公益项目创建相关性商业项目，商业项目所获的合理收益用于支持农民工自组织的可持续发展。例如定位于为农民提供技术培训的农民工组织，在公益培训项目之外成立技能培训企业来创造经济效益。比如北京 GY 之家的农园项目就属于交叉模式，北京 GY 之家承包下了农村 30 亩土地种植农产品，开展亲子农耕体验、农业教育和农业艺术展示等活动，获取产品销售、农业观光等多样化的经济收入。农园项目的收益不用于成员分配，仅用于开展公益项目——"工人大学"。北京 GY 之家在 2009 年开办了免费性质的农民工培训机构——创业培训中心，现在改名为"工人大学"。"工人大学"每半年招生一期，培训电脑、法律和社会工作等基本知识，参加培训的农民工无须缴纳任何费用，只须参加农园的种植工作，而农园的收入用于维持工人大学的部分费用。经过几年的探索，目前农园主要有两大项目——有机爱心农场和农耕体验活动。（1）有机爱心农场。农园 30 余亩土地上种植了各类果树——桃树、

---

① 黄剑宇：《社会企业：非营利组织发展的新方向》，《湖南工程学院学报》2010 年第 6 期。

核桃树、山楂树、杏树，果树间的空隙上种植了各种蔬菜、花生、玉米等，果园的鱼池养殖一些淡水鱼，果园里也圈养了鸡、鸭、鹅、猪。农园以有机农业为标准生产农产品，提高农产品的品质。在农产品销售方面，农园目前推行提前认养销售方式——消费者提前支付一棵树或一块地的当年所有产出，500元是认领一棵果树的年均价格，800元是认领一块30平方米土地的年均价格，提前认养的销售方式可以保障果园的基本经济收入。（2）农耕体验活动。为了推广农园项目，北京GY之家积极策划各类农耕体验活动。如曾在2014年5月举办"采摘大杏、亲子乐游"活动，开展蔬果采摘、劳动体验、石头彩绘、环保酵素制作项目，让城市儿童感受农耕乐趣，学会珍惜食物、感恩生活。2014年6月曾开展10元认购"爱心桃"活动。公益人士以每斤10元的价格认购桃子，被认领的桃子会被捐赠到北京的青红蓝学校、明星学校、振华学校、智博学校等多家打工子弟学校的孩子手中，让孩子们吃上新鲜水果的同时，感受社会爱心。2014年七夕节，北京GY之家联合其他机构在农园举办"大地民谣音乐会"。"音乐会"其实是"公益生态嘉年华"，包括生态农产品市集、农耕体验、生态晚餐等环节。第三种是业务分立模式，基于现有公益项目创建非相关性商业项目，通过非相关性商业项目获取合理收益，进而为农民工自组织的可持续发展提供财务支持。TXXW家园"爱心超市"的创立就是以业务分立模式实现自我造血的成功案例。作为农民工自组织，TXXW家园经常收到一些社会捐赠衣物，以往收到衣物后就在农民工社区进行发放，结果发现大家任意拿回去后并不适用，只能再次闲置。同时，也有部分农民工家庭对捐赠物品存在抵触心理，即使有需要也不愿意接受免费赠送的物品。这些现象的存在引发了TXXW家园工作人员的思考，如何使社会捐赠衣物得到最大化的使用，又能使农民工群体真正受益。这成为困扰TXXW家园工作人员的一个问题。随后，经过几次会议讨论，组织工作人员决定尝试低价有偿出售捐赠物品，既可以让农民工通过试穿以确保衣物的适用性，又可以通过低价售卖形式解除部分农民工的抵触情绪，爱心超市就这样诞生了。爱心超市由女性农民工自发成立、自我服务的二手生活物品连锁商店。它的盈利模式是以低价将社会捐赠的闲置衣物转售给农民工群体，从而获得一定资金收益。2006年8月，第一家爱心超市在顺利开张。随着运营效果的不断显现，TXXW家园又新办了5家爱心超市连锁店。除了支付超市房租、水电费及工作人员的工资外，爱心超市所得盈余全部用于 TXXW 家园所从事的农民工子女教育项目及农民工社区的公益活动。

在农民工自组织创建社会企业过程中，需要注意规避潜在风险。

第一，偏离自组织的组织宗旨。作为非营利组织，农民工自组织的宗旨是为农民工群体提供各类公共服务、维护群体利益。然而在创办社会企业的过程中，有可能会面临营利主义倾向，为了组织成员的经济利益而忽视、损害公益利益，偏离了组织的公益宗旨。如部分农民工自组织开展与组织公益宗旨不符的商业性项目，损害了组织的非营利性宗旨；再如，部分农民工自组织凭借非营利组织的身份享受国家各类优惠政策，借公益之名享受优惠政策，谋取私人之利。

第二，组织内部经营管理能力不足。农民工自组织创办社会企业需要一定的经营管理能力。由于非营利组织并不以追求利润作为组织目标，因此组织人员缺乏一般性的商务知识和营销能力，从而在激烈的市场竞争中存在巨大的经营风险，在经营过程中稍有不慎，就难以获取应得利润。因此，农民工自组织应当重视社会企业治理结构的建设工作。社会企业应借鉴企业的法人治理结构，在所有权、受益权、决策权分离的背景下明确产权主体的权利义务及行为边界，设置制衡性结构以预防违规行为。如社会企业应建立理事会和监事会制度，理事会应当具有人事管理、资金使用的自主权，监事会应当督查社会企业经营行为的各个环节，保障产权主体的利益，可以决定管理者的任命和解聘。同时，社会企业应规范财务行为。社会企业兼具公益和营利双重使命，必须规范财务管理工作。如社会企业应及时向利益相关者披露财务信息，提高财务信息的透明度和质量；社会企业应注重资金利用的有效率，重视支出管理以减少资金损耗，争取在实现组织目标的过程中实现资金效益最大化。此外，社会企业应加强员工商业能力的培养。社会企业面对的是竞争异常激烈的营利性市场，而农民工自组织面对的是竞争相对温和的非营利市场，农民工自组织的工作人员并不具备应对商业风险的市场经营能力。因此，农民工自组织工作人员应学习商业知识提高社会企业的管理效率以获取合理的企业利润、提升社会企业的竞争能力以避免经营危机。

四 拓展服务能力，打造品牌效应

弗斯顿博格认为："现代非营利机构必须是一个混合体；就其宗旨而言，它是一个传统的慈善机构；而在开辟财源方面，它是一个成功的商业组织。当这两种价值观在非营利组织内相互依存时，该组织才会充满活力。"①

改革开放以来，随着我国政府社会治理理念的转型，我国公益组织呈现量质齐升的良好局面。随着数量的增多，公益组织领域的竞争也日趋激烈，公益产品和公益服务的同质性概率增加。面对众多非营利组织提供的同质性产品，公众会倾向于选择具有良好品牌形象的非营利组织，将资金和人力资源提供给具有良好品牌形象的非营利组织。因此，面对数量有限的公益资源提供者，农民工自组织必须重视组织营销的理念，使自己在竞争环境中脱颖而出。而组织营销的关键点在于品牌竞争，组织必须通过品牌项目获取组织知名度。所以，品牌营销对农民工自组织的发展具有十分重要的理论价值和现实意义。对于农民工自组织来说，一个优质的品牌服务项目会迅速在政府、捐赠者、志愿者等社会资源提供者中树立积极、正面的形象，进而有利于农民工自组织从政府处获得政治认可和政策支持，从捐赠者和志愿者处获得社会认可和人力、资金资源支持。

因此，农民工自组织应当依据组织宗旨有效拓展组织服务能力，开展组织品牌管理。作为服务导向型的公益组织，农民工自组织品牌管理是指积极开展品牌宣传以实现组织差异化识别，树立优质品牌形象以获取社会优质公益资源，具体可以采取以下策略。

1. 塑造品牌个性化，实现服务差异化

公益服务领域同质化竞争日趋激烈，农民工自组织必须借助于差异化的品牌形象才能获得社会公众认同。良好的品牌形象可以使组织与其他公益组织产生明显差异，赋予组织鲜明的品牌识别度和社会知名度，让社会公众更好的理解组织的公益理念，提高组织的公信力和影响力。目前我国大部分农民工自组织的服务项目聚焦于农民工维权、职业技能培训、生活

---

① ［美］弗斯顿伯格：《非营利机构的生财之道》，朱进宁等译，科学出版社1991年版，第77页。

服务等方面。而农民工内部群体分化明显，服务需求也随社会发展呈现多样化。因此，农民工自组织今后应分析不同农民工群体的需求，设计满足农民工内部某一群体性需求的服务项目，塑造品牌个性化特征。

农民工自组织的品牌个性化管理包括有形的品牌标识设计以及无形的品牌影响力实现，成功的组织品牌定位能增加公众对组织的认知和认同，进而愿意参与农民工自组织的品牌项目，为农民工自组织的品牌服务项目提供人力资源和资金资源。以 TXXW 家园为例，TXXW 家园设定"女性""农民工"和"儿童"作为其品牌内涵，即以妇女儿童为服务对象，提升她们的社会福利。随后，TXXW 家园开展的各类项目，如开展家庭讲座、妇女儿童中心、爱心超市、三点半学校、图书角、社区文艺等公益活动均以增进妇女儿童的生活福祉为中心。鲜明的个性特征充分体现了组织的品牌核心，使组织员工、志愿者以及公众对组织目标达成共识，成功实现组织识别，塑造了组织品牌个性化。

2. 注重品牌伦理性，提升组织公信力

品牌伦理性是指农民工自组织需要精心维护其品牌，避免信息不对称引起信任危机的发生，进而使品牌产生伦理性危机。农民工自组织的品牌力是来自社会公众的信任程度，任何负面信息或者不一致的宣传都会削弱品牌的影响力，影响组织品牌资产的含金量，因此农民工自组织必须重视品牌伦理性建设。应该采取规范、公开、透明的方式运作善款和公益项目，通过公开透明的信息平台定期公布组织的项目信息、组织财务；组织工作人员及志愿者应将组织的品牌伦理内化为个人价值理念，形成强大的公益信念，引领个体的日常公益行为，成为品牌伦理的积极倡导者和践行者。

3. 加强品牌亲密性建设，分享品牌资产

品牌亲密性是指农民工自组织通过准确的品牌定位吸引组织定位相似的其他公益组织，积极、主动与其他优质公益品牌合作，进行全方位的团队合作，提升品牌关联度，实现优质公益品牌资源的共享、共建，推进我国公益品牌联盟体建设，实现品牌价值的增值。例如，北京 GY 之家自2009 年 1 月起举办了多届"打工文化艺术节"。以"打工文化艺术节"为品牌项目，聚集全国各地十几家服务农民工的公益机构。各家机构通过艺术工作坊、讨论会以及与工人艺术团体合作等形式进行交流讨论，通过分享品牌资产实现品牌关联和资源整合。提升品牌关联度能够在公众思维中构建积极的品牌联想，提升组织在公众心中的知名度和美誉度。品牌关联的亲密性建设可以极大拓展自组织的关系网络，使得嵌入在组织网络中的品牌产生价值增值的效用，提升组织募集资金、人力资源等公益性资源的能力。

4. 注重品牌营销多样化，塑造品牌美誉度

农民工自组织必须借助多种营销手段，在公众心目中树立良好品牌形象。首先，农民工自组织应借助社会公众的情感诉求进行品牌推广，在品牌形象设计、品牌推广阶段都应注重情感因素，从同理心角度获取公众对项目的认可。如中国妇女发展基金会是以女性为服务对象的非营利组织，其最广为人知的品牌项目是——"大地之爱·母亲水窖"。这一品牌项目在设计之初就紧扣爱母和母爱的双向互动情感因素，母亲对子女的慈爱、子女对母亲的反哺是中华民族的传统美德，这种情感能引起社会公众的情感认同。该项目一经推出，就引起了社会公众的认可，成了非营利组织领域的品牌项目。其次，农民工自组织要善于运用事件营销树立传播品牌形象。在品牌推广的过程中，要善于运用典型事件进行组织营销，不管是美誉事件还是危机事件均是提高组织知名度的良机，能够快速提升组织的影响力。再次，农民工自组织必须围绕组织目标进行品牌建设。品牌建设的目的是为了使农民工自组织更好地开展公益服务，这就要求组织在品牌运作中不能偏离组织使命。最后，农民工自组织品牌营销应注重与公众互动，公众是组织各类资源的主要提供者，农民工自组织应围绕品牌项目与公众开展经常性互动，使公众知晓项目进展、项目资金使用情况。

第三节　规范农民工自组织增权
功能的社会组织路径

新中国成立初期，我国政府建立了功能强大的行政管理体系，负责所有的社会管理事务，原有的民间公益组织因失去了服务空间而逐渐消亡。直至改革开放，政府强力推进经济体制改革，传统的"国家—单位—个体"管理体制与市场经济体制中资源自由流动性产生矛盾，政府不得不进行社会管理层面的深化改革以适应日益复杂的社会结构和日渐分化的社会

群体，政府也不得不向民间公益组织让渡部分社会管理空间以满足公众不断增多且多样的社会福利需求，允许民间公益组织作为主体参与社会管理。在政府的机构建设、法制规范、政策支持的影响下，我国民间公益组织正处在蓬勃发展的时期，其在社会、政治、经济、文化乃至科技等领域正产生愈益重要的影响，已经成为社会和谐与稳定的重要推动力量之一。虽然各类民间公益组织的组织定位不同、服务领域不同，但是服务目标是具有广义的一致性——即通过组织的合法性社会行动提升服务对象的群体性权益，这也是各类民间公益组织间合作、联盟的共识基础。作为民间公益组织的一种类型，聚焦于提升农民工群体权益的农民工自组织也应积极、主动与其他民间公益组织构建合作联盟机制，实现资源共享、品牌共建、行业自律等基本功能，推动社会治理的多元化进程。

一　确立合作关系，实现利益最大化

各类民间公益组织服务于不同社会群体，各自掌握着来自不同路径的社会资源，彼此之间建立合作伙伴关系可以保持持续性互动，实现资源共享，实现公益行动利益最大化。农民工自组织应主动与其他公益组织联合建设合作联盟平台，通过联盟平台整合服务需求和服务资源。建设联盟平台包括成立合作小组、定期召开会议、组建委员会等基本工作。联盟平台应当具备如下基本功能：明确联盟组织间的合作方式，制定联盟平台运作的基本规则；梳理联盟组织间的资源类别，建立组织成员间资源互通渠道；推动联盟组织建立自律制度，约束、规范组织成员的公益行为；统一共同服务理念，实现行动利益最大化。与其他社会组织形成合作平台，可以为农民工自组织的发展带来丰富的资源、先进的理念，从而使农民工自组织能为农民工群体提供更优的公共产品。

组建联盟是农民工自组织与其他社会组织开展广泛合作的一种形式，国外公益组织界在公益组织联盟建设方面也颇有建树，我国在联盟平台建设方面尚显不足，还存在一些不和谐现象。如联盟成员因联盟内部资源、权力、利益分配问题产生纠纷，联盟建设流于形式，忽视协调、管理工作，导致联盟常常陷入集体行动的困境。因此，在与其他社会组织构建联盟平台的行动过程中，农民工自组织应积极推动联盟组织的制度建设，规范联盟资源的分享规则，实现联盟内部的公平性、统一性，充分发挥联盟信息共享、整合资源、应对风险、建立标准、提升能力等功能。

1. 信息共享，整合资源，应对风险

尽管不同类型社会组织的组织宗旨和服务对象有所不同，但社会组织的公益特征是一致的，因此他们之间存在信息互动的基础。随着互联网技术的更新升级，社会组织不仅有自己的门户网站，也有了微博、微信公众号等自媒体工具，这些网络自媒体的出现促进了联盟之间的信息交流。利用网络快速、便捷、低成本的特点，社会组织联盟成员可以在线上发布组织项目信息、组织资源信息、组织人事信息，也可以分享各类经验和发展思路。同时，联盟成员也可以举办线下各类信息交流会议，正式会议的仪式感可以增强联盟的凝聚力，面对面交流的亲切感也能增强联盟成员的信任度。联盟内虚拟和实质交互的信息交流能够使社会组织有效整合各类资源，形成更大的公益影响力。

面对日益复杂的外部环境，单个社会组织获取资源的能力是极其有限的，也难以独自面对高风险的外部挑战。组织联盟可以协调各类组织的不同资源，实现资源效用最大化，共同抵御复杂多变的外部风险，具有较高的抗风险能力。在整合资源方面，农民工自组织也已经开始了各类尝试。以杭州 CG 之家为例，借助微信和微博平台等新媒体应用，加强了不同区域和不同领域社会组织的联系，与多家社会组织形成了松散的服务联盟。他们分别与北京的新工人艺术团、陕西的工友之家、广东的中山打工族服务部、江苏的嘉泽支农队、杭州上城共青团以及海外的国际团结工会形成了合作伙伴关系，在服务项目、服务培训及服务技能方面进行全方位交流与合作，共享服务信息和经验。而 TXXW 家园则与四环游戏小组、和众泽益形成了合作关系。四环游戏小组由北师大学前教育师生创办，主要为四环市场外来人口子女提供学前教育的大学生志愿组织，具有丰富的学前教育经验和大学生志愿者资源；和众泽益志愿服务中心是专业从事企业志愿咨询、志愿服务培训、志愿服务研究的组织，积累了丰富的企业资源。正是受四环游戏小组学前教育项目的启发，TXXW 家园才在农民工聚居区开展学前育儿活动。四环游戏小组为 TXXW 家园的儿童活动中心提供志愿者资源和学前教育技能培训。在儿童中心正式运行之后，四环游戏小组每周派志愿者协助儿童活动中心的"妈妈老师"开展教学活动，提高教学水平。2012 年，TXXW 家园的儿童活动中心参与了四环游戏小组开展"北京市城乡接合部学前儿童游戏小组师资培训项目"，通过培训项目学习了学前教育的知识和技能，提高了儿童活动中心的教学水平。同时，TXXW 家园与和众泽益合作，借助和众泽益与企业间的关系网络，TXXW 家园有效获取了诸多企业的闲置资源，获得了大量物资和人力资源。北京 GY 之家自成立之初一直与基金会、研究会等各类社会组织合作，如与香港乐施会、打工妹之家、成龙基金会、儿童乐益会等公益机构间构建了平台合作关系，从上述组织获得了一定的经济、项目资源。再如，北京 GY 之家通过"大声唱"和"新工人网"等网络平台，与武汉的"新晨工友家园"、长沙的"工之友"、西安的"工友之家"、厦门的"国仁工友之家"、天津的"国仁工友之家"、杭州的"工友之家"、苏州的"苏州工友家园"等致力于农民工服务的自组织进行信息交流、项目合作，构建了长期联盟合作关系。此外，北京 GY 之家也与其他社会组织开展合作，北京 GY 之家与全北京市农民工子弟学校合作开展"新公民儿童艺术节"、与云南"土风计划"原生态民间文艺团体开展合作交流活动。

2. 建立标准，开展培训，提升能力

虽然，目前我国社会组织正处于蓬勃发展期，但制度建设和组织能力建设方面有所欠缺，联盟类组织可以在这两方面发挥重要作用。如社会组织联盟可以牵头制定社会组织的各类管理制度，提高社会组织管理行为的规范性，促进社会组织管理行为的自律性，避免出现违规违法行为，有利于社会组织自我管理能力的提升。同时，针对社会组织内部管理人员管理能力不足的现象，单个社会组织针对成员的个体需求开发合适的能力建设课程需要极高的成本。而联盟组织集中了各类社会组织中的各类人才，拥有较多的教育资源，可以依托互联网推出在线能力提升课程。联盟成员可以依据自身时间、自身需求灵活选择培训课程和学习时间；还可以开展各类交流会、讨论会、工作坊等面对面的学习分享活动，提升联盟成员的组织运作能力。

二　规范平台制度，克服行动困境

社会组织建设正式的合作平台，可以发挥合力作用，改变单个组织运作艰难的组织困境。但是，要真正发挥合作联盟平台的功能作用，还需规范合作联盟的制度建设。因为，社会组织在联盟合作的过程中也会发生集体行动的困境，影响了联盟的实质效用。第一，联盟资源分配的不均衡性。虽然社会组织联盟具有整合资源、信息共享的特点，资源与信息的累积效应可以帮助社会组织实现组织目标和应对组织风险，但是资源分配不可能做到绝对公平，实际情况往往可能出现不均衡分配，在联盟中拥有较大的权力或影响力的社会组织会拥有较多话语权，进而获得联盟内的较多资源；而联盟中拥有较小的权力或影响力的社会组织难以获取联盟资源，出现被边缘化的倾向。第二，联盟内部权力不对等。为了在竞争日趋激烈的公益市场中获取更多的资源，社会组织选择放弃一部分自治权而加入联盟。但联盟内部在权力分配过程中也会出现过度集权、精英主义的现象，影响联盟的团结与协作。第三，理性人自利特征。作为一个组织，社会组织符合理性人假设，它也存在追求组织利益最大化的特征，不愿意对联盟建设投入过多成本，却希望从联盟集体中获得最大好处，容易出现"搭便车"现象，最大限度地争取资源，最低限度地承担责任，"搭便车"现象会影响联盟内部的团结。第四，组织目标、价值观念的差异化。不同社会组织的服务对象、服务理念存在差异，难以保证联盟合作的目标一致性。为了克服集体行动的困境，社会组织间应通过联盟平台共同制定集体行动规划和规则，整合各个组织利益表达路径，规范联盟资源的分享规则，竭力实现联盟内部的公平性、统一性。

首先，建设联盟决策机制。联盟聚合了不同社会背景、不同服务理念的公益组织，因此联盟决策时应当尽可能收集各个社会组织的信息，协调各个社会组织的利益诉求，然后做出最优化的决策。虽然收集各种信息使决策变得复杂且困难，但是联盟有义务倾听成员的意见，并最终建立起自身良好的联盟内部协调和决策机制。其次，建立联盟信息公开机制。社会组织联盟作为一个社会组织交流、互助的平台，应当在信息公开方面起到示范作用。完善联盟信息披露制度，可以增强联盟社会公信力。通过各类信息平台展示联盟行动绩效、联盟组织财务、联盟行动成果及联盟项目信息，接受联盟成员和社会各界的实时监督和批评，让各类社会组织及时了解联盟各类项目资源的去向及效果，引导社会组织积极争取所需资源，相互整合资源，增加彼此合作机会。最后，建立社会组织联盟的准入退出机制和奖惩机制。准入退出机制可以增加社会组织联盟的活力，也能激励联盟成员遵守联盟规章制度。对于符合联盟成员审核标准的社会组织，允许其加入联盟可以增加联盟的开放性，对于违反联盟基本规章制度的社会组织，将其淘汰出联盟可以增强联盟的权威性。联盟奖惩机制建设能够激发社会组织间的竞争意识，引导社会组织成员积极参与联盟活动，在最大限度内发挥联盟作用。

第四节　规范农民工自组织增权 功能的党组织路径

党的十八大以来，我国政府高度重视国家治理体系和治理能力现代化建设，尤其是社会组织党建工作成了重要工作项目。2015 年 9 月，中共中央办公厅印发了《关于加强社会组织党的建设工作的意见（试行）》，明确提出社会组织党组织的建设任务，并就其基本功能和职责做了详细说明。党的十九大报告中再次强调社会组织党建的重要意义，要把"社会组织等基层党组织建设成为宣传党的主张、贯彻党的决定、领导基层治理、团结动员群众、推动改革发展的坚强战斗堡垒"。为积极贯彻落实党的十八大、十九大等会议的相关精神，社会组织党组织建设成为基层党建的重中之重，而农民工自组织属于社会组织的一种类型，以党建工作创新推动农民工自组织的服务管理创新，以加强党的领导确保农民工自组织的健康发展，也是规范农民工自组织增权功能的党组织路径。农民工自组织的发展面临培育扶持资金不足、自我管理水平较低、生存发展环境待改善等问题，在总体发展水平较低的现实情况下，我国农民工自组织推进党组织建设也是双赢互利的一种选择，这不仅有利于党的政策方针在农民工自组织中贯彻落实，也有利于确保农民工自组织在党组织的领导下获得健康良性发展，突破体制性、合法性、功能性等方面的增权障碍。

一　加强组织建设，注重党员激励

根据已有民间社会组织党组织建设经验，社会组织党组织建设有四种模式：一是独立组建，对独立从事活动的各类产业协会组织、民间教育培训机构、律师会计师事务机构等符合组织党组织条件的，单独组织党组织。二是联合组建，对于无法达到组建党组织条件的部分社会组织，采取同一行业联建、相邻地域联建、相似业务内联建等方式，提高党组织的覆盖率。三是挂靠组建,对不符合单独组建条件,又不宜联合组建的社会组织,引导它们挂靠所在地街道社区、乡村、管理部门等组建党组织。四是派人组建,对党员人数较少,难以组建党组织的社会组织,选派一批有党务工作经验、会管理、善于做思想政治工作的机关事业单位干部担任党组织负责人开展党的工作。同时对只有部分党员的社会组织采取派驻党建联络员的形式,加强政治指导,保证党的路线方针政策能够贯穿于社会组织的日常工作中,为党组织设置创造条件。①

农民工自组织的规模一般较小、专职人员偏少,党员数量较少,其自身管理也多呈现为松散性、多变性,大部分农民工自组织不具备独立组建党组织的条件,宜采取挂靠组建方式,挂靠农民工自组织所在地街道社区或管理部门组建党组织。农民工自组织中党员流动性大,在党员召集、管理方面应采取不受时间、地点、空间、环境等条件限制的新型在线方式,采取网上定期互动、分别活动、定期交流、汇报总结等方法来加强对自组织党员的管理。对农民工自组织中党员予以理性的政策教育、感性的情感支持,充分调动农民工自组织中党员积极性,使得他们能够发挥每一个党员的模范带头作用和表率作用,促进农民工自组织的增权功能,由此才能充分发挥党组织在农民工自组织中的作用。

二 厘清组织关系,抓准功能定位

作为民间社会组织的一种类型,农民工自组织的发展需要具备一定自治性,"自治性不能理解为与政治无关。新社会组织的发展、发挥作用都必须在中国特色的政治体制框架内运行,与坚持、完善党的领导的政党政治生态相适应"。

在新的历史时期,农民工自组织的健康发展必须在组织增权发展中创新党的领导方式和方法,找到党的建设和保持自身自治性之间的平衡点,以实现二者的有机配合和双赢。一方面,党组织是农民工自组织的政治核心,引导和监督自组织增权功能的拓展方向,避免某些服务领域产生政治偏差,引发社会动荡。同时,党组织应当成为农民工自组织传递发展需求的组织路径,以党组织为载体在农民工自组织中开展民主听证、民主评

---

① 徐国亮、刘飞:《新社会组织党的建设工作探析》,《理论学刊》2013 年第 1 期。

议、民主恳谈等活动，对涉及农民工自组织发展的各类问题充分听取意见，通过党组织路径进行各类信息反馈，争取各类政策调整的可能性，改善自组织发展的社会环境。另一方面，要避免和克服党组织作用无限扩张，甚至包办或代办农民工自组织发展中一切事项的倾向，避免党组织对农民工自组织发展的任意干扰，影响其自身正常、健康地发展，保障农民工自组织的自治性。

通过理顺党组织与农民工自组织的组织关系，抓准功能定位，既能充分发挥党组织作用，又能促进农民工自组织的健康发展。

第十二章　研究结论与主要创新

第一节　研究结论

农民工自组织是一种重要的社会组织形式，在利益多元化、群体博弈加剧的时代，越来越多的农民工意图以组织化力量进行自我管理，并维护本群体利益。农民工自组织正在以自己的方式，参与农民工群体问题的解决，推动社会的发展。受政府治理理念、自组织管理水平及其他社会组织等多方面因素的综合影响，农民工自组织的发展也存在诸多问题。本书通过对农民工自组织的系统研究，主要形成了以下结论。

一　扎实的社会基础及明显的组织特征

首先，农民工自组织具有扎实的社会基础。农民工群体的自我管理是我国城乡一体化发展中的必然结果，农民工自组织的发展已具备内外两方面的发展动力。从内在动力来看，农民工群体主体意识的增强是农民工自组织成立的思想动力，尤其是一些农民工精英在群体中扮演了思想启蒙者的角色，他们启发农民工群体思考如何摆脱生存困境、争取合法权益。就外部动力而言，我国政府社会管理理念的转变为农民工自组织的产生提供了生存空间，我国民间公益组织的快速发展也为农民工自组织的成立提供了组织样本。

另外，农民工自组织具有鲜明特征。在组织活动区域、组织者特征、组织结构、组织管理等方面具有一定鲜明特征。农民工自组织的活动区域主要集中在东部地区，农民工自组织的组织者一般为农民工精英，他们具有一定学历水平、极强的主体意识、较强的工作能力；农民工自组织的组织结构具有开放性、非权威化、松散化的特点，组织管理活动也初具规模。农民工自组织的管理行为主要涉及组织信息公开、团队建设、形象传播、制度建设和资金募集等内容。在信息公开方面，农民工自组织均在积极建设信息平台以扩大组织影响力，获取公众信任。在团队建设方面，农民工自组织管理团队主要由理事、管理人员和志愿者三类人员组成。农民工自组织的理事一般由农民工精英、关注农民工问题的专家和学者组成；志愿者主要由农民工和大学生组成，为组织提供无偿服务，既降低了组织的运行成本，也把握农民工的需求。在形象传播方面，农民工自组织通过微博、微信公众号、短视频等新型媒体和报纸、杂志、电视、广播等传统媒介，主动、积极传播组织信息，塑造正面、公益的组织形象，广泛、高频率的传播可以吸引社会公众的关注及认可，进而为组织构建社会资源网络，奠定受众基础。在资金筹集方面，基金会援助、社会捐助、会员会费、政府资助是农民工自组织获得运行资金的主要来源，同时，部分农民工自组织开始尝试社会企业运行模式来解决组织发展的资金困境。

二　初具资源整合及增权服务能力

农民工自组织的发展实质上是社会多元治理的一种实践活动，使政府与社会组织在和谐社会的构建过程中形成一定合力。当前，农民工自组织已经初步具有资源整合能力，在反映农民工群体的利益诉求、维护农民工群体的合法权益、提供部分公共服务方面发挥了一定作用。如能得到政府的有效引导和政策支持，农民工自组织将会进一步发挥积极作用，强化自我服务功能。

首先，农民工自组织已经初具资源整合能力。资源整合能力直接影响农民工自组织的可持续发展，人力资源、经济资源、政策资源都是组织发展必不可缺的基本要素。农民工自组织通过一定策略构建了以政府、企业、公众及其他社会组织等为链接点的社会支持网络，初步形成了多元化的资源整合路径。第一，争取政府支持，获取政策资源。如果农民工自组织的活动不符合国家的管理规范，就会受到政府部门的管制，无法开展服务行动。反之，若获得政府的认可和支持，则能为农民工自组织带来丰富的政治、经济资源。因此，农民工自组织应加强与政府互动以获取行政许可、注重服务形式以获得合法身份、找准政府需求以获取行政资源。第二，获得企业支持，获取各类资源。企业是现代社会系统中不可或缺的组织单位，与营利性企业进行互动，农民工自组织可以为组织发展获取经济资源、人力资源、技术资源，助力农民工自组织公益目标的实现。因此，农民工自组织应宣传社会责任以激发企业行动、学习营销策略以争取企业资源、加强风险控制以实现互利共赢。第三，吸引媒介关注，获取形象资源。大众媒介是农民工自组织塑造组织形象的重要路径，农民工自组织借助文字、视频、图片等信息传播形式，在电视、广播、互联网等新旧媒体上主动传播组织信息，营造良好的组织形象，增加社会美誉度，获取形象资源。形象资源会让组织获得社会公众的关注及认可，进而获得其他各类资源。因此，农民工自组织应通过危机宣传以展现服务效能、宣传领袖形象以塑造公益品牌。第四，取得公众信任，获取公众资源。公众自身所拥有的社会资本对农民工自组织而言是一种重要的资源。因此，农民工自组织应通过公开信息以取得公众信任、参与公益事业以谋得公众支持、整合公众资源以增强社会资本。

另外，农民工自组织已经初具增权服务功能。为了解决农民工群体城市化的困境问题，农民工自组织从政治、经济、文化、社会交往等层面对农民工群体开展增权服务，维护农民工的合法权益，服务农民工群体的生活需求。第一，政治参与增权功能。我国农民工群体的政治参与弱权状态由多种因素造成，既有传统顺民政治文化的影响，也有当下制度设计缺陷的问题，同时也与政治参与渠道不畅、组织载体缺位有关。为了改变农民工政治参与的弱权状态，必须有效解决农民工政治参与的组织化问题，通过组织凝聚农民工群体的政治诉求，拓宽他们的政治参与路径，提高他们的政治参与度，增强他们的政治参与热情。农民工自组织可以通过增强农民工的政治参与意识、提升政治参与组织化、提高政治参与技术性等方式实现政治增权。第二，经济增权功能。由于我国城乡经济发展模式存在本质差异，城市现代工业与农村传统农业在生产组织形式、技术革新方面存在巨大差异，从而使两者间的劳动生产率差距日益扩大，导致农村与城镇的经济收入差距日益增大，造成城乡居民收入差距也逐年加大。巨大的收入差距使大量农民工进城务工以谋取经济收益。然而，我国劳动市场上劳资关系自改革开放以来发生了深刻变化，劳资力量严重失衡，劳资矛盾也日益突出。就农民工而言，他们的经济权益在劳资力量严重失衡的低端劳动力市场中经常受到侵害。面对庞大的资本市场，农民工的经济维权行动处处碰壁，行动效能较低。政府维权因资本干扰而缺乏主动性，工会维权因资金、人事问题呈现依附性，个体维权因低效率而产生过激性。劳资博弈的失衡状态导致农民工的经济权益难以得到有效保障，这也激发了农民工对自组织维权的迫切需求。农民工自组织凭借组织化平台，可以极大地增强劳方——农民工群体的维权效能，通过有序对话、协商调解的方式，化解部分劳资冲突，保障农民工群体应有权益。农民工自组织构建信息平台提高农民工就业率、加强教育培训提高经济收入、开展经济救助避免经济困境、构建安全保障以避免经济困境、调解劳资纠纷获取合理收益。通过组织化的有序运作流程，农民工自组织保障农民工群体的合理经济权益，有效提升农民工群体在劳动力市场中的博弈能力，从制度层面改变农民工群体经济弱势的制度动因，从实践层面降低农民工群体陷入经济困境的风险系数。第三，文化增权功能。农民工的文化需求是全面发展的必然要求，他们和城市公民一样享有平等的文化权益。远离故土的农民工，文化生活的突出问题主要表现为文化教育水平低、文化休闲方式单一、文化消费能力不足、文化适应能力欠佳、文化需求认知偏差等问题，农民工文化生活因时间、经济、组织和制度因素呈现弱权状态。农民工自组织通过一定的文化行动实现农民工群体的文化增权，如农民工自组织承担文化教育培训责任，整合社会资源以开展教育培训，提升农民工的学历、技能水平，以应对产业转型带来的技术劳动力紧缺问题；农民工自组织通过政策倡导、社会募集、宣传引导等方式，引导政府、企业增加面向农民工群体的公益性公共文化资源，降低该群体的文化消费支出；农民工自组织可以加强文艺人才建设，培养农民工文化人才，为农民工群体提供符合农民工审美需求、贴近农民工日常生活的文化产品，以正面积极、通俗易懂的文化内容激发农民工群体对美好生活的信心；农民工自组织以组织身份与城市文化机构、城市社区组织对接，让农民工群体参与各类文化活动，通过文化参与活动增进与城市居民的文化互动频率，加强彼此了解以消除文化鸿沟，帮助农民工尽快适应城市文化。第四，社会交往增权功能。由于生活习惯、价值观念、生活场域的差异，农民工与城市居民交往仍旧面临诸多障碍，因而农民工的社会交往对象偏向于群体内部成员，老乡、家庭、工友成为农民工主要的社会交往对象，社会交往呈现明显的封闭性和内卷化特征。农民工社会交往内卷化会产生积极、消极两种影响，积极影响是产生内部共同体——内部"抱团",消极影响是对外部认同的不稳定——外部"抵触"。因此,农民工一方面应提升内部交往层次以满足心理需求;另一方面应拓展外部交往以增加外部认同,农民工自组织可以在这些方面发挥组织平台作用。如农民工自组织可以为农民工的交流与互动提供信息及活动平台,缓解农民工群体焦虑、紧张的心理状态;开展社交技巧讲座,促进他们与群体内外成员的交流互动,帮助他们建立良好的人际关系;组织集体交流活动,帮助他们拓展社交领域,获取丰富的社会资源,顺利融入城市社会。

三 发展制约因素影响可持续发展

通过各种活动方式,农民工自组织增进农民工在政治参与、经济收益、文化生活、社会交往等方面能力。然而,农民工自组织的发展也面临诸多困难,调研数据显示,自组织发展面临困难依次分别是组织资金的短缺、人力资源的缺乏、组织治理能力不足、组织合法性缺失、组织制度环境不佳、服务项目不足等问题,这些问题严重制约农民工自组织的持续稳定发展。

第一,组织法律合法性问题。我国对社会组织的成立和登记设定了较高的标准,实行严格的准入机制。因难以满足以上登记注册的条件,农民工自组织只能以两种方式继续存在,一种以不登记不合法的形式存在,缺乏法律合法性会影响农民工自组织的社会认可度,也使其无法获得经济资源、人力资源,进而影响组织的规范性、持续性发展,也不利于为农民工群体提供持续和稳定的服务。另一种是采取工商注册方式获取独立运行的资格,但这样又会在一定程度上影响或降低自组织的公益性特征,使农民工自组织在争取捐赠和税收优惠时遇到制度障碍。第二,组织治理能力不足问题。如治理模式精英化问题,农民工自组织基本采用精英治理模式,随着组织规模的不断扩大和组织事务的不断增多,自组织发展的风险和不可控因素会明显增多,这就使精英治理面临极大挑战;再如农民工自组织的治理能力不足还体现为治理机构的不完善,表现为理事会和监事会的缺席和虚化。此外,治理制度不健全问题制约着农民工自组织治理能力的提升,大部分农民工自组织在财务管理、工作人员绩效考核、志愿者管理、会员管理等方面没有设置任何成文的规章制度。第三,组织的制度环境不佳问题。制度的集合体决定了农民工组织的生存发展，制度缺失影响了农民工自组织的发展空间，并生成了权力寻租的空间。当前农民工自组织在注册制度方面面临准入条件过高问题，导致公益注册极其困难；在管理制度方面面临多头管理问题，导致行政干预不当；在免税制度方面存在免税条款失当现象，导致公益捐赠动力不足。第四，组织的社会资源稀缺问题。由于社会网络不足及合法性缺乏，农民工自组织难以获取资金、人力等各类社会资源，这在极大程度上影响了农民工自组织的功能发挥。资金是农民工自组织开展自我管理及社会服务的物质基础，由于农民工自组织的合法性不足及筹资能力较弱，导致农民工自组织普遍存在资金短缺的现象。农民工自组织还存在人力资源匮乏的问题，而这种资源匮乏主要体现在工作人员专业性不高、人员流失率高、志愿者队伍建设不够等方面。第五，组织行动越轨性问题。就目前而言，大部分农民工自组织都是为了维护群体利益诉求、改善群体生活条件而成立。组织目标虽然具有合理性，但由于组织管理能力不足或缺乏正规引导，组织也可能采取不理性的诉求方式和路径。如缺乏引导，容易产生聚众闹事、罢工围堵、打架斗殴等群体性越轨行为；又如缺乏资金，从事黄赌毒等非法行业以谋取非法收益等。

四　组织积极变革助推良性发展

要破解组织发展中的障碍性因素，农民工自组织必须与政府开展良性互动，获得政府政策性支持；必须找准组织的定位与目标，完善组织结构与制度，开拓组织的社会资源网络，提升组织自身的组织效能；必须与其他社会组织建立互动渠道，构造合作协商平台，合力保障农民工群体的合法权益。第一，作为公共权力的代言人，政府拥有强大的资源动员能力，拥有农民工自组织发展所需的各类资源。因此，农民工自组织必须与政府开展良性互动，以获得政府政策性支持，提升组织的增权功能。政府也应正面认识农民工自组织存在的积极作用，允许、引导及支持农民工自组织的发展。如政府应允许农民工自组织合法化，完善管理以引导农民工自组织规范化发展，加大扶助力度以提升农民工自组织专业化。第二，农民工自组织应提升组织服务能力，打造组织的品牌效应，塑造组织的良好形象，在社会服务领域发挥可持续作用。因此，农民工自组织应当健全监督机构、建设组织制度以监管、规范组织行为；构建社会支持网络以获取社会资源，如争取政府支持以获取政策资源，获得企业支持以获取经济资源，获得媒体支持以获取声誉资源，取得公众信任以获取公众资源；自我主动造血以实现稳定发展，如开办教育培训以实现人力资源的自我造血，创办社会企业以实现经济资源的自我造血功能；拓展服务能力打造品牌效应，如农民工自组织应设计差异化服务项目，满足农民工群体内部亚文化群体的需求。第三，为了整合农民工群体目标与农民工群体利益，农民工自组织应与其他社会组织构造合作协商平台，确立合作关系以实现资源共享，建设合作平台以整合利益表达路径，合力保障农民工群体的合法权益。

第二节　主要创新

本书聚焦农民工自组织的增权功能，研究成果主要创新点在于以下几个方面：第一，学术思想的创新。以往"农民工组织化"研究多数关注"被组织"形式的农民工增权组织，如企业工会、服务农民工的公益组织等，而较少关注"自组织"形式的农民工增权组织，研究成果相对较少。本书通过"组织化理论"视角分析"农民工自组织"发展的合理性、合法性及必要性，拓宽了农民工组织化研究的学术理论框架。第二，学术观点的创新。由于"农民工自组织"具有潜在政治风险，部分专家及政府官员认为应限制发展"农民工自组织"，本书从"组织化理论"分析"农民工自组织"存在的正向作用。农民工自组织有利于农民工群体利益表达渠道的增加，明晰农民工的群体目标和诉求；农民工自组织有利于协商谈判机制的建设，减少农民工越轨行为的发生；农民工自组织有利于社会治理多元化的实现，保障农民工的合法权益。我国政府应当引导、规范农民工自组织的发展，满足农民工群体自我管理的需求，缓解政府部门的公共服务压力。第三，研究方法的创新。"农民工自组织"已有成果的研究方法以理论研究为主，少量实证研究成果均为个案研究，研究结论缺乏普遍适用性。本书注重理论研究与实证研究的有机结合，保证研究结论的科学性。本书在组织化理论的指导下开展实证调研活动，在实证研究的基础上重点剖析个案农民工自组织的服务类型、增权功能及发展困境，在量化研究与质性研究的基础上探讨农民工自组织增权行为的规范路径。第四，现实应用的创新。本书通过对农民工自组织的实证研究，从组织机构、组织功能、组织困境等方面解析了研究对象，揭示农民工自组织发展的内外动力，分析农民工自组织增权功能，讨论农民工自组织发展困境及提升路径。上述研究成果不仅有助于政府管理部门正确认识农民工自组织，出台合理的管理政策；也有助于农民工自组织理性认识组织功能，合理规划发展路径。

第三节　后续研究

后续研究中需要继续思考的问题有如下几点：多元治理下的政治风险、制度困境下的权力寻租、治理不足下的组织风险。

一　多元治理与政治风险

在全球化、后工业化的历史进程中，社会治理多元化已成为大多数政府的共识。由政府作为单一主体承担所有社会管理事务的全能政府时代一去不返，政府、社会组织、企业和其他社会自治力量共同协商治理的多元治理格局逐渐形成。然而，从全能政府到有限政府的转变对政府权威性提出了挑战，也使政府对这类变革充满些许疑虑，正如政府对农民工自组织的态度。一方面，农民工自组织介入农民工群体社会服务领域可以缓解政府公共服务供给压力，缓和社会矛盾；另一方面，农民工自组织自治过程的越轨风险又增加了政府的社会监管压力，多元治理的复杂性和不确定性所带来的政治风险让政府顾虑重重。

多元治理是现代社会不可逆的治理趋势，消除多元治理的复杂性和不确定性的唯一路径就是制定合作规则，社会主体应在有序、法定框架内参与社会治理，通过充分的民主协商解决社会主体间利益诉求的差异性，在达成共识的前提下开展社会决策和社会行动。因此，我国政府对待农民工自组织的态度应当是疏而非堵。政府应当积极引导农民工自组织的发展，制定农民工自组织参与社会治理的合法程序，让农民工自组织在有序、合法的框架内表达农民工群体的利益诉求，避免非法路径表达诉求带来的潜在政治风险。

二 制度困境与权力寻租

在农民工自组织的案例研究中，我们不难发现农民工自组织的行动能力与制度环境紧密相关，制度缺失影响了农民工自组织的发展空间，并生成了权力寻租的空间。制度供应的不足诱使农民工自组织通过非制度路径寻求组织资源，如组织中精英个体与行政官员构建私人关系网络，通过官员的政府寻租行为获取组织资源。制度的不完善性滋生了权力寻租的空间，也破坏了公益组织间的公平竞争环境。因此，政府应当积极完善与民间公益组织相关的制度体系，严格监管相关政府部门的审批行为，才能营造公平、公正的民间公益组织竞争环境，才能激发农民工自组织的组织行动意愿，积极开展各类增权行动，从政治、经济、文化、社会交往等层面增加农民工群体的合法权益，从而提升我国社会治理水平，有助于建构多元治理背景下的"大社会"。

三 治理能力与风险意识

作为增权行动的组织主体，农民工自组织意图通过增权行动满足农民工群体的服务需求，解决农民工群体的城市化困境，而实现这一目标的前提是农民工自组织维系组织独立性、公益性及透明度。然而，作为行动者的部分农民工自组织在实际增权行动中面临着治理能力不足和风险意识淡薄等问题，从而使组织丧失了独立性、公益性和透明度。为了获取组织发展所需的资金、政策资源，部分农民工自组织希望成为政府的下属组织，以牺牲组织的自主性为代价换取政治资源；为了获取企业给予的资金援助，部分农民工自组织的公益项目涂抹上浓厚的商业色彩，丧失组织的公益性；为了获取组织内部的私利，部分农民工自组织隐匿组织资金使用信息，丧失组织的透明度；为了获得境外组织的支持，个别农民工自组织采取激进的维权行为，损害了社会和谐。不良行动选择最终损害农民工自组织的整体形象，影响了政府及社会对农民工自组织的认知。因此，如何有效提升农民工自组织的治理能力和风险意识是需要下一步深入研究的问题，良好的治理能力和敏锐的风险意识能减少农民工自组织的不良行动选择，使农民工自组织的增权行动获得最大的社会效用，真正实现多元治理的"大社会"格局。

参考文献

一　中文著作

褚清华：《农民工上升通道与社会融合研究》，经济科学出版社 2016 年版。

《德宗景皇帝实录》（六）卷 423《清实录》第 57 册，中华书局 1987 年标点本。

樊晓燕：《农民工社会保障制度的困境与破解》，中国社会科学出版社 2015 年版。

方向新：《农民工城市融入问题研究》，人民出版社 2019 年版。

高洪贵：《中国农民工政治参与研究》，中国社会科学出版社 2015 年版。

高玉峰：《农民工城市融合与培训体系构建研究》，科学出版社 2017 年版。

国务院发展研究中心课题组：《农民工市民化制度创新与顶层政策设计》，中国发展出版社 2011 年版。

韩俊、何宇鹏：《新型城镇化与农民工市民化》，中国工人出版社 2014 年版。

何增科：《公民社会与第三部门》，社会科学文献出版社 2008 年版。

何增科：《社会管理与社会体制》，中国社会出版社 2008 年版。

黄浩明：《非营利组织战略管理》，中国人民大学出版社 2003 年版。

黄建新：《社会流动与农民工创业行为研究》，社会科学文献出版社 2017 年版。

黄琳：《现代性视阈中的农民主体性》，云南大学出版社 2010 年版。

黄宗智：《长江三角洲小农家庭与乡村发展》，中华书局 2000 年版。

句华：《公共服务中的市场机制——理论、方式和技术》，北京大学出版社 2006 年版。

康晓光：《依附式发展的第三部门》，社会科学文献出版社 2011 年版。

李俊：《从生存到发展——转型时期农民工》，中国经济出版 2017 年版。

李熠煌：《关系与信任：中国乡村民间组织实证研究》，中国书籍出版社 2004 年版。

李勇刚：《农民工住房保障制度研究》，中国社会科学出版社 2019 年版。

李友梅：《组织社会学与决策分析》，生活·读书·新知三联书店 2019 年版。

厉以宁、艾丰、石军：《新型城镇化与农民工劳动保障》，中国工人出版社 2016 年版。

林南：《社会资本：关于社会结构与行动的理论》，上海人民出版社 2005 年版。

刘博：《中国新生代农民工生存状况调查》，上海人民出版社 2018 年版。

刘建娥：《农民工融入城市的困境、政策及实务研究》，社会科学文献出版 社 2015 年版。

刘小年：《农民工：生存条件、公共政策与市民化》，中国政法大学出版社 2018 年版。

陆益龙：《后乡土中国》，商务印书馆 2017 年版。

陆自荣、徐金燕：《农民工社区融合与城市公共文化服务体系研究》，人民 出版社 2017 年版。

吕新萍：《社会转型中的民间组织研究——民间组织合法性机制的建立》， 清华大学出版社 2016 年版。

马克思、恩格斯：《马克思恩格斯选集》第 3 卷，人民出版社 1972 年版。

孟志强、彭建梅、刘佑平：《中国慈善捐助报告（2011 年）》，中国社会出 版社 2012 年版。

沈水生：《中国农民工市民化问题研究》，中国劳动社会保障出版社 2015 年版。

盛明富：《中国农民工 40 年》，中国工人出版社 2018 年版。

谭日辉、罗军：《管理创新与政策选择：政府培育扶持社区社会组织的研 究》，中国社会科学文献出版社 2014 年版。

王道勇：《集体失语的背后—农民工主体缺位与社会合作应对》，中国人民 大学出版社 2015 年版。

王弘钰、刘丽丽、王辉：《农民工反生产行为的形成机制与治理》，经济科 学出版社 2016 年版。

吴忠民：《社会建设概论》，中共中央党校出版社 2017 年版。

伍启元：《公共政策》，商务印书馆 1989 年版。

习近平：《决胜全面建成小康社会，夺取新时代中国特色社会主义伟大胜利——在中国共产党第十九次全国代表大会上的报告》，人民出版社 2017 年版。

夏历：《农民工语言城市化研究》，中国社会科学出版社 2017 年版。

肖庆华：《农民工子女关爱服务体系建设的探索》，中国社会科学出版社 2016 年版。

徐永祥：《社区发展论》，华东理工大学 2000 年版。

杨成虎：《政策过程中的公民参与》，天津人民出版社 2015 年版。

杨贵华等：《自组织：社区能力建设的新视域——城市社区自组织能力研究》，社会科学文献出版社 2010 年版。

袁小平：《福利视角下农民工的就业促进政策研究》，中国社会科学出版社 2016 年版。

张霞等：《非营利组织管理》，山东人民出版社 2005 年版。

赵俊超、孙慧峰、朱喜：《农民问题新探》，中国发展出版社 2005 版。

赵银红：《自媒体时代农民工维权表达研究》，经济日报出版社 2016 年版。

郑杭生：《社会学概论新修》，中国人民大学出版社 2003 年版。

《中华民国史档案资料汇编》第五辑，江苏古籍出版社 1994 年标点本。

周雪光：《组织社会学十讲》，社会科学文献出版社 2003 年版。

朱健刚：《打工者社会空间的生产——番禺打工族文书处理服务部的个案研究》，张曙光《中国制度变迁的案例研究》（第六集），中国财政经济出版社 2008 年版。

朱悦蘅：《现代性语境中的行政法治研究——以农民工权益保护为例》，中国人民大学出版社 2016 年版。

二　中文论文

闭伟宁、张桂凤：《从社会交往特点看农民工社会融入的困境与出路》，《中南民族大学学报》（人文社会科学版）2018 年第 2 期。

蔡昉：《劳动力流动、择业与自组织过程中的经济理性》，《中国社会科学》1997 年第 4 期。

陈爱梅、庞玉清：《浅论人的主体意识》，《内蒙古民族大学学报》（社会科学版）2006 年第 3 期。

陈成文、赵杏梓：《社会治理：一个概念的社会学考评及其意义》，《湖南师范大学社会科学学报》2014 年第 5 期。

陈丰：《城市化进程中的流动人口管理模式研究》，《求实》2008 年第 12 期。

陈锋：《分利秩序与基层治理内卷化资源输入背景下的乡村治理逻辑》，《社会》2015 年第 3 期。

陈菊红：《国家—社会视野下的流动人口自我管理研究》，博士学位论文，中共中央党校，2014 年。

陈树强：《增权：社会工作理论与实践的新视角》，《社会学研究》2003 年第 5 期。

程蹊：《从典型个案看农民工 NGO 的建立——基于海南外来工之家、北京打工妹之家的实证对比分析》，《武汉科技大学学报》（社会科学版）2005 年第 2 期。

程昔武：《我国非营利组织治理结构的特征及基本框架》，《中国经济问题研究》2008 年第 3 期。

邓保国：《农民工民间组织的基本功能研究》，《农业经济》2009 年第 2 期。

邓保国：《农民工民间组织发展的制度环境分析》，《安徽农业科学》2009 年第 24 期。

邓婉婷、岳胜男、沙小晃：《新生代农民工创业意向调查实践报告》，《学理论》2011 年第 18 期。

段娟、叶明勇：《新中国成立以来农村剩余劳动力转移的历史回顾与启示》，《党史文苑》2009 年第 3 期。

樊晓燕：《农民工社会保障制度的困境与出路》，《现代经济探讨》2015 年第 2 期。

范晶娴：《我国农民工组织发展中的问题与对策研究》，硕士学位论文，天津师范大学，2010 年。

付建军、张春满：《从悬浮到协商：我国地方社会治理创新的模式转型》，《中国行政管理》2017 年第 3 期。

傅宝第、马骏、李军岩：《寻找农民工自组织的维权途径》，《理论界》
　　2005 年第 6 期。

甘满堂、王亮：《农民工休闲方式新动向：手机使用与网络休闲》，《福州
　　大学学报》（哲学社会科学版）2018 年第 1 期。

甘宇、赵驹、宋海雨：《农民工文化消费的影响因素：来自 1046 个样本的
　　证据》，《消费经济》2015 年第 2 期。

高丙中：《社会团体的合法性问题》，《中国社会科学》2002 年第 2 期。

高洪贵、孟现闯：《中国农民工政治认同研究范式与路径》，《黑龙江社会
　　科学》2017 年第 2 期。

关信平、刘建娥：《我国农民工社区融入的问题与政策研究》，《人口与经
　　济》2009 年第 3 期。

郭星华、才凤伟：《新生代农民工的社会交往与精神健康——基于北京和
　　珠三角地区调查数据的实证分析》，《甘肃社会科学》2012 年第 4 期。

和经纬、黄培茹、黄慧：《在资源与制度之间：农民工草根 NGO 的生存策
　　略——以珠三角农民工维权 NGO 为例》，《社会》2009 年第 6 期。

胡守勇：《推进新生代农民工政治意识文明建设的机制创新》，《中州学
　　刊》2018 年第 10 期。

黄辉祥、刘宁：《农村社会组织：生长逻辑、治理功能和发展路径》，《江
　　汉论坛》2016 年第 11 期。

黄剑宇：《社会企业：非营利组织发展的新方向》，《湖南工程学院学报》
　　2010 年第 6 期。

黄志强、容溶：《城市农民工文化适应问题探析》，《广西师范学院学报》
　　（哲学社会科学版）2011 年第 1 期。

纪韶、李舒丹：《北京市农民工生活方式五年间转变的实证研究》，《人口
　　与经济》2010 年第 2 期。

姜涛、孙玉娟：《非政府组织（NGO）对农民工维权的影响与制约》，《南
　　京农业大学学报》（人文社会科学版）2008 年第 1 期。

金萍：《推动群际接触　实现群际和谐——武汉农民工与城市居民关系的
　　实证调查》，《学习与实践》2008 年第 7 期。

孔一：《从同乡会到工会——农民工组织化维权的可能道路》，《法治研究》
　　2010 年第 9 期。

李贺楼、曹峰：《组织化水平与集体越轨：一种新的解释框架》，《国外理论动态》2016 年第 6 期。

李鹤：《农民工非政府组织行政法律问题研究》，硕士学位论文，中国政法大学，2007 年。

李丽群、胡明文：《农民工创业政策支持体系成效分析及对策》，《韶关学院学报》2011 年第 5 期。

李萌：《市场失灵、组织缺位与农民工权益保护——制度经济学视角下城市农民工工资拖欠问题》，《社会主义研究》2004 年第 6 期。

李萍：《能力结构与新生代农民工创业质量》，《华南农业大学学报》（人文社会科学版）2016 年第 2 期。

李尚旗：《农民工非政府组织的生存困境及其建设路径——以利益表达为研究视角》，《北京工业大学学报》（社会科学版）2010 年第 4 期。

李源、葛舒舒：《从依附到重塑——工会与政府的角色关系分析》，《三峡大学学报》（人文社会科学版）2007 年第 2 期。

李允尧：《创业与中国创业经济的发展：兼论中国返乡农民工创业的现实意义》，《江汉论坛》2010 年第 7 期。

李梓一、刘松杨：《返乡农民工创业目的与创业能力调查分析：以河南省固始县为例》，《现代商贸工业》2011 年第 2 期。

李宗佰：《论农民工文化需求在和谐文化建设中的地位》，《新课程：教育学术版》2009 年第 4 期。

林凌辉：《农民工公益组织浅析及建议》，《学会》2011 年第 1 期。

刘冰、谭界、符铁成：《NGO 与农民工就业：互动效应及其改进路径》，《湖南农业大学学报》（社会科学版）2011 年第 5 期。

刘建娥：《乡城移民（农民工）社会融入的实证研究——基于五大城市的调查》，《人口研究》2010 年第 4 期。

刘精明、李路路：《阶层化：居住空间、生活方式、社会交往与阶层认同——我国城镇社会阶层化问题的实证研究》，《社会学研究》2005 年第 3 期。

刘美玉：《创业动机、创业资源与创业模式——基于新生代农民工创业的实证研究》，《宏观经济研究》2013 年第 5 期。

刘志广：《我国地方政府财政收入来源及其规模》，《地方财政研究》2010

年第 4 期。

卢秉利、匡立波：《农民：亦工亦农的新阶层》，《社会主义研究》2007 年第 1 期。

罗忠勇：《农民工教育投资的个人收益率研究——基于珠三角农民工的实证调查》，《教育与经济》2010 年第 1 期。

马田田：《新生代农民工政治认同困境研究——基于共享发展理念下的讨论》，《汕头大学学报》（人文社会科学版）2017 年第 8 期。

孟利艳：《新生代农民工的文化适应偏好与影响因素——基于河南省 18 个城市的调查》，《中国青年社会科学》2016 年第 6 期。

"农村劳动力流动的组织化特征"课题组：《农村劳动力流动的组织化特征》，《社会学研究》1997 年第 5 期。

欧庭宇、闫艳红：《新生代农民工政治参与的现实困境与对策选择》，《西南交通大学学报》（社会科学版）2017 年第 5 期。

欧阳兵：《论农民工非政府组织的缘起与应对》，《江西行政学院学报》2008 年第 4 期。

欧阳椿陶：《我国快速城市化过程中的农村剩余人口转移问题》，《特区经济》2010 年第 6 期。

潘旦：《增权理论视角下农民工自组织的社交增权功能研究》，《浙江社会科学》2007 年第 7 期。

潘泽泉、林婷婷：《劳动时间、社会交往与农民工的社会融入研究——基于湖南省农民工"三融入"调查的分析》，《中国人口科学》2015 年第 3 期。

秦秋：《基于资本理论视角的中国农民工自组织发展困境及出路探索》，《世界农业》2015 年第 6 期。.

邵华：《组织增权：农民工维权途径探索》，《云南大学学报》（法学版）2009 年第 7 期。

孙天华：《新型城镇化进程中新生代农民工教育培训的社会支持体系研究》，《职业技术教育》2017 年第 28 期。

孙玉娟：《农民非制度化政治参与的成本分析和理性思考》，《科学社会主义》2007 年第 1 期。

谭建光、李晓欣、赵首峰：《中国农民工志愿组织及其服务创新》，《中国青年研究》2016 年第 2 期。

唐晓容：《社会组织：农民工福利供给的新主体》，《山西农业大学学报》
（社会科学版）2011 年第 7 期。

唐咏：《中国增权理论研究述评》，《社会科学家》2009 年第 1 期。

汪传艳：《农民工参加教育培训意愿的影响因素分析—基于东莞市的调
查》，《青年研究》2013 年第 2 期。

王建：《正规教育与技能培训：何种人力资本更有利于农民工正规就业？》，
《中国农村观察》2017 年第 1 期。

王健俊：《劳动权益保障对农民工主观政治态度的影响》，《中国经济问
题》2018 年第 9 期。

王静、武舜臣：《教育回报率的职业差异与新生代农民工职业流动——基
于 2010 年流动人口动态监测数据分析》，《教育与经济》2015 年第
6 期。

王秀燕、付金存、董长：《何种组织提升农民工就业质量：工会还是自组
织？》，《财经论丛》2020 年第 2 期。

王义等：《流动人口自组织问题及政府管理对策探究》，《甘肃社会科学》
2003 年第 6 期。

魏凤、张海丽：《西部返乡农民工创业环境评价——来自川陕 2 省 8 县
（区）762 个创业者的调查研究》，《西北农林科技大学学报》（人文社会
科学版）2012 年第 6 期。

吴好、潘磊、于佳：《我国农民工非政府组织的职能定位与发展路径研
究》，《经济体制改革》2009 年第 1 期。

伍慧玲、陆福兴：《社团组织：农民工政治参与的桥梁》，《长沙民政职业
技术学院学报》2009 年第 3 期。

谢传会：《新生代农民工培训意愿高参与率低的悖论分析》，《湖北经济学
院学报》（人文社会科学版）2014 年第 9 期。

徐国亮、刘飞：《新社会组织党的建设工作探析》，《理论学刊》2013 年第
1 期。

徐建丽：《农民工自力维权组织与工会引导》，《中国劳动关系学院学报》
2011 年第 5 期。

徐水源：《农民工劳动合同签订状况及其影响因素分析》，《人口与社会》

2017 年第 3 期。

薛锋：《充分发挥社会组织中党组织作用问题论析》，《徐州工程学院学报》2018 年第 1 期。

杨凤勇、李娟：《信息不对称理论与农民工就业》，《商场现代化》（上旬刊）2007 年第 12 期。

杨贵华等：《自组织：社区能力建设的新视域——城市社区自组织能力研究》，社会科学文献出版社 2010 年版，第 9 页。

杨柳：《农民工劳资关系问题研究——基于劳动过程的视角》，《北京社会科学》2016 年第 1 期。

姚永康：《创业环境建设的对策和建议：以镇江市返乡农民工创业为例》，《经济研究导刊》2011 年第 4 期。

叶继红：《农民工文化需求与城市公共文化服务体系构建—来自江苏的调查与思考》，《中州学刊》2015 年第 6 期。

叶鹏飞：《探索农民工社会融合之路——基于社会交往内卷化的分析》，《城市发展研究》2012 年第 1 期。

余章宝、杨淑娣：《我国农民工维权 NGO 现状及困境——以珠三角地区为例》，《东南学术》2011 年第 1 期。

袁海平：《农民工自我管理的现状、障碍和对策》，《农业经济》2009 年第 12 期。

岳经纶、屈恒：《非政府组织与农民工权益的维护—以番禺打工族文书处理服务部为个案》，《中山大学学报》（社会科学版）2007 年第 3 期。

占绍文、杜晓芬：《农民工文化消费现状调查》，《城市问题》2014 年第 5 期。

张大维：《优势治理：政府主导、农民主体与乡村振兴路径》，《山东社会科学》2018 年第 11 期。

张富良：《政治冷漠症——转型期农民政治参与的心理障碍》，《理论与现代化》2004 年第 1 期。

张红霞：《场域变迁与规则重构：新生代农民工人际交往的微观机理》，《中国青年社会科学》2019 年第 1 期。

张君敏：《农民工自组织在农民工群体增权中的作用分析——以上海虹桥外来建设者读书会为例》，硕士学位论文，上海大学，2003 年。

张龙平:《农民自组织:社会参与的有效选择》,《理论与改革》1998 年第 2 期。

张秀娥、孙中博:《农民工返乡创业与社会主义新农村建设关系解析》,《东北师大学报》(人文社会科学版)2013 年第 1 期。

张岳:《农民工的社会交往内卷化了吗?》,《天府新论》2020 年第 1 期。

张忠凤、袁锡宏:《石家庄市农民工休闲文化需求状况研究》,《商场现代化》2007 年第 15 期。

赵固勇、赵娜:《新农村建设背景下农民工自组织研究》,《天水行政学院学报》2006 年第 4 期。

赵娜、赵国勇:《参与与发展—公共治理中的农民工自组织研究》,《法制与社会》2009 年第 11 期。

赵树凯:《边缘化的基础教育——北京外来人口子弟学校的初步调查》,《管理世界》2005 年第 5 期。

郑月琴:《农民工文化需求定位及其实现路径》,《农村经济》2005 年第 3 期。

周春发:《从冲突走向融合—农民工与城市市民的社会交往——基于共生理论的视角》,《福建论坛》2007 年第 12 期。

周云冉:《新生代农民工组织型社会资本的构建研究》,硕士学位论文,吉林大学,2019 年。

朱德全、吴虑、朱成晨:《职业教育精准扶贫的逻辑框架——基于农民工城镇化的视角》(社会科学版),《西南大学学报》2018 年第 1 期。

朱红根、康兰媛:《金融环境、政策支持与农民创业意愿》,《中国农村观察》2013 年第 5 期。

朱建文、张亿钧:《手机移动学习在"新生代农民工"培训中的应用研究》,《职教论坛》2013 年第 36 期。

三 中译著作

[美] 大卫·霍顿·史密斯:《草根组织》,中山大学中国公益慈善研究院翻译组译,商务印书馆 2019 年版。

[德] 马克思、恩格斯:《马克思恩格斯选集》第 3 卷,人民出版社 1972 年版。

〔德〕马克斯·韦伯：《马克斯·韦伯社会学文集》，阎克文译，人民出版社 2015 年版。

〔德〕施托克曼：《非营利机构的评估与质量改进：效果导向质量管理之基础》，唐以志等译，中国社会科学出版社 2008 年版。

〔法〕埃哈尔·费埃德伯格：《权力与规则——组织行动的动力》，张月等译，上海人民出版社 2005 年版。

〔法〕卢梭：《社会契约论》，何兆武译，商务印书馆 2016 年版。

〔美〕W. 理查德·斯格特：《组织理论——理性、自然和开放系统》，黄洋等译，华夏出版社 2002 年版。

〔美〕阿尔蒙德·小鲍威尔：《当代比较政治学——世界展望》，朱曾汶等译，商务印书馆 1993 年版。

〔美〕埃莉诺·奥斯特罗姆：《公共事务的治理之道：集体行动制度的演进》，余逊达等译，上海译文出版社 2012 年版。

〔美〕艾尔·巴比：《社会研究方法的基础》，邱泽奇译，华夏出版社 2004 年版。

〔美〕安东尼·奥姆罗：《政治社会学——主体政治的社会剖析》，张华清等译，上海人民出版社 1989 年版。

〔美〕保罗·杰·伊尔斯利：《志愿者教育导论》，李桂福等译，河北教育出版社 1993 年版。

〔美〕弗斯顿伯格：《非营利机构的生财之道》，朱进宁等译，科学出版社 1991 年版。

〔美〕科尔曼：《社会理论的基础》（上），邓方译，社会科学文献出版社 1999 年版。

〔美〕莱斯特·M. 萨拉蒙：《公共服务中的伙伴——现代福利国家中政府与非营利组织的关系》，田凯译，商务印书馆 2008 年版。

〔美〕塞缪尔·亨廷顿：《变化社会中的政治秩序》，王冠华等译，生活·读书·新知三联书店 1989 年版。

〔美〕塞缪尔·亨廷顿、琼·纳尔逊：《难以抉择—发展中国家的政治参与》，汪晓寿等译，华夏出版社 1989 年版。

〔美〕汤普森·J.：《行动中的组织——行政理论的社会科学基础》，敬嘉译，上海人民出版社 2007 年版。

［美］威廉·N. 邓恩:《. 公共政策分析导论》（第二版），谢明等译，中国人民大学出版社 2002 年版。

四　外文论文

Chan and ChrisKing-chi, "Community-based Organizations for Migrant Workers' Rights: The Emergence of Labour NGOs in China", *Community Development Journal*, Vol. 48, No. 1, Jan. 2013.

Chan and Jenny, "State and Labor in China, 1978 – 2018", *Journal of Labor and Society*, Vol. 22, No. 2, June 2019.

Chan, Jenny, Selden and Mark, "The Labour Politics of China's Rural Migrant Workers", *Globalizations*, Vol. 14, No. 2, Feb. 2017.

Chen F. and Yang X. H., "Movement Oriented Labour NGOs in South China: Exit with Voice and Displaced Unionism", *China Information*, No. 2, March 2017.

Elfstrom and Manfred, "A tale of two deltas: Labour politics in Jiangsu and Guang-dong", *British Journal of Industrial Relations*, Vol. 57, No. 2, March 2019.

Franceschini and Ivan, "Labour NGOs in China: A Real Force for Political Change?" *China Quarterly*, Vol. 218, June 2014.

Franceschini I., "Another Guangdong Model: Labor NGOs and new state corpo-ratism", *The China Story. Australian Centre of China in the World*, Vol. 8 (Summer 2012), http://www.thechinastory.org/2012/08/post-labour-ngos/.

Franceschini, Ivan, Lin and Kevin, "Labour NGOs in China from Legal Mobil-isation to Collective Struggle (and Back?)", *China Perspectives*, Vol. 26, No. 1, March 2019.

Froissart and Chloe, "Negotiating Authoritarianism and its limits: Worker-led collective bargaining in Guangdong Province", *China Information*, Vol. 32, No. 11, November 2017.

Froissart C., "The Rise of Migrant Workers' Collective Actions: Toward a New Social Contract in China", *Social Movements in China and Hong Kong: The Expansion of Protest Space*, Kuah-Pearce, H. E. and Guiheux, G., Amster-dam: Amsterdam University Press, 2009.

Fu and Diana, "Disguised Collective Action in China", Comparative Political

Studies, Vol. 50, No. 4, Feb. 2016.

Gransow, Bettina and ZhuJiangang, "Labour Rights and Beyond How Migrant Worker NGOs Negotiate Urban Spaces in the Pearl River Delt", *Population Space and Place*, Vol. 22, No. 2, March 2016.

Gransow, Bettina, Zhu and Jiangang, "Labour Rights and Beyond How Migrant Worker NGOs Negotiate Urban Spaces in the Pearl River Delta", *Population Space and Place*, Vol. 22, No. 2, 2016.

Howell and Jude, "Shall we dance? Welfarist Incorporation and the Politics of State-labour NGO Relations", *China Quarterly*, Sept 2015.

Hui and Elaine Sio-ieng, "Labor-related Civil Society Actors in China: a Gramscian Analysis", *Theory and Society*, Vol. 49, No. 1, Jan. 2020.

Jakimow and Malgorzata, "Resistance through Accommodation: A Citizenship Approach to Migrant Worker NGOs in China", *Journal of Contemporary China*, Vol. 26, No. 108, Jul. 2017.

Kuruvilla and Sarosh, "From Cautious Optimism to Renewed Pessimism: Labor Voice and Labor Scholarship in China", *Ilr Review*, Vol. 71, No. 5, Oct. 2018.

Lee C. K. and Shen Y., "The Anti-solidarity Machine? Labor Nongovernmental Organizations in China", *From Iron Rice Bowl to Informalization, Markets, Workers, and the State in a Changing China*, Kuruvilla S., Lee C. K., Gallagher M., eds., ILR Press, 2011.

Spires A., "Contingent symbiosis and civil society in an authoritarian state: understanding the survival of China's grassroots NGOs", *American Journal of Sociology*, Vol. 117, No. 1, 2011.

Spires A., "Contingent Symbiosis and Civil Societyin an Authoritarian State: Understanding the Survivalof China's Grassroots NGOs", *American Journal of Sociology*, Vol. 117, No. 1, Jan. 2011.

Spires A., Tao L. and Chan K. M., "Societal Support for China's Grassroots NGOs: Evidence from Yunnan, Guangdong and Beijing", *The China Journal*, Vol. 71, No. 71, January 2014.